［第3版］

やさしく学ぶ経営学

海野　博　［編著］
畑　　隆

創 成 社

はじめに

　本書は，大学の経営学部をはじめ，商学部や経済学部で経営学を初めて学ぶ学生や，企業経営に興味を持って初歩的知識を得たいと考えている方々に，経営学の知識をやさしく学んでもらえるようにという思いを込めて，編集，執筆されたものである。

　今日，私達は「企業」抜きには生活できない。「生活」という意味では，私達は「企業」と消費者として関わりを持っている場合が多い。あるいは働く場所（現在の勤務先，大学生であれば将来の就職先）として関わりを持っている場合もあるし，地域社会との繋がりの中で関わりを持っていることもある。さらには，所持しているお金の投資先，運用先として株式や社債を購入するというような関わり方であるかもしれない。

　いずれにしても，「企業」は私達と極めて身近な存在であり，大学で経営学を学ぶ学生でなくても，必然的に企業や企業経営に関心が向かう。

　第1章で述べていることであるが，経営学はいまや人が生き働き生活する上での教養科目であるとともに，投資や起業や経営を考える人にとっては，実践科目としての必修科目である。

　本書の特徴をいくつかあげれば次のような点がある。

① 経営学の教科書は，すでに数多くの著作が発行されているが，その多くが内容が優れていても文章表現が難しく，時には過去の経営理論の紹介に多くを費やしているなど，初心者が本を開いた途端，経営学を敬遠することになりがちであったこと。経営学に興味を持つ人々の多くが知りたいのは，過去の経営理論ではなく現実の生きている経営である。

　　この点，本書は，実際の企業名をあげたり，図表をたくさん取り入れたり，あるいは Coffee Break を活用して，なるべくわかりやすく，しぜん

に経営学の勉強に興味を持ってもらえるように気を配った。

② 新会社法が平成 18（2006）年 5 月に施行され，「合併等対価の柔軟化に関する部分」も平成 19（2007）年 5 月に施行された。新会社法は旧法の100 年ぶりの大改正といわれたほどであり，したがって企業経営の法制や仕組み等も大きく変化してきている。施行後すでに 9 年が経過し，その間の同法の改正や，公益法人制度改革 3 法など関係の深い他の法律も施行されている。本書はこの点にも特に留意しながら叙述している。

③ 今日，パソコン（またはタブレットやスマートフォン）やインターネットが普及し，日常生活ではごく普通のツールになっている。大学における授業やその予習，復習にもパソコンやインターネットの活用は必要不可欠である。本書では，この点も念頭に，執筆されている。

本書の章構成は，次の通りである。

第 1 章　経営学を学ぶ（海野）

第 2 章　会社・企業とは何か（海野）

第 3 章　経営者と経営管理（畑）

第 4 章　経営戦略と経営組織（森山）

第 5 章　人的資源管理（畑）

第 6 章　生産管理（森山）

第 7 章　販売と流通（海野）

第 8 章　マーケティング（森山）

第 9 章　財務戦略と経営分析（大西）

第 10 章　経営と地球環境（所）

第 11 章　経営の国際化（畑）

第 12 章　企業の社会的責任と CSR（所）

経営学の範疇で学ぶべき領域は，これら 12 の章でほぼ網羅している。他の経営学の教科書と違う点をあげれば，「経営と地球環境」，「企業の社会的責任

と CSR」の章をあえて起こしている点である。

　経営学は，ともすれば，「いかにして儲けるか」，「いかにすれば儲かるか」の学問であると思われることがある。もちろん儲からなければ，どんなに優れた経営理念をかかげて企業経営を行おうとも，その企業は早晩存続しえない。

　しかし，これからの企業経営は何にもまして地球環境に配慮してなされなければならないこと，企業経営には常に社会的責任が伴うということを強調している。本書の企業経営者や企業人へのメッセージでもある。

　読者は本書を読むにあたってまず，各章の冒頭に挙げられている Keyword に注目してほしい。Keyword は各章の内容を理解する上で重要な概念，ポイントを表しており，Keyword に留意しながら本文を読み込むことで内容の理解はより深いものとなる。また，章の終わりには Review exercise のコーナーが設けられており，本文の理解を深めるための設問がなされている。設問の解答はもとより 1 つとは限らない。見方によっては複数の解答が考えられる場合もある。予習や復習に活用してほしい。Coffee Break として各章に関連する話題を 1，2 点掲載したので，これも合わせて読んでほしい。

　さらに，各章の内容に関連して「勉強を深めるために参考となる文献」のリストも挙げられており，興味関心が広がったら是非，こうした文献にもアタックしてもらいたい。経営学への関心が深まるとともに経営学関連領域の広さや深さを認識してほしい。

　なお，本書とほぼ同様の趣旨で，すでに，海野博・所伸之編著『やさしい経営学』（2007 年，創成社刊）を上梓している。本書は，新しく書き起こされた章のほか，前著をそのまま掲載した章と一部修正して掲載した章があるが，全体として最新の経営学入門書となるように改めて編集・執筆・補筆されている（『やさしい経営学』との関連では，第 1 章　一部修正して掲載，第 2 章　一部修正して掲載，第 7 章　一部修正して掲載，第 9 章　そのまま掲載，第 10 章　一部修正して掲載，第 12 章　一部修正して掲載，している）。

　最後に，本書の企画を快くお引き受け下さった創成社と，執筆から校正，刊行まで遅速の我々を辛抱強く導いて下さった同社社長の塚田尚寛氏に心より御礼申し上げたい。

　平成 27 年 3 月 10 日

編著者　海野　博
　　　　畑　　隆

目　　次

はじめに

第1章▶経営学を学ぶ

【*Key word*】

▶商品の陳列

▶販売価格

▶生産国

▶ POS, GOT

▶経営理念, 経営戦略

▶生産方式

▶起業家, 企業家

注目！

1. 経営学はおもしろい

（1）日常生活が教材

　勉強をするには，そのための教材が必要である。学問分野によっては，試料や道具，実験室が不可欠だろうし，古文書やフィールドワークが必須となるかもしれない。

　幸い，経営学を学ぶための教材は身の回りにたくさん存在する。日常生活そのものが教材だともいえる。

　例えば，誰でも日常生活品を購入するために小売店に買い物に行く。その小売店は，夫婦で経営している個人商店の時もあるし，スーパー，コンビニ，デパート，ショッピングセンター，生協，駅ビル，あるいは最近はやりの駅ナカの時もあるだろう。

　普段はあまり考えないことであるが，買い物に行く小売店の規模や形態，業態の違いを考えてみることも，経営学の勉強の大切な一歩である。

　歴史や現状，他の小売企業との資本関係や提携関係を調べ始めれば，経営学の教材は無限に広がる。

　人にも産業にも企業にも，栄枯盛衰は不可避である。小売企業では，昭和55年に小売業初の売上高1兆円を達成したダイエーが平成27年にイオンの完全子会社となり，他方で，イオングループとセブン＆アイグループが，日本の小売業界トップの座を競っているなど，教材として学ぶべき企業は数多い。

　大規模の小売企業が中核となる巨大なショッピングセンター（SC）が全国に相次いで開店し，他方で各地の商店街が「シャッター通り」と呼ばれる現状（惨状）に目をやれば，ダイナミックな流通小売業の変化の動きを感じるかもしれないし，国や地方自治体の商業政策に問題ありと感じるかもしれない。

　小売店の商品売り場を歩いてみると，同種同類の商品が所狭しと陳列されている。商品の選択と配列は，店員が適当に発注して手当たり次第に並べたものだろうか。そうでないとしたら，どのように考えて選択し発注し配列したのだろうか。

　商品の選択と配列は，その小売店の経営戦略，販売戦略，競争戦略が具現化されているだけでなく，自社製品を一点でも多く売り，市場占有率を少しでも高めたい各メーカー間の，壮絶な「場所取り競争」の結果でもある。

　というのは，まさに買い物中の消費者（来店者）の，視覚に入りやすく手に取りやすい「一等地」に陳列されることは，何よりも宣伝効果が抜群で，実際，バスケットに入れてもらえる可能性が大きいからである。

　商品の陳列は，普通は，見やすく整然と陳列するのが基本だが，中には，雑然と天井まで積みあげてボリューム感を演出している店もある（ドン・キホーテ＝圧縮，山積み陳列法）。

　激しい販売競争を展開している商品には，「緑茶戦争」といわれるペットボトル飲料分野，「シャンプー戦争」といわれ新商品ラッシュのシャンプー分野，「ビール戦争」といわれ長年熾烈な競争が続いているビール分野，地上デジタ

ル放送開始にあわせ，薄型，液晶，プラズマで競っているテレビ受像機分野などさまざまあるが（図表 1 - 1），商品売り場を眺めながら，各メーカーで，マーケティング活動，商品開発，商品生産，コマーシャル，小売店への売り込み等に，いかに力を入れ知恵を絞っているか，流されるテレビ CM やその他の CM にどのような工夫を凝らしているか，どんな女優や俳優を起用しているか，その狙いは当たっているかなど，考えるだけでも楽しい。

　これらもそれぞれが経営学のテーマである。楽しみながらノートを作り，興味と必要に応じて専門書に挑戦し，正確で広く深い知識を体得していくようにしよう。

図表 1 - 1　熾烈な販売競争を展開しているシャンプーとビールの商品棚

出所：イオン佐久平 SC で筆者撮影。

（2）販売価格から考える

　同じ規格商品でも，店によって販売価格が違うことはよくあることである。時には，その日の目玉商品のことも，在庫処分品のこともある。店舗間競争が激しい地域では，他店との競争で値下げをすることが多い。中にはメーカーの過剰在庫や返品等の商品を，通常より廉価で仕入れ，周辺店よりも安く売るディスカウントストアもある。

　新聞やカタログ，ラジオ，テレビ等の媒体を利用する通信販売はすでに珍しくないが，最近は，インターネットを利用した無店舗型販売（ネット通販）が急

激に売り上げを伸ばしている。

　商品が生産者の手から消費者の手に渡るまでの流れ（流通）には，昔は必ず卸売業が仲立ちをしていたが，今では通販や量販店など大手の小売業者はメーカー（もしくはメーカーの販売会社）から直接仕入れることが多い。

　衣料品専門店のユニクロのような，企画，開発，素材の選定，製造，流通，販売を一貫して行うSPA（Specialty store retailer of Private label Apparel, 製造小売り）の形態でも，しまむらのような，メーカーから直接買い取りの形態でも，卸売業は介在しない。

　インターネットの普及で，消費者が直接，生産者から購入する直販（B to C）も増えているが[1]，この場合には，卸売りも小売りも介在しない。介在が少ないほど，販売価格は引き下げられる。

　卸売りや小売りを通さないことを「中抜き」というが，この結果，総合商社を含む卸売業の存立基盤が揺らいでおり，その役割も変わらざるを得ないし，かつて盤石とみられていた総合スーパー（GMS）を含む小売業も，変化せざるを得ない。

　このように商品の販売価格を糸口として考えても，商品が消費者の手に届くまでの流通チャネルの種類はどれだけあり，どのような仕組みになっているのか，販売価格はどのように決定されるのか，卸売業と小売業の種類や役割，歴史，現状など，知りたくなる事柄は多く，勉強すべき領域は広い。

　価格に関しては，最近は，購入金額に応じてポイントがつくことが多い。中でも家電量販店（ヤマダ電機, ビックカメラ, ヨドバシカメラなど）では，販売価格のみならず，ポイントの還元率でも競っている。

　ポイントをつける発想は，昔からスタンプ捺印サービスがあったので珍しいことではないが，購入金額を厳密にポイント高に反映させ，その情報をカード（もしくはケータイ）で処理するのが，現在のポイント制度である。

　これも，ポイント制度を販促活動や顧客関係性管理（CRM）[2]の1つととらえ，それがもたらす経営効果，集客力と客の囲い込み効果，購買履歴の活用，企業会計上の処理方法などに繋げていくと，興味深い教材になる。

（3）生産国から考える

　商品売り場で，商品を手にとって生産国をみると，日本企業の製品でも，Made in China など，外国の国名が表記されていることが多い。

　繊維製品は，戦後しばらくの間，輸出品のうちで外貨の稼ぎ頭であったこともあるが[3]，今では逆に，外国からの輸入品が大半を占めている。このことに驚く人はすでにいないが，戦後の高度経済成長を牽引してきた家電製品の分野でも，今ではその多くが日本の外で生産されている。

　家電量販店に買い物に来た外国の旅行者が，「品質の良い日本企業の家電製品を買いたいのに，メイドインジャパンの製品がない」と嘆いた話は，よく耳にする。

　なぜ，日本企業の製品の生産国が日本でなく，中国や韓国や台湾やベトナムなど外国なのだろうか。

　そもそも日本の企業はいつ頃から海外に工場を設立し始めたのだろうか。そこにはどのような理由やどのような経営戦略があったのだろうか。

　海外の工場設立（もしくは移転）の理由は，製品の種類や個々の企業のケースによってさまざまであるが，日本に比べて，労働力の質と数，人件費，土地，建物，水，電気，税金などを含めた製造コストが格段に安価な場合（理由1），相手国との貿易摩擦が深刻で，その回避をねらう場合（理由2），近い将来，その国で旺盛な消費需要が見込まれる場合（理由3），などがある。

　2枚の写真は，筆者の撮影であるが，図表1-2は，中国の上海市浦東新区にある上海松下微波炉有限公司（1994年設立）で，理由は1と3，図表1-3は，アメリカのカリフォルニア州フリーモント市にある，トヨタ自動車とGM（General Motors）との合弁企業 NUMMI（ヌーミー，New United Motor Manufacturing, Inc. 1984年設立。その後，2009年に合弁解消，閉鎖）で，理由は2，ということができる。トヨタ自動車は，NUMMI の成功後，本格的なアメリカ単独進出を進めていく。

　理由3のケースには，ここ10年ほどの，日本企業を含む各国自動車メーカーの，中国や東欧の工場設立などが該当する。

　他方，海外に工場を設立すると，国内の工場は縮小ないし閉鎖されることが多い。大企業の工場が海外に移転すると，そこに部品を納入していた協力工場（下請企業，町工場）は，同時に移転するか，あるいは転廃業を迫られる。これを産業の空洞化といい，働きたくても働く場所がない，仕事が欲しくても仕事がない，という失業問題，転廃業問題が発生する[4]。

　関連して，産業の基礎を支えていた技術（例えば金型技術）が失われ，長い間受け継がれてきた先輩から後輩への技能の伝承（暗黙知，経験知）も絶たれるなど，「技術立国，日本」にとって深刻な問題が起きている。最近頻発している，製品トラブルや製品事故，リコール，リコール隠しなどは，この問題の行方を暗示している。

　もちろん，競合する製品であっても海外の工場に負けない工夫を凝らしている工場もある。また，積極的に国内に工場を新設，稼働させている企業（キヤノンなど）もあるし，日本の工場を，製造技術を開発する拠点（マザー工場）と位置づけ，国内工場の再編を積極的に進めている企業（ホンダの二輪車工場の浜松から熊本への移転や寄居の新工場など）もある。

　商品売り場の商品を手にとって，その生産国名をみると，思いは世界へ，そして足下の日本へと広がっていく。企業経営の国際化，グローバル化に関心を

図表1－2　上海松下微波炉有限公司

出所：中国，上海市浦東新区で筆者撮影。

図表1－3　New United Motor Manufacturing, Inc.

出所：アメリカ，カリフォルニア州フリーモント市で筆者撮影。

向けるとともに，失業問題，転廃業問題，技能，技術の伝承問題，モノ作りの工夫，マザー工場化と国内工場の再編にまで，関心が広がっていく。

2．アルバイトで学ぶ

　経営学を学ぶには，アルバイトの経験は役に立つ。労働の対価として賃金を受け取るという経験そのものも貴重であるが，アルバイトの体験は即，経営学の勉強に繋がる。

　例えば，コンビニでアルバイトをするとしよう。

　客であれば，選んだ商品の支払いをし商品を受け取るだけであり，レジを正面から見ることはないが，アルバイトをすると実際にこれを操作することになる。

　この機器をPOS（Point of Sales System）端末といい，バーコードリーダーで商品のバーコードを読み取るが，このシステムには次の工夫がなされている。

　商品のバーコードを読み取った後，店員は必ず「年齢，性別キーボード」を

図表1-4　セブン-イレブンの店舗システム

出所：セブン-イレブン・ジャパンの Web サイト（http://www.sej.co.jp/company/
aboutsej/info_02.html）による。

　押す。このキーボードは，セブン-イレブンでは，ブルーとピンク，それぞれ
「12」「19」「29」「49」「50」の数字が並んでおり，ブルーとピンクは性別を，
数字は年齢層を表している（図表1-4，なお，他のコンビニチェーンでもほぼ同様）。
　端末は光ファイバー網で本部と直結しており，「サントリー，伊右衛門」の
バーコードを読み取り，ピンクの「29」キーを押すと，「サントリー，伊右衛
門」が20歳以上29歳以下の女性に1本売れたという情報が，即座に本部に送
られる。ちなみに，「12」は12歳以下，「19」は13～19歳，「29」は20～29

歳，「49」は 30 〜 49 歳，「50」は 50 歳以上となる。

　この情報がすべての店舗から集められると，緑茶飲料の中での伊右衛門の売り上げ順位，店舗別，地域別，性別，年齢層別，季節や天気，時間帯での売れ行き等が簡単に集計され，同時に配送センターや店舗ごとの在庫状況も把握できる(5)。

　情報は，当該店舗と本部のみならず，メーカーのサントリーにとっても得がたい情報となる。また，レシートの下欄には，年齢層や性別，店舗にあわせた情報が印刷され客への広告に利用される。

　商品の発注についても，店員は GOT（グラフィックオーダーターミナル）端末を操作して，店頭の商品確認と，画面に表示される天気予報や地域のイベント情報等から総合的に判断し，販売予測をしながら発注数量を入力していく。販売予測が正しかったかどうかは，翌日，翌々日には検証され，さらにより正確な販売予測に結びつけられる。

　どのコンビニチェーンでも，商品を「必要なものを必要なときに必要なだけ」店頭に並べることにとりわけ関心を払っている(6)。

　というのは，各店舗に余分な在庫を保存するには倉庫（余分なスペース）が必要となるし，売れ残り品は賞味期限までの日数が短くなり，生もののような商品では廃棄処分にせざるを得ない。反対に，在庫切れは買いに来た客を逃すだけでなく，店の信用にも関わるからである。

　そこで「必要なものを必要なときに必要なだけ」店頭に並べるには，商品の「多頻度，多品種，少量」配送システムが必要であり，配送センター，トラック，配送ルートと配送回数，運転手の手配等の，総合物流管理システムが不可欠になる。

　コンビニでアルバイトをすると，普通では知らない販売予測と検証のおもしろさや，この小口配送システムについても学ぶはずである。

　この事例は小売業のコンビニの一例であるが，複数のコンビニチェーンでシステムの違いを体験してみるのも楽しい。

　アルバイト先は，飲食業のファミレスや牛丼店であっても，あるいは娯楽業

のディズニーランドであっても，どこでも消費者や利用者の立場では知ることのできないいろいろな実体験をするはずである。経営学ではこの体験を勉強の楽しさに繋げることができる。

3. インターネットで学ぶ

（1）企業の Web サイトで学ぶ

　今日では，パソコン（またはタブレットやスマートフォン）とインターネットは，誰でも日常的に利用している手軽なツールになり，大学の授業でもインターネットを利用しながら授業を展開することは常識になっている。

　ここでは，企業の Web サイトを利用して，たくさんの情報や教材を集めながら，経営学の知識を増やしていくことを学ぼう。

　例えば，パナソニックの Web サイト（http://panasonic.co.jp/）を開く。

　図表 1 - 5 は，トップページにある「パナソニック企業情報」をクリックした画面である。

　「会社情報（会社概要，経営の考え方，社史，創業者松下幸之助）」「CSR・環境」「IR」など，興味深い情報が山積みとなって掲載されている。

　どこからでも興味のあるところから読んでいけばいいが，経営学入門的に指摘すれば，創業者である松下幸之助氏と，創業者の精神や思いを反映している経営理念から読み始めてみよう。

　「創業者松下幸之助」には，「松下幸之助の生涯」，「松下幸之助物語」が掲載されており，一読すると，経営の神様と尊敬された氏の生涯とともに，松下電器（パナソニック）の誕生と発展の歴史を学ぶことができるだけでなく，氏とともに歩んできた（ともいえる）長年の，日本経済，日本企業の歩みも読み取ることができる。

　あわせて「社史」を読めば，松下電器（パナソニック）は最初は何を製造したのか，終身雇用制度の典型企業といわれたのはなぜか，事業部制を取り入れた

のはいつか，海外に販売拠点を設けたのはいつか，海外に生産拠点を設けたのはいつか，社内分社制を導入したのはいつか，などなど興味深い教材が続々と見つかる。

　世界白地図を用意して，年々増えていく販売拠点と生産拠点をしるし，さらに具体的な販売品目と生産品目等を書き込んでみると，松下電器（パナソニック）の（＝日本企業の），国際化，グローバル化過程の貴重な資料になる。

　企業には必ず経営理念がある。経営理念は，企業を起ちあげた創業者の精神や思いを反映していることが多く，その企業の経営行動の指針，取締役と従業員共通の行動規範，精神的支柱となる。

　パナソニックの場合には，「経営の考え方」の中に「経営理念」＝「綱領」として「産業人タルノ本分ニ徹シ社会生活ノ改善ト向上ヲ図リ世界文化ノ進展ニ寄与センコトヲ期ス」の一文が示されている。

　一般的に，企業は，経営理念にもとづいて中長期的に達成しようとする経営目標を策定するが，経営理念と経営目標を明確化してはじめて有効な経営戦略を打ち出すことができるし，さらに，その経営戦略にそった，長期，中期，年次計画を策定することができる。

　パナソニックの，経営目標，経営戦略，長期，中期，年次計画はどのようなものか，これも整理してみよう。

　次に「役員一覧」をみる。

　代表取締役9名（会長，副会長，社長，副社長各1，専務5），常務取締役4名，取締役4名，常任監査役2名，監査役3名等，現経営陣の肩書きと氏名が一覧で掲載されている。新会社法では，株式公開会社の大会社は，監査役会設置会社と委員会設置会社に分けられるが，パナソニックの場合には監査役会設置会社であることがわかる。代表取締役が9名もいることなど新しい発見をするかもしれない。

　取締役や監査役は誰が選任するのか，彼ら経営者の仕事とはどのようなものか，肩書きによる役割の違いなど，考えてみよう。

　また，資本金約2,600億円，従業員数約27万名（連結）を擁する大企業の経

営組織はどのように編成されているのか，従業員の管理はどのようになされているか，本社と工場，子会社，関連会社との相互連絡体制はどのようになされているかなども，経営学の領域である。

　コーポレート・ガバナンス（corporate governance，企業統治）とは，経営者が株主のためにきちんと企業経営を行っているか監視する仕組みのことをいう。

図表1－5　パナソニックのWebサイト

出所：パナソニックのWebサイト（http://panasonic.co.jp/company/info/）より。

図表1-6 松下電器産業（パナソニック）の第99期，貸借対照表と損益計算書

貸借対照表
（平成18年3月31日現在）

資 産 の 部	百万円	負 債 の 部	百万円
流 動 資 産	2,136,405	流 動 負 債	1,891,446
現 金 預 金	865,431	支 払 手 形	2,213
受 取 手 形	5,777	買 掛 金	476,364
売 掛 金	553,585	未 払 金	21,173
有 価 証 券	82,001	未 払 費 用	390,126
未 収 入 金	109,368	賞 与 引 当 金	57,104
前 払 金	3,655	未 払 法 人 税 等	1,528
前 払 費 用	4,077	前 受 金	9,440
短 期 貸 付 金	112,253	預 り 金	743,693
繰 延 税 金 資 産	195,700	得 意 先 預 り 金	6,475
貸 倒 引 当 金	△ 1,259	社債（1年以内に償還）	100,000
製商品・半製品	89,394	製品保証等引当金	19,706
原材料・仕掛品・貯蔵品	74,981	販売促進引当金	26,608
その他の流動資産	41,442	その他の流動負債	37,016
固 定 資 産	2,854,856	固 定 負 債	361,402
有 形 固 定 資 産	(356,616)	社 債	100,000
建 物	145,408	長 期 預 り 金	184,143
構 築 物	6,511	退職給付引当金	77,259
機 械 装 置	96,461	負 債 合 計	2,252,848
車 両 運 搬 具	131	資 本 の 部	
工 具 器 具 備 品	14,615	資 本 金	258,740
土 地	84,273	資 本 剰 余 金	569,927
建 設 仮 勘 定	9,217	資 本 準 備 金	568,212
無 形 固 定 資 産	(30,609)	その他資本剰余金	1,715
特 許 権	3,442	自己株式処分差益	1,715
ソ フ ト ウ ェ ア	25,853	利 益 剰 余 金	2,102,869
施 設 利 用 権 等	1,314	利 益 準 備 金	52,749
投資その他の資産	(2,467,631)	圧 縮 記 帳 積 立 金	8,377
投 資 有 価 証 券	695,503	配 当 準 備 積 立 金	81,000
子 会 社 出 資 金	1,336,392	別 途 積 立 金	1,918,680
出 資 金	1,340	当 期 未 処 分 利 益	42,063
子 会 社 出 資 金	264,578	その他有価証券評価差額金	150,475
投 資 損 失 引 当 金	△ 108,134	自 己 株 式	△ 343,598
長 期 預 け 金	9,511	資 本 合 計	2,738,413
繰 延 税 金 資 産	88,432		
その他の投資その他の資産	180,009		
資 産 合 計	4,991,261	負債及び資本合計	4,991,261

損益計算書
（平成17年4月1日から
平成18年3月31日まで）

経 常 損 益 の 部		百万円
営 業 損 益 の 部		
売 上 高		4,472,579
売 上 原 価		3,603,401
販売費及び一般管理費		745,960
営 業 利 益		123,218
営 業 外 損 益 の 部		
営 業 外 収 益		156,227
（受 取 利 息 及 び 配 当 金）	(128,292)	
（そ の 他 の 収 益）	(27,935)	
営 業 外 費 用		63,020
（支 払 利 息）	(6,029)	
（そ の 他 の 費 用）	(56,991)	
経 常 利 益		216,425
特 別 損 益 の 部		
特 別 利 益		106,944
（投 資 有 価 証 券 売 却 益）	(67,114)	
（子 会 社 株 式 売 却 益）	(21,047)	
（固 定 資 産 売 却 益）	(14,604)	
（営 業 譲 渡 益）	(4,179)	
特 別 損 失		326,036
（事業構造改革特別損失）	(113,194)	
（投 資 有 価 証 券 評 価 損）	(1,041)	
（子 会 社 株 式 評 価 損）	(184,532)	
（特 別 市 場 対 策 費）	(24,905)	
（減 損 損 失）	(2,364)	
税 引 前 当 期 純 損 失		2,667
法 人 税、 住 民 税 及 び 事 業 税		9,283
法 人 税 等 調 整 額	△ 32,395	
当 期 純 利 益		20,445
前 期 繰 越 利 益		43,786
中 間 配 当 額		22,168
当 期 未 処 分 利 益		42,063

出所：松下電器産業（パナソニック）のWebサイト（http://ir-site.panasonic.com/
stockholder/kessan/index.html）より。

「役員一覧」とともに「コーポレートガバナンス」をクリックして，パナソニックの企業統治を勉強してみよう。

　次に，「IR」をクリックすると，「株価情報」，「年次財務情報」，「有価証券報告書」，「株主総会」，「貸借対照表，損益計算書」などが掲載されている。

　図表1-6は，松下電器（パナソニック）の第99期「貸借対照表と損益計算書」である。

　初めてみると難しそうに思えるが，経営学の勉強にはこれらの読解は必須である。貸借対照表や損益計算書を簡単に読めるようになるには，興味のある企業や，業績が伸びている企業と悪化している企業の数期分を選んで，比較しながら読む練習をするとよい。その後は，株価情報や，さらに難しい有価証券報告書，年次財務情報にも挑戦し経営分析まで進んでほしい。

　次に，「CSR・環境」をクリックする。

　ここでは，パナソニックの「CSR・環境報告書」がパソコンにダウンロードできるようになっている。この「CSR・環境報告書（サスティナビリティレポート）」には，社会・環境への取り組みが，環境，公正な事業慣行，人権，労働慣行，サプライチェーン，地域社会まで書かれている。

　なぜ，企業はこれほど環境活動や社会活動に熱心なのだろうか。

　それは，今日では，消費者や株主，従業員，地域住民，自治体，金融機関など，企業を取り巻く利害関係者（ステークホルダー）が，企業に地球環境への配慮を強く求めるようになり，企業も積極的に環境に配慮するよう努めているからであり，これからの企業は，環境への配慮なしには生き残れない時代になったからである。

　同時に，芸術と文化，教育学術顕彰，共生社会，NPO 支援などの取り組みも紹介されている。企業経営は，モノやサービスを販売して，より多くの利潤を獲得することを主目的としつつも，他方で，人々に喜ばれるような社会活動や援助活動をすることも，企業の社会的な責任となっている。

　パナソニックだけでなく多くの企業が，自社の環境への取り組みについてまとめた「環境報告書」や，社会活動についてまとめた「社会貢献活動報告書」を積極的に公表している。この際，業種や規模の類似した複数の企業の「環境報告書」や「社会貢献活動報告書」を比較しながら読み，それらを評価してみよう[7]。

　なお，ここでは一例として，パナソニックの Web サイトを利用したが，経営学の教材に役立つ Web サイトは今や無数にある。多数の企業の Web サイトをネットサーフィンして，教材を集めてみよう。集めた教材は，パソコンの外部記憶ディスクに，わかりやすく整理して保存したり，プリントアウトして，ファイルに保存する習慣を身につけたい。

（2）新聞社やその他の Web サイトで学ぶ

　新聞社の Web サイトも役に立つ情報や教材が多い。中でも，日本経済新聞

社のWebサイト，NIKKEI NET（http://www.nikkei.co.jp/）は，経済，経営，企業関係の記事やデータが豊富であり，「経済」，「企業」，「株式」，「為替・金融」，「マネー」，「IT＆経営」，「マーケット」のコンテンツは必読である。

「企業」には，売上高上位，営業利益上位，経常利益上位，当期利益上位など「各種ランキング」が掲載されている。

例えば，「売上高上位」で，「全国上場，全業種」をクリックすると，トヨタ自動車以下100社が，「全国上場，電気機器」をクリックすると，日立以下100社が，表示される。このような企業情報は，教材として積極的に利用したい。

読売新聞のWebサイト，YOMIURI ONLINE（http://www.yomiuri.co.jp/）の「マネー・経済」も有用である。他の新聞社のWebサイトにも，役立つ記事や特集が多いので自分の興味や関心にあわせて活用しよう。

その他，有用なWebサイトの一部をあげると，以下のものがある。

＊日経BP社のWebサイト，NBonline（http://business.nikkeibp.co.jp/）も，経済，経営関係記事が豊富である。無料会員登録をすると，土日を除く毎日，記事が配信される。

＊東洋経済新報社のWebサイト，東洋経済オンライン（http://www.toyokeizai.net/）も，登録（無料）をするとメールマガジンが配信される。

＊財団法人ベンチャーエンタープライズセンターのWebサイト，起ちあがれニッポンDREAM GATE（http://www.dreamgate.gr.jp/）は，起業や独立を目指すには，有用である。

＊独立行政法人労働政策研究・研修機構（http://www.jil.go.jp/）のWebサイトは，労働関係の情報収集に有用である。登録（無料）をすると，メールマガジンが配信される。

＊同じく労働関係の情報では，東京都産業労働局の「発行資料・パンフレット」（http://www.hataraku.metro.tokyo.jp/sodan/siryo/index.html）が有用である。中でも，『ポケット労働法』，『働く女性と労働法』，『使用者のための労働法』は，必読である。

＊経営学の勉強には関連する法律の勉強が欠かせない。法律を検索したり，条文を読むには，総務省行政管理局の法令データ提供システム（http://law.e-gov.go.jp/cgi-bin/idxsearch.cgi）が便利である。

＊企業の有価証券報告書等の開示書類を入手したい時は，金融庁のEDINET（http://disclosure.edinet-fsa.go.jp/）が便利である。

＊政府統計を調べたい場合は，総合窓口＝統計データポータルサイト（http://www.e-stat.go.jp/）が便利である。

4. 工場見学で学ぶ

　工場見学の経験はあるだろうか。なければ，是非，見学をしてほしい。いつでもどこでも受け入れてくれるわけではないので，身近なところに工場があったら見学できるか頼んでみたり，工場見学が可能な企業をインターネットで探してみよう。

　工場見学の受け入れ体制を常時整えており，かつ製造工程のダイナミックな見学ができるのは，やはり自動車工場であろう。見学の予約ができたら，事前に，生産管理や品質管理の勉強をしてから見学に臨んだ方が，理解も質問もしやすい。

　とはいっても，今すぐ工場見学に行くわけにはいかないので，トヨタ自動車Webサイト（http://www.toyota.co.jp/）中の「トヨタ生産方式」→「図解でみるトヨタ生産方式」「動画で見るトヨタ生産方式)」と，日産自動車のWebサイト（http://www.nissan.co.jp/）中の「企業情報」→「工場案内」→「日産探検隊」，同九州工場Webサイト（http://www2.nissan.co.jp/AREA/FUKUOKA/）中の「バーチャル工場見学」を見て，工場見学の雰囲気を味わってみよう。

　自動車の生産では，トヨタ自動車のトヨタ生産方式（TPS，ジャストインタイムと自働化）が有名であるが[8]，日産自動車の日産生産方式（NPW，出荷に合わせて生産する完全同期生産）も無駄がない。両者の違いについて学ぶこともおもし

ろい。

　一般に，自動車の生産では，車体組立 → 塗装 → 組立は，製品が作業工程を順に流れながら完成する，ライン生産方式である。多種多様な工場ロボットとヒトとの共同作業によって，車種やボディカラーの異なった自動車が，ラインを流れながら，販売店の発注通りに，かつ時間通りに，組み立てられていく様子（多車種混流）は，見ていて飽きない。

　他方，家電生産では，製品によっては今でも少品種大量生産に適したベルトコンベア方式によって生産されているが，最近では，多品種少量生産に適したセル生産方式や屋台生産方式で生産されることが多い。

　工場内の生産方式，生産管理，品質管理などのハウツーは，工学系の専門科目に跨ることになるが，それらの基礎的知識は経営学の領域でもあるので，これについても興味を持って学んでおきたい。

　工場には，ほぼ無人の工場もあるが，自動車工場のように，工場ロボットとヒトとが共同作業している工場も，あるいは今でもヒトの手にほとんどを頼っている労働集約型の工場もある。

　工場はヒトなしでは操業できない。工場に限らず，企業はヒトなしには経営できない。それどころか，人材を「人財」（財：たからの意味）と表記することもあるほど，ヒト次第で，企業業績は向上したり悪化したりもする。

　そのヒトも，今日では，正社員，パート，アルバイト，契約，嘱託，季節工，派遣，請負などさまざまな雇用形態で働くようになっている。同じ工場内でもさまざまな雇用形態で働いているヒトが混在している。

　一度の工場見学で，雇用形態の違いまでも見てくるわけにはいかないが，それを念頭におきながら見学をしてくるのがよいだろう。可能であれば質問をしてみよう。

　経営学では，ヒトを経営資源（＝人的資源）ととらえ，これを対象とした管理を人的資源管理という。企業は，人員計画，要員計画にもとづいて，ヒトを最適な雇用形態で募集し，採用し，訓練し，配置する。ヒト＝人的資源をいかに管理し，ひいては企業業績の向上に繋げていくか，これらについて学ぶことも

経営学の重要な範疇である。

　工場見学以外でも，トヨタ産業技術記念館，豊田佐吉記念館，スズキ歴史館，本田宗一郎ものづくり伝承館などにも足を運んでみよう（図表1 - 7）。経営学を学ぶうえでも得るところが大きい。

図表1 - 7　豊田佐吉記念館

出所：静岡県湖西市で筆者撮影。

5.　新聞や経済誌，テレビで学ぶ

　経営学を学ぶには，今でも，新聞や経済誌は，オーソドックスな教材である。最近の新聞は，経済，経営，金融，株式，企業欄が充実しているので，まず自宅で購読している新聞を丹念に読んでみよう。さらには，経済関係専門紙の『日本経済新聞』，『日経産業新聞』，『日経 MJ』なども図書館を利用したり駅やコンビニで購入したりして積極的に読んでほしい。

　経済誌も今ではたくさんの種類が発行されている。これも図書館を利用したり，書店の雑誌売り場で目を通し，興味のある特集が組まれている時には，購

入を勧めたい。

　中でも，『日経ビジネス』，『週刊東洋経済』，『週刊ダイヤモンド』の三誌は必読である。

　また，テレビも貴重な情報源である。NHK「クローズアップ現代」，テレビ東京「ワールドビジネスサテライト（WBS）」，同「日経スペシャル，ガイアの夜明け」など，経営学の教材として役立つものも多い。ただし，テレビは，新聞や雑誌と違い，見逃すとあとで見ることができない。番組表をチェックし録画する習慣をつけておくのがよい。

6. 現代人の常識としての経営学

　上述のように，経営学の教材は身の回りに多数あり，これらをもとに関連知識を増やしていけば，生きた経営学が学べる。その後は，必要に応じて経営学を体系的に学べばよいし，学ぶべき領域は，第2章以下の各章の通りである。各章のさらに専門的なことは，大学であれば専門科目を履修することになるし，独学であれば専門書の勉強に進んでほしい。

　そのほか，テイラー，ファヨール，ホーソンなどの経営学の古典や経営理論，近江商人や旧財閥創業本家など江戸時代の商家の研究にも目を向けていくと，なおさら興味が広がる。

　ところで経営学を学ぶのは何のためだろうか。

　再三述べているように，経営学の教材は日常生活のあちこちに転がっている。ということは，逆に考えれば，経営学を学んだ方が，より確かなより賢い日常生活を送ることができるし，世の中で起きているさまざまな事象（今日では，企業経営と無関係な事象はほとんどない‼）の理解にも役立つ。すなわち，経営学は，人が生き働き生活していく上での教養科目であるといえる。

　第2は，最近では株式の売買を行うのは，専門の投資家だけでなく，ごく普通の人である場合も多くなっており，しかもパソコンやスマートフォンを用い

たネット経由の株式売買も急増している。株式以外の，転換社債型新株予約権付社債等の有価証券を売買することも多い。これらの売買をするには，当該企業の研究や経営分析は必要不可欠であり，ここでも経営学の知識は必須となる。

第3は，今日の社会は，誰でも経営者になりうる社会であるということである。今では，1円で株式会社を起業することができる時代になっているし，しかもパソコン機能の高度化と廉価，そして高速インターネットの普及で，発想が豊かで優れていれば，手持ち資金が少なくても，パソコンを生産手段として，誰でも起業家（企業家）になれる可能性が大きい。

もちろん，現に約250万社もの企業が存在しているのであるから，自分で起業しなくても，就職先で，将来的に，取締役以上の経営陣に入ることは，決して珍しいことではない。場合によっては，親族の事業を受け継ぐこともあろう。

このような場合には，経営学は単なる教養科目ではなく，実践科目としての必修科目となるはずである。

【*Review exercise*】

1. 文中，「介在が少ないほど，販売価格は引き下げられる」（p.4）と書いたが，それでは，卸売業はそもそも不要だったのだろうか。それどころか，卸売業は歴史的に重要な役割を担ってきた。このことについて調べなさい。

2. この約30年間，人件費や原材料費が格段に安い中国で生産し，低価格で日本で販売するというビジネスモデルが定着していた。これらの中には，100円ショップもユニクロも含まれるが，このビジネスモデルの限界について論じなさい。

3. 文中，「競合する製品であっても海外の工場に負けない工夫を凝らしている工場もある。また，積極的に国内に工場を新設，稼働させて

　　いる企業もあるし，日本の工場を，製造技術を開発する拠点（マザー
　　工場）と位置づけ，国内工場の再編を積極的に進めている企業もあ
　　る。」と書いたが（p.6），このことについて，日本企業の経営戦略と
　　いう視点から調べ論じなさい。

考えてみよう！

【注】

（1）電子商取引（e コマース）のうち，企業と一般消費者の取り引きのことを B to C
　　（Business to Consumer），企業間の取り引きのことを B to B（Business to Business）
　　という。最近では，企業が部品や原材料を調達する時も，電子商取引が増えている。

（2）顧客関係性管理（Customer Relationships Management）とは，売ったあとのアフター
　　サービスを含め，顧客に買って良かったという満足感を与え，繰り返し顧客であり続
　　けてもらう良好な関係性を構築する取り組みのことをいう。

（3）昭和 25 年の，売上高企業ランキング（製造業）では，1 位東洋紡績，4 位鐘淵紡績，7
　　位大日本紡績，9 位呉羽紡績と，上位 10 社のうち繊維会社が 4 社を占めていたが，昭
　　和 35 年には，1 位日立製作所，3 位東京芝浦電気，7 位松下電器産業，10 位三菱電機と，
　　上位 10 社のうち電機（電器）が 4 社，繊維が 0 社となった（『ゼミナール日本経済入
　　門』日本経済新聞社，43 ページ）。

（4）中小零細企業の廃業は，このような理由以外に，後継者不足や従業員不足でも起こっ
　　ており，年間約 7 万社といわれる。いずれにしろ，「もの作り大国，日本」に赤信号が
　　点灯している。

（5）この POS システムによって収集されたデータも，近年重要視されているビッグデータ
　　の主要な 1 つであり，分析され加工され活用される。なお，性別・年齢層別のレジ
　　キーであるが，店員がいい加減に打つと間違ったデータが集積されることになる。そ
　　れを避けるために，nanaco カード（セブン－イレブン），T ポイントカード（ファミ
　　リーマート），Ponta カード（ローソン）などを顧客に利用してもらうと，より正確な
　　ビッグデータとなる。
　　　なお，ビッグデータとしては，購買履歴，マルチメディアデータ，ソーシャルメディ
　　アデータ，センサーデータ，ダイレクトメールデータ，カスタマーデータなどがある。

ますます膨大なデータが集積されるもののそれを経営戦略に活用できている企業は実はまだまだ少ない。データ分析の専門家（データサイエンティスト）の育成が急がれている。

（6）「必要なものを必要なときに必要なだけ」店頭に並べる発想は，トヨタ自動車のトヨタ生産方式（＝ジャストインタイム，JIT）を物流に応用したものであり，今では多くの流通業で採用されている。

なお，このシステムがスムーズになされるためには配送に十分なトラックと運転手を確保することが必須であるが，第7章の注（1）でもふれているように，コンビニ業界でも運転手不足が悩みの種となっている。

（7）「環境報告書」や「CSR報告書」については，緑の goo（http://www.goo.ne.jp/green/business/report/）の「CSRレポートナビ」が便利。それらの報告書を読んだら，感想や評価をその企業に送るとよい。自分自身の勉強になるとともに，企業にとっても参考になるはずである。

（8）トヨタ生産方式については，トヨタ自動車のWebサイトの他に，かつてトヨタ自動車に勤務されていた宮本幸雄氏のWebサイト，還暦QPON（http://www2a.biglobe.ne.jp/～qpon/）が役に立つ。

【勉強を深めるために参考となる文献】

山田英夫『異業種に学ぶビジネスモデル』日本経済新聞出版社，2014年。

日本経済新聞社編『マネジメントの名著を読む』日本経済新聞出版社，2015年。

帝国データバンク編『百年続く企業の条件―老舗は変化を恐れない』朝日新聞出版, 2009年。

田中　陽『セブン－イレブン終わりなき革新』日本経済新聞出版社，2012年。

高橋俊夫『株式会社とは何か―社会的存在としての企業』中央経済社，2006年。

松田久一編著『成功と失敗の事例に学ぶ，戦略ケースの教科書』かんき出版，2012年。

日本経済新聞社編『200年企業』Ⅰ～Ⅲ，日本経済新聞出版社，2010～13年。

『日経ビジネス』日経BP社。

『週刊東洋経済』東洋経済新報社。

『週刊ダイヤモンド』ダイヤモンド社。

【*Coffee Break*】

「本家」を救ったセブン−イレブン・ジャパン

　本書でしばしば取り上げているセブン−イレブンは，今では郊外でも車で数分走れば必ず見かけるコンビニエンスストアである。このコンビニはセブン＆アイグループの持株会社（セブン＆アイ・ホールディングス）の子会社であるセブン−イレブン・ジャパンによって事業展開されており，国内の店舗数（累計）は今や，平成25年度で16,319店舗となっている。

　ところでセブン−イレブン発祥の地はアメリカテキサス州オーククリフにあり，7-Eleven, Inc. の前身であるサウスランド・アイス社（のちサウスランド社）は1927年に創業されている。昭和48（1973）年，イトーヨーカ堂の子会社・ヨークセブン（現セブン−イレブン・ジャパン）がアメリカのサウスランド社からエリアサービスおよびライセンス契約を締結して，日本で事業を開始した。

　しかし1980年代になってライセンス元のサウスランド社が経営に行き詰まり，逆に業績を伸ばしていたセブン−イレブン・ジャパンの支援や資本・経営参加を経て，平成17（2005）年3月に同社の子会社化，11月に完全子会社化した。

　この間，平成11（1999）年から社名がサウスランド社からセブン−イレブン（7-Eleven, Inc.）に変わっているが，アメリカのセブン−イレブンでも，単品管理など日本のセブン−イレブン流のコンビニ商品管理システムを導入するなど積極的に梃入れし，「本家」7-Eleven, Inc. の経営を立て直した。

　なお，「郊外でも車で数分走れば必ず見かけるコンビニエンスストア」と書いたが，平成27年に高知と青森に出店すると，鳥取，沖縄の2県が未出店となる。また出店しても全域を網羅していない県もある。これは同社の「高密度集中出店方式（ドミナント方式）」によるところが大きい。

ちょっと一息

【Coffee Break】

またたく間に成功したキシリトール

　日本人の虫歯罹患率は世界的にみても極めて高い。簡単にしかも安価に虫歯を予防できるモノが発売されれば，人々は毎日でもお金を出すことに躊躇はしない────こんな風に考えていた人は意外に多いのではないだろうか。これがまさに潜在需要である。この潜在需要を顕在需要に転化させることができれば，間違いなく大きな市場に育つ。

　素材メーカーのザイロフィンファーイースト（現ダニスコジャパン）は，平成4年，虫歯予防効果が高いとされる甘味料キシリトールの認可を厚生省（現厚生労働省）に申請，平成8年に認可を受け，翌9年にキシリトール配合ガムがガムメーカー（ロッテなど大手5社）より発売された。

　他方で，認可前からテレビや新聞，雑誌，口コミを通じて素材キシリトールの認知度を盛り上げ，認可後わずか9年で，キシリトール配合製品約2,000億円，うちキシリトール配合ガム約1,600億円の市場に作り上げ，今やガム市場の約8割がキシリトール配合ガムになっているという。

　この大成功の陰には，ダニスコジャパンのマーケティングディレクター，藤田康人氏の「素材メーカーという川上から仕掛けたマーケティング活動」と，「意図的に広告を抑え，新聞や雑誌の記事やテレビの情報番組のなかに登場させていくパブリシティ（publicity）戦略」の存在があったことは見逃せない。

　川上の素材メーカーが，advertisement（商業的な宣伝と広告）ではなく，public relations（広報活動）を重視する戦略をとったということが大きなポイントである。

　なお，ダニスコ社（Danisco, デンマーク）は，平成23年に，アメリカのデュポン社により，株式公開買い付け（TOB）で買収されている。

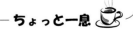

ちょっと一息

第2章▶会社・企業とは何か

【Key word】

▶新会社法
▶会社の4形態
▶特例有限会社
▶所有と経営の分離
▶機関設計
▶委員会等設置会社　委員会設置会社
▶M&A　TOB

注目！

1. 企業形態の分類と会社，企業

(1) 言葉の意味を正確に

「私の勤務している会社はトヨタ自動車です。」

「私の勤務している企業はトヨタ自動車です。」

このような日常会話の場合，会社と企業の違いを特に意識せず，ほぼ同義として使っても何の不都合はない。

しかし，「私は会社員です」「私は企業家です」となると，意味は正反対になる。会社員は従業員の意味であるのに対し，企業家は企業経営者のことである。

また，「社員」という言葉は，「私はトヨタ自動車の社員です」のように，日常会話では会社員（従業員）と同義であるが，法律用語では社団法人（＝法人格

を与えられた人の集団）の構成員＝出資者，の意味となる。株式会社でいえば株主のことをいう。「社員」に限らず法律用語が経営学で準用されることは多い。経営学をよりよく学ぶには，日頃使っている言葉であっても改めて問い直し，正確な理解をしていくことが大切である。

（2）「企業」の定義と企業形態の分類①

　それでは会社と企業の違いを正確に理解することから始めよう（図表2－1）。

　まず，「企業」を定義すれば，一定の目的のために計画的，継続的に事業活動を行う経済単位（経済主体），ということができる。この場合，この経済単位すべてが必ずしも利益をあげることを目指すわけではない。

　次に，企業は，資金を提供する出資者の公私によって，私企業，公企業，公私混合企業に分けられる。

　公企業は，公共の利益のために国や地方公共団体によって出資，経営されるものをいい，国営企業，独立行政法人，特殊法人，地方公営企業の4つに分かれる。身近な例では，市営バスや市営地下鉄はここに入る。

　公私混合企業は，公企業と私企業の中間の形態で，国や地方公共団体と民間が共同して出資，経営するものをいい，公企業（第一セクター），私企業（第二セクター）と区別して，第三セクターと呼ばれる。しばしば話題になる第三セクター鉄道はここに入る。

　企業の中で大部分を占めるのは，民間が出資，経営する私企業であるが，これは出資者が個人であるか共同であるかによって，個人企業と共同企業に分けられる。

　個人企業は，個人が事業を経営している場合をいい，近所の青果店，鮮魚店，雑貨店など個人商店をイメージするとわかりやすい。「個人」ということから，狭義では出資者が一名の事業経営体，ということになるが，通常は，複数の人々からなる共同経営（例えば，夫婦で青果店に出資，経営している等）であっても個人企業に含める[1]。

　次に，共同企業は，法人格があるか否かで，法人企業と非法人企業に分かれ

る。

　法人とは，法律の規定により「人」としての権利能力を付与された団体のことをいい，自然人と同様，権利と義務を持ち，住所（本店の所在地）もある。法人となるような実体を備えている場合でも，法律の要求する形式を満たしていなければ「権利能力なき社団」となる。

　非法人企業には，匿名組合（商法第535条），任意組合（民法第667条），権利能力のない社団等，がある。有限責任事業組合契約法（平成17年8月施行）による有限責任事業組合（LLP）はここに入る。

図表2－1　企業形態の分類①

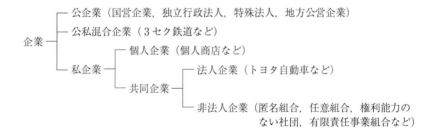

（3）企業形態の分類②と会社の特質

　法人企業は，利益をあげること（営利）を目的とする営利法人，営利を目的としないでかつ公益に関する事業を行う公益法人（公益法人認定法による法人），いずれにも属さない中間的法人（保険業法による相互会社，協同組合法による協同組合，信用金庫法による信用金庫，共済組合法による共済組合，労働組合法による労働組合，医療法による医療法人，一般社団・財団法人法による一般社団法人・一般財団法人など）に分かれる（図表2－2）。

　平成18年5月1日に施行された新会社法は，会社について，「株式会社，合名会社，合資会社又は合同会社をいう」（第2条1号）と定義し，合名会社，合資会社，合同会社を持分会社と総称している。

　したがって現在では，営利法人は，株式会社と持分会社に分けられ，持分会

社は，会社を構成する社員の責任の範囲により，合名会社（無限責任社員のみ），合資会社（無限責任社員＋有限責任社員），合同会社（有限責任社員のみ）に区分される。

　この営利法人である株式会社，合名会社，合資会社，合同会社こそ，「会社」ということができる。

　次節で詳しく述べるが，会社とは，旧会社法下の平成18年4月30日までは，株式会社，有限会社，合名会社，合資会社の4形態のこと，新会社法下の現在では，株式会社，合名会社，合資会社，合同会社の4形態のこと，と覚えておこう。

図表2－2　企業形態の分類②

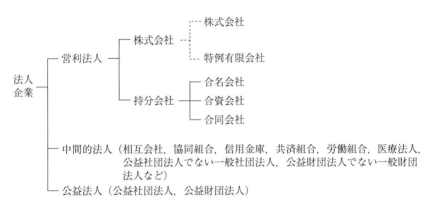

（注1）公益法人は，平成20（2008）年の民法改正以前は，民法第34条で公益法人の設立について規定されていた（旧民法第34条「学術，技芸，慈善，祭祀，宗教その他の公益に関する社団又は財団であって，営利を目的としないものは，主務官庁の許可を得て，法人とすることができる。」）。
　　　　その後，公益法人制度改革3法（一般社団・財団法人法，公益法人認定法，整備法の3法）施行から暫定5年間経過後の平成25（2013）年12月1日以降は，公益法人とは，公益法人認定法による公益社団法人および公益財団法人のことをいう。
（注2）旧中間法人法にもとづいて設立された中間法人は，平成20年の中間法人法廃止により一般社団法人に移行した。
（注3）図表2－2にある株式会社は営利法人であるが，株式会社はすべて営利法人かというとそうではないことに注意。例えば，図表2－1の第三セクター鉄道（公私混合企業）も株式会社の形態をとっている。

　こうしてさまざまな企業を分類し，企業形態の全体像を眺めてみると，個人商店などの個人企業から，トヨタ自動車，パナソニックのような大企業，３セク鉄道のような公私混合企業にいたるまで，「企業」の概念は実に広いことがわかる。

　これに対して，「会社」は，企業の中でも私企業であり，共同企業であり，法人企業であり，さらに営利法人に絞られる。会社の特質として，社団性（出資者である人の集まり），法人性（法人格を有する），営利性（利潤の獲得と社員への分配）があげられるゆえんである[2]。

（4）「会社」の定義と企業の社会的責任

　かくして「会社」を定義すれば，ヒト，モノ，カネ，情報など持てる経営資源を有効に活用し人々や社会の需要に見合った商品（製品，サービス）を提供する，民間出資の，社団性，法人性，営利性を有する経営組織体，ということができる。

　なお，会社は「営利性」を有することから，当然，より多くの利潤の獲得を目指すことになるが，ともするとそのために法律を犯したり，利害関係者を欺いたり，自然環境を破壊したり，地域社会との軋轢を生んだりしかねない。しかし，法人としての会社が，将来にわたって発展していくためには，社会から必要とされ歓迎される存在でなければならない。

　最近は，コンプライアンス（法令遵守　compliance），CSR（企業の社会的責任corporate social responsibility）がよく語られるが，会社は（そして広義の企業も）みずからの社会的責任を自覚し，法律の遵守はもとより，正確な情報提供，職場環境や自然環境への配慮，地域社会への貢献，芸術文化活動への支援等が，強く求められている。

2. 会社の形態別法人数と新旧会社法

（1）会社の形態別法人数

　すでに述べたように，会社とは，株式会社，合名会社，合資会社，合同会社のことをいう。これら形態別の統計として，図表2－3を用いて，旧会社法下

図表2－3　会社の形態別法人数

（平成16年）

区　分	資本金 1,000万円未満	資本金 1,000万円以上 1億円未満	資本金 1億円以上 10億円未満	資本金 10億円以上	合　計	構成比
	社	社	社	社	社	％
株式会社	4,940	998,551	29,866	7,022	1,040,379	40.4
有限会社	1,346,087	85,852	896	48	1,432,883	55.7
合名会社	6,590	1,168	16	1	7,775	0.3
合資会社	40,678	2,813	12	1	43,504	1.7
その他	19,862	26,533	90	183	47,547	1.8
合　計	1,418,157	1,114,917	31,759	7,255	2,572,088	100.0
（構成比）	55.1	43.3	1.2	0.3	100.0	－

（平成24年）

区　分	資本金 1,000万円以下	資本金 1,000万円超 1億円以下	資本金 1億円超 10億円以下	資本金 10億円超	合　計	構成比
	社	社	社	社	社	％
株式会社	2,074,990	324,677	17,151	5,651	2,422,469	95.6
合名会社	4,035	181	2	1	4,219	0.2
合資会社	20,706	760	0	1	21,467	0.8
合同会社	20,598	169	29	8	20,804	0.8
その他	47,214	17,333	1,154	612	66,313	2.6
合　計	2,167,543	343,120	18,336	6,273	2,535,272	100.0
（構成比）	85.5	13.5	0.7	0.2	100.0	－

出所：国税庁『税務統計から見た法人企業の実態』による。

の平成16年時点の株式会社，有限会社，合名会社，合資会社の4形態別法人
数と，平成24年時点の株式会社，合名会社，合資会社，合同会社の4形態別
法人数を見てみよう。

　この統計は，内国税の賦課徴収を業務としている国税庁の統計であり，法人
数の中に，その他（相互会社，医療法人，企業組合）を含んでいる。

　これによると，平成16年分の法人数は257万2,088社，形態別法人数の構
成比は，株式会社（40.4％），有限会社（55.7％），合名会社（0.3％），合資会社
（1.7％）であり，株式会社と有限会社で全体の約96％を占めている。

　また，平成24年分の法人数は253万5,272社，形態別法人数の構成比は，
株式会社（95.6％），合名会社（0.2％），合資会社（0.8％），合同会社（0.8％）であ
り，株式会社で全体の約96％を占めている。

　国税庁の『税務統計から見た法人企業の実態』は，毎年，調査，公表されて
いるので，同庁のHP（http://www.nta.go.jp）から新データを収集してみよう。

　これら旧4形態は，法律では，株式会社，合名会社，合資会社の3形態が旧
商法（第2編）で，有限会社の1形態が旧有限会社法で規定されていた[3]。新
4形態は，会社法で規定されている。

（2）新会社法制定とその理由

　従来，会社に関する法規定は，「商法（第2編，会社）」「有限会社法」「商法特
例法（株式会社の監査等に関する商法の特例に関する法律）」などでなされてきたが，
これらは「会社法（正式名称）」に統一化され，平成18（2006）年5月1日に施
行された。

　特に近年，商法の一部改正が続いてきたのでその集大成といわれるが，商法
は明治32（1899）年に制定された法律で，実に100年ぶりの大改正であった（図
表2-4）。

図表 2 − 4　会社法制の推移と新会社法の編構成

1873（明治 6 ）年～	国立銀行設立（株式会社，全 153 行）
1899（明治 32）年	商法制定
1938（昭和 13）年	有限会社法制定
1974（昭和 49）年	商法特例法制定
1990（平成 2 ）年	商法，有限会社法改正（最低資本金制度の導入など）
1993（平成 5 ）年	特例法上の大会社における監査制度充実
1994（平成 6 ）年	自社株買いの解禁
1997（平成 9 ）年	合併手続きの簡易化と合理化，ストックオプション制度の導入
1999（平成 11）年	株式交換・移転制度導入
2000（平成 12）年	会社分割制度の創設
2001（平成 13）年	額面株式の廃止，新株予約権制度の創設，監査役の機能強化
2002（平成 14）年	委員会等設置会社制度の創設，連結計算書類制度の創設
2003（平成 15）年	新事業創出促進法一部改正で「1 円起業」可能に
2004（平成 16）年	株券不発行制度の創設，電子公告制度の導入
2005（平成 17）年	有限責任事業組合契約法施行，新会社法成立
2006（平成 18）年	新会社法施行
2007（平成 19）年	新会社法の「合併等対価の柔軟化に関する部分」の施行

新会社法の編構成

第一編　総則	（1 ～ 24 条）
第二編　株式会社	（25 ～ 574 条）
第三編　持分会社	（575 ～ 675 条）
第四編　社債	（676 ～ 742 条）
第五編　組織変更，合併，会社分割，株式交換及び株式移転	（743 ～ 816 条）
第六編　外国会社	（817 ～ 823 条）
第七編　雑則	（824 ～ 959 条）
第八編　罰則	（960 ～ 979 条）

　この法律は新法であるが，通称「新会社法」と呼ばれ，廃止された「商法（第 2 編）」，「有限会社法」，「商法特例法」などは，総称して「旧会社法」と呼ばれる。

　新会社法が施行された理由として，次の点などがある。

① 旧会社法は，漢字とカタカナ混じり，しかも文語体で読みにくい。

②　長年のたび重なる改正で，条文に多くの枝番号がつきわかりにくい。

③　有限会社には小規模な会社が，株式会社には大規模な会社が想定されていたが，実際にはこの区分が曖昧になっていた。

会社設立時の最低資本金（出資金）についても，株式会社は 1,000 万円以上，有限会社は 300 万円以上という規制がもうけられていたが，平成 15 年 2 月にこれを 5 年間猶予する特例措置（新事業創出促進法の一部改正）が実施され，「一円で起業できる」ようになったので，なおさら垣根が曖昧になった[4]。

④　昨今の経済，経営環境の変化や経済のグローバル化，IT 技術の急速な発達に，明治時代に作られた法律（商法）では不都合が生じてきていた。

かくして新会社法施行により，旧会社法下の株式会社と有限会社の会社類型が 1 つの会社類型（株式会社）に統合され，かつ新しく合同会社が導入されたので，現在では，かつての株式会社，有限会社，合名会社，合資会社の 4 形態から，株式会社，合名会社，合資会社，合同会社の 4 形態に変わったというわけである。

なお，新会社法（本体）のみにすべての事項が定められているわけではなく，付随する整備法（会社法の施行に伴う関係法律の整備等に関する法律）や法務省令等もあわせて学ぶ必要がある。

（3）外国会社と相互会社

上記の分類法では，会社とは株式会社，合名会社，合資会社，合同会社の 4 形態を指すが，時には，外国会社と相互会社も，会社に含めて論じられることがある。

新会社法は，外国会社を，「外国の法令に準拠して設立された法人その他の外国の団体であって，会社と同種のもの又は会社に類似するもの」（第2条2号）と定義し，条文によっては，「会社（外国会社を含む）」と記述しているところもある（第5条）。

　相互会社は，先の図表 2 - 2 では中間的法人の中に含まれるが，法律では，保険業法第 2 条 5 項に規定されている法人で，現在では 5 社の生命保険会社が存在する[5]。

　保険契約者（加入者）は相互会社の社員（構成員＝出資者）となり，社員の代表者として選出された社員総代が集まる社員総代会が，会社の基本的意思決定機関となる。これは，株式会社でいえば株主と株主総会にあたるが，社員総代の選出方法が不明朗という批判が従前より強い。

　バブル後の長引いた「逆ざや（保険契約者に約束した運用利回りを実際の運用利回りが下回る状態）」や保険契約者減による経営不振，外資系生命保険会社の日本市場参入等の諸要因から，相互会社から株式会社へ組織変更する流れが続いてきた。株式会社化によって株式を上場し，株式市場からの資金調達をとおして経営基盤の安定化，強化を目指すわけであるが，同じ生命保険業界に，営利法人の株式会社と中間的法人の相互会社が混在しているということになる。

3. 新会社法と有限会社

（1）株式会社と特例有限会社

　新会社法の下では有限会社の新規設立はできないが，すでに設立されている有限会社は，定款変更や登記変更等の手続を行わなくても，新会社法上の株式会社として存続することになり，整備法によって，「特例有限会社」（有限会社の商号を持つ株式会社）と呼ばれる。図示すれば，図表 2 - 2 のように，株式会社は，株式会社と特例有限会社に分けられることになる。

　旧有限会社は，出資者の責任の取り方が出資額の範囲内で責任を負う有限責任であったことから，合資会社や合名会社よりも出資者を集めやすく，最低資本金が 300 万円と比較的少額であったことから，株式会社よりも資本を集めやすかった。

　また，役員の任期は無期限，決算公告は不要など，同じ有限責任である株式

会社よりも利便性が大きかったが，出資者が 50 名までと限定されていたため資金調達に限界があった。

　特例有限会社は，「有限会社の定款，社員，持分，出資一口」が「株式会社の定款，株主，株式，一株」とみなされるものの，旧有限会社法に特有の規律については引き続きその実質が維持されるよう特則が置かれ（整備法 2 条～ 46条），役員の任期は無期限，決算公告は不要，会計監査人の設置義務なし，という旧有限会社の扱いが続く（図表 2 − 5）。

　ただし，特例有限会社のままでは，株式譲渡制限の定めを変更できないことや，取締役会，会計監査人などの機関設置ができないことなど，不利な面もある。これらを回避するには，特例有限会社から株式会社への移行手続き（定款の変更，特例有限会社の解散登記，株式会社の設立登記）が必要となる。

図表 2 − 5　株式会社と特例有限会社の違い

会社の形態	株式会社	
	株式会社	特例有限会社
出資者の数	1 名以上	1 名以上
出資者の責任	有限責任	有限責任
出資者の地位	株式	株式
出資の内容	金銭その他の財産	金銭その他の財産
最低資本金	規制なし	規制なし
議決権	1 株 1 議決権	1 株 1 議決権
会社の内部規律	強行規定*	強行規定*
機関設計	種々の機関設計が可能	必要機関＝株主総会と取締役 任意機関＝監査役と代表取締役
役員の任期	原則 2 年 非公開会社，最長 10 年 委員会設置会社，1 年	無期限
決算公告	必要	不要

＊強行規定とは，法律の規定と異なる場合には効力が認められないルールのこと。
（注）神田　将『図解による会社法・商法のしくみ（全訂版）』自由国民社，2006 年，pp.292-294，浜辺陽一郎『基本からよくわかる会社法』日本能率協会マネジメントセンター，2006 年，pp.26-29，その他を参照しつつ，図表化した。

（2）大規模な有限会社，エクソンモービル

　有限会社はもともと家族経営を含む小規模の会社が想定されていた。図表2－3でも資本金1,000万円未満の会社が大半を占めているが，中には資本金500億円，年間売上高1兆8,000億円，従業員1,100名，という巨大な会社もあった。それは，エッソ，モービル，ゼネラルの3ブランドで知られる石油製品販売会社，（旧）エクソンモービル有限会社（EMYK）である。

　この会社は，図表2－6のように，エクソンモービルアジアインターナショナルSARLが100％出資する日本法人であり，したがって，社員は，エクソンモービルアジアインターナショナルSARL1名，ということになる。

　その後，新会社法下の特例有限会社に移行したあと，平成24年5月よりEMGマーケティング合同会社となった。当初は，エクソンモービルアジアインターナショナルSARLが100％出資していたが，すぐに東燃ゼネラル石油が

図表2－6　エクソンモービルグループ（旧）

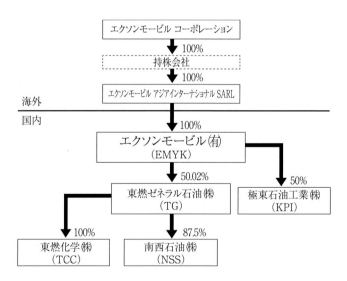

出所：旧エクソンモービル有限会社のWebサイト（http://www.exxonmobil.jp/Japan-Japanese/PA/About/JP_About_Capital.asp）による。

99％出資し，残りの１％をエクソンモービルコーポレーションが出資するという形となっている（もっとわかりやすくいうと，エクソンモービルは，日本の石油販売市場が縮小傾向にあることなどから，日本の事業から事実上撤退し，EMG マーケティング合同会社は東燃ゼネラルグループの１社になったということである）。

　このようにみると，会社形態の選択や進出と撤退，出資比率の変動，支配株主になるか否かなども経営戦略のダイナミックな１つと考えると非常に興味深い。

4．持分会社とその特徴

図表 2 － 7　持分会社 3 形態の違い

会社の形態	持分会社		
	合同会社	合資会社	合名会社
出資者の数	1 名以上	各 1 名以上	1 名以上
出資者の責任	有限責任	有限責任と無限責任	無限責任
出資者の地位	持分	持分	持分
出資の内容	金銭その他の財産	金銭その他の財産＋信用・労務の出資	金銭その他の財産＋信用・労務の出資
最低資本金	規制なし	規制なし	規制なし
議決権	1 人 1 議決権	1 人 1 議決権	1 人 1 議決権
会社の内部規律	定款自治*	定款自治*	定款自治*
機関設計	社員が業務執行を行う	社員が業務執行を行う	社員が業務執行を行う
役員の任期	無期限	無期限	無期限
決算公告	不要	不要	不要

＊定款とは会社の組織や運営などについて定めた「会社の憲法」ともいうべきものであり，定款自治とはそれによって組織運営を行うことをいう。新会社法では，定款の記載事項が自由になり，定款自治が拡大したといわれる。

(注)　日本経済新聞社編『一目でわかる会社のしくみ（第 4 版）』日本経済新聞社，2006 年，p.17，神田　将，前掲書，p.183，その他を参照しつつ，図表化した。

（1）株式と持分

　新会社法は，会社を株式会社と持分会社に分けており，合名会社，合資会社，合同会社を持分会社と総称している。

　「持分」とは何か。持分とは，日常会話では，「全体の中で各人が所有または負担している部分や割合」という意味で使われる。あるいは，例えば，分譲マンションの敷地の持分では，「共有関係において，各共有者が共有物について持つ権利，またはその割合」という意味で使われる。しかし，新旧会社法で使用されている「持分」は，これらとはまったく違う意味である。

　会社への出資者は，会社との権利義務関係において，会社に出資し配当を請求し残余財産の分配を請求する等，「社員としての地位（社員権）」を得ることになる。

　この場合，株式会社における「社員（株主）としての地位」を株式といい，持分会社における「社員としての地位」を持分という。

　この持分は，分譲マンションの敷地例と違って，社員が直接，会社の財産を処分する権利を持っているわけではない。

　株式会社の株式は，原則として均一の単位に細分化され，これを流通化できるようにしたのが株券である。平成13年10月に金額表示がある額面株式は廃止されたが，すでに発行されている額面株式では，額面金額50円が多い。

　株券は，「社員としての地位（社員権）」を表象する有価証券といえるが，持分会社ではこの発行は認められていない。

　持分会社の持分は，その大きさが社員ごとに定められ，定款で「出資の目的及びその価額又は評価の基準」として示される。出資の目的とは，何を出資するのかということで，金銭出資，現物出資，債券出資などのことをいう。

　株式会社の社員（株主）が，持分（株式）を他人に譲渡することは，原則として自由であるが，持分会社の社員は，自分の持分であっても，社員全員の承認がなければ，原則として譲渡できない。

（2）持分会社と社員の責任

図表2－8　持分会社の種類の変更

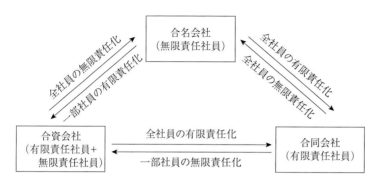

（注）神田　将，前掲書，p.179，浜辺陽一郎，前掲書，p.237，その他を参照しつつ，図表化した。

　持分会社は，会社を構成する社員の責任の取り方により，合名会社，合資会社，合同会社に区分されるが，いずれも出資者である社員が会社の業務に携わる（所有と経営の一致）。会社の業務は，社員の一部に委ねることができ，業務執行を委ねられた社員を業務執行社員という。

　持分会社は，原則，社員全員の一致で定款の変更等の決定が行われ，各社員がみずから会社業務の執行にあたるという規律が適用されるので，民法による組合に近い。

　合名会社，合資会社，合同会社の区分は，定款を変えることにより，合同会社から合名会社や合資会社に，合資会社から合同会社や合名会社に，合名会社から合同会社や合資会社に，会社の種類を変更することができる（図表2－8）。

　持分会社から株式会社への変更，またはその逆も可能であるが，新会社法ではこれを組織の変更といい，種類の変更と区別している。

　持分会社の社員は原則として業務執行権と代表権が認められており，定款の変更は原則として総社員の同意が必要であるが，会社の業務執行は，定款に別段の定めがある場合を除き，社員の過半数をもって決定される。

　持分会社の社員がその持分を他人に譲渡する場合には，原則として他の社員全員の承認が必要であるが，業務を執行しない有限責任社員の持分については，他の業務執行社員全員の承諾があれば，他人に譲渡することができる。

（3）合名会社と合資会社

　合名会社と合資会社は，あわせても約2万6,000社，全体のわずか1％に過ぎない（平成24年）。この形態の会社設立には，会社の債務について社員個人が破産するまで責任を負う無限責任社員を必要としているため，今後も増加することは考えられないが，現在でもこの形態を維持している会社には，酒造会社や醸造会社など創業が古く伝統的な業種が多い。

　無限責任社員のみの合名会社は，旧会社法では，社員が1名になった場合には解散しなければならなかったが，新会社法では，社員1名のみでも存続することができ，社員1名のみでの設立も可能になった。また，法人は無限責任社員になることができなかったが，新会社法では，法人も無限責任社員になることができる。

　合資会社は合名会社と違い，有限責任社員と無限責任社員の各1名，計2名以上が必要である。旧会社法では，法人は合資会社の有限責任社員にしかなることができなかったが，新会社法では，無限責任社員にもなることができる。

　合資会社の社員が1名になった時には，残った社員が無限責任社員であれば合名会社となる定款の変更をしたものとみなされ，残った社員が有限責任社員であれば合同会社となる定款の変更をしたものとみなされる。

（4）合同会社（日本版LLC）と有限責任事業組合（日本版LLP）

　合同会社は，新会社法によって新規に導入された会社形態であり，アメリカのLLC（有限責任会社）の日本版といわれる。

　合同会社は，合名会社と同様，社員1名のみでの設立が可能である。会社の業務執行を行うのは業務執行社員であり，法人が業務執行社員になることができる，決算公告は不要である，など他の持分会社との共通点を持つ。

　他方では，株式会社と同様，社員は有限責任社員だけからなり，会社の債務について無限に責任を負う必要がなく，出資については信用や労務の出資は認められない。

　このように，持分会社であっても社員の責任の取り方について株式会社と共通点を持つ合同会社は，少人数のベンチャー企業の創業やそれへの共同参画に向いており，今後の設立の増加が期待されている[6]。

　なお，会社ではないが，民法組合の特例としての有限責任事業組合が，日本版 LLP といわれ注目されている。これは，新会社法施行の前年（平成 17 年）に施行された有限責任事業組合契約法にもとづくもので，合同会社と違って法人ではないこと，組合の形式をとるが出資者の責任は有限責任としたこと，が特徴である。

　税金は，有限責任事業組合には課税されず出資者に直接課税される。これを構成員課税（パススルー）という。また，組合の形式をとるので内部自治の範囲が広く，出資比率と異なる利潤の配分が可能である。取締役会や監査役等の監視機関は設置の必要がなく，意思決定を内部の出資者の総意で自由に決めることができる。

　ただし，合同会社と違って，最低 2 名の構成員（組合員）と，構成員全員が何らかの業務執行に参加することが必要であり，また，法人ではないので合併や組織変更ができない。

　この有限責任事業組合は，企業どうしの連携や共同事業，さらに産学連携等の共同起業における活用が期待されている。

5．株式会社とその特徴

（1）株式会社の設立
　4 形態の会社の中で今後最も利用されうる会社形態は，やはり株式会社である。

　株式会社の設立には，発起人が，発行する株式をすべて引受けて設立する発起設立と，発起人が，一部の株式を引受け，残りを募集して設立する募集設立がある。発起人は1名でも可能である。

　設立の流れは，およそ次のようになる。

① 会社概要の決定

　　商号（会社名），事業目的，資本金，発起人（出資者），本店所在地，事業年度などを決める。

　　　↓

② 発起人会の開催と原始定款の作成

　　発起人が複数の場合，発起人会を開いて商号などを決め，発起人会の議事録や原始定款を作成する。定款には，絶対的記載事項，相対的記載事項，任意的記載事項の3つがある。

　　絶対的記載事項とは，会社の目的や商号，本店所在地など，定款に必ず記載しなければならない事項。

　　相対的記載事項とは，発起人が受ける報酬額など，定款に記載することで効果が認められる事項。

　　任意的記載事項とは，決算期，株主総会の召集時期など，定款に記載しなくても効力には影響のない事項。

　　　↓

③ 定款の認証（公証役場）

　　作成した定款について，最寄りの公証役場で公証人の認証を受ける。

　　　↓

④ 株式の引受けと出資金の払込み

　　各発起人は，割り当てられた株式を引受け，株金（出資金）を発起人代表の口座に振り込む。

　　　↓

⑤ 発起人による取締役，監査役の選任と取締役会における代表取締役の選

任

募集設立の場合には，創立総会を開き取締役と監査役を選任し，その後
の取締役会で代表取締役を選任する。

↓

⑥　設立登記の申請（法務局）

法務局に，発起人会議事録，定款，設立時代表取締役選定決議書，代表
取締役の印鑑証明書等の申請書類を添付して，登記申請をする。登記申
請をした日が会社設立日となる。

（2）株式会社の特徴

すでに述べたように，株式会社の大きな特徴は，1つは，出資者の責任の範
囲が有限責任であること，2つは，「社員（株主）としての地位」たる株式が，
原則，均一の単位に細分化され，株券という形で売買されうるということにあ
る。

特に，証券取引所の上場会社や店頭登録会社は，株式市場で株式の売買を自
由に行うことができ，新たに資金調達をしたい時には新規に株式を発行（増資）
し，出資者（投資家）は，会社の経営理念，業績の推移，将来性，株価，配当
等を総合判断して株式を購入する。

会社の実際の業務執行は，株主総会の総意として，専門の経営者（取締役）
に委任する。これを，所有（資本）と経営の分離といい，株式会社の発展の原
動力となって機能するというわけである。

ただし現実には，株式会社の多くが株主に対して保有株式の第三者譲渡を制
限している。制限している会社を株式譲渡制限会社といい，そのほとんどが出資
者自身が業務執行の責任者であり，所有（資本）と経営が分離されていない。

なお，株券は，もともと紙の印刷物であったが，上場会社を対象に，株券の
発行を廃止し電子的な管理におきかえる「株券不発行制度（株券ペーパーレス
化）」が，平成21年1月から実施され，すべての上場会社は株券不発行制度の
利用会社となった。

この株券の電子化にともない，印刷された株券そのものには有価証券としての価値はなくなり，売買される株式は株券のやり取りではなく，コンピュータシステムで管理されている。

（3）株式会社の運営と委員会設置会社

旧会社法（商法第2編）では，株式会社は，株主総会，取締役，監査役の機関設置は必須であった。

最高の議決機関である株主総会では，取締役の選任，解任や各種の業務報告，計算書類などの承認がなされる。取締役は業務執行機関である取締役会を構成し，取締役会は，代表取締役の選任，株主総会招集の決定，新株発行の決議など，経営に関する重要事項を審議する。代表取締役は，会社を代表し，業務執行の最高経営者となる。監査機関である監査役は代表取締役や取締役の業務執行と会社財産の状況を監査する。

このように，株主総会，取締役会，監査役は，それぞれチェックアンドバランスを目指すものとして，国権の三権分立と重ねあわせて，経営の三権分立と説明されてきた。

この，経営の三権分立でチェックアンドバランスを目指すという理想は，現実には代表取締役が取締役や監査役等の人事決定権を持っていることが多いため，監査役が独立した立場で業務執行の監視を行うことができているとはいいがたく，従前より，経営のチェック機能と透明性を高める必要性が求められていた。

平成15年4月に施行された改正商法では，資本金5億円以上または負債総額200億円以上の大会社は，社外取締役起用を条件に監査役の廃止が認められるようになった。監査役廃止を選んだ会社は，業務の執行担当役員である執行役（任期1年）を導入，代表取締役は廃止，代わって代表執行役に切り替わる。

監査役を廃止するには社外取締役起用のほか，取締役会の中に，取締役候補を決める指名委員会，監査役の役割をする監査委員会，取締役や執行役の報酬を決める報酬委員会の3委員会（それぞれ3名以上，過半数は社外取締役）を設置し

なければならない。この会社を，委員会等設置会社（米国型企業統治形態）という。

　これによって，執行役は，従来，取締役が行ってきた業務執行を担い，取締役会が，基本的な経営事項の決定と執行役の職務執行監督を担う（経営の監督機能と業務執行機能の分離）。

　新会社法では，名称が委員会設置会社（図表２－９，図表２－10）に変更され，さらに，定款に委員会をおく旨の定めを設けることで，会社の規模を問わず委員会設置会社となることができる。

　委員会設置会社は，取締役の任期が２年から１年に短縮されるが，取締役会で配当方針を決定できるほか，新株や社債発行など幅広い業務を執行役に任せることが可能になる[7]。

図表２－９　委員会設置会社制度

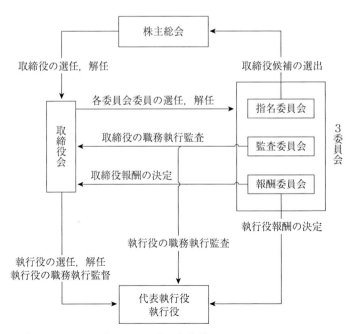

（注）日本経済新聞社編，前掲書，p.45 の図に加筆補正した。

図表 2 - 10　ソニー株式会社（委員会設置会社）の役員一覧

取締役	執行役
平井　一夫	平井　一夫
吉田　憲一郎	代表執行役　社長 兼 CEO
安樂　兼光	吉田　憲一郎
永山　治	代表執行役　EVP　CFO
二村　隆章	斎藤　端
原田　泳幸	執行役　EVP
伊藤　穰一	根本　章二
ティム・シャーフ	執行役　EVP
松永　和夫	鈴木　智行
宮田　孝一	執行役　EVP
ジョン・ルース	鈴木　国正
桜井　恵理子	執行役　EVP
	藤田　州孝
	執行役　EVP
	神戸　司郎
	執行役　EVP

出所：ソニー株式会社の Web サイト（http://www.sony.co.jp/SonyInfo/CorporateInfo/
Data/officer.html）による（平成 27（2015）年 1 月 5 日現在）。

　なお，平成 27 年 5 月 1 日に施行される改正会社法では，上場会社は定款を
変更することにより，監査等委員会設置会社という新たな企業統治形態を採用
できるようになり，これまでの委員会設置会社は，指名委員会等設置会社と呼
ばれることになる。この結果，上場会社は平成 27 年 5 月以降，「監査役会設置
会社」，「指名委員会等設置会社」，「監査等委員会設置会社」の 3 つの選択肢を
持つことができる（3 つに区分できる）と理解してほしい。

（4）株式会社の分類と種々の機関設計

　新会社法では，柔軟な機関設計が可能となった。機関とは，株主総会，取締
役，取締役会，監査役，監査役会，会計監査人，会計参与，委員会（上述の 3
委員会）をいい，これらを，会社の実情を勘案して組み合わせることを，機関

設計という。取締役と共同で決算書などを作成する会計参与は，新会社法で新設された。

　株式会社は，株式が自由に譲渡され不特定多数の株主がいる公開会社と，株

図表 2 − 11　株式会社の分類と機関設計

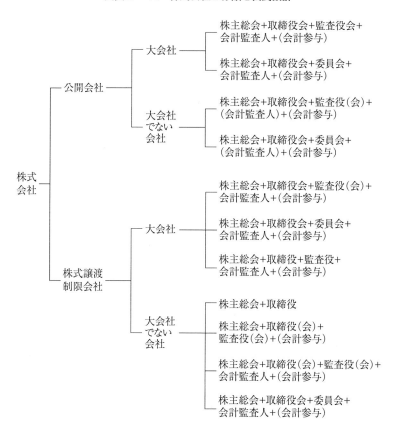

(注1)（　　）は，設置が任意の機関

(注2) 新会社法は，大会社を「最終事業年度に係る貸借対照表に資本金として計上した額が 5 億円以上であるか，最終事業年度に係る貸借対照表の負債の部に計上した額の合計額が 200 億円以上であること」と定義している（第2条6号イロ）。

(注3) 中経出版編集部『取締役・監査役の新会社法』中経出版，2005 年，6 ～ 22 頁を参照しつつ，図表化した。

式の譲渡が定款で制限され特定の株主がいる株式譲渡制限会社に分類され，また，大会社（資本金5億円以上または負債総額200億円以上）と，大会社でない会社に分類される。こうした分類にもとづいて，新会社法は概略，次のようなルールを規定している（会社法第326条〜328条）。

① すべての株式会社は，株主総会と取締役を設置することが必須。
② 公開会社は，取締役会を設置することが必須。
③ 公開会社でかつ大会社は，監査役会（または委員会）と会計監査人を設置することが必須。
④ 公開会社でかつ大会社でない会社は，監査役（または委員会）を設置することが必須。
⑤ 株式譲渡制限会社でかつ大会社は，監査役（または委員会）と会計監査人を設置することが必須。
⑥ すべての株式会社で，会計参与の設置は任意。

これらのルールをもとに図示すると，図表2-11のように種々の柔軟な機関設計が可能となる。

（5）株主の義務と権利

株主は，株式を引受け出資する義務を負うことで，会社から経済的利益の享受を目的とする権利と，会社経営への参画を目的とする権利を与えられる。前者の権利のことを自益権，後者の権利のことを共益権，という。

自益権には，利益配当請求権，残余財産分配請求権，新株引受権，株式買取請求権などがあり，共益権には，株主総会における議決権，株主総会決議取消訴訟の提起権，株主代表訴訟提起権などがある。

1株の権利は平等であるという株式平等の原則から，株主総会における議決権は1株につき1票与えられる。これを1株1議決権の原則という。

（6）株式の種類

　株式は原則として均一の単位に細分化されること，１株の権利は平等であることなどを述べた。しかし実際にはさまざまな株式の種類がある。

①　株式の権利内容にもとづく分類

　　普通株式：株主の権利に制限のない標準的な株式。

　　種類株式：剰余金の配当や残余財産の分配など，普通株式とは異なる
　　　　　　　権利内容を持つ株式。優先株式，劣後株式，議決権制限株
　　　　　　　式，譲渡制限株式，取得請求権付株式，取得条項付株式，
　　　　　　　全部取得条項付株式，拒否権付株式（いわゆる黄金株），取
　　　　　　　締役・監査役選任権付株式（委員会設置会社と公開会社を除
　　　　　　　く），などがある。

②　株式の取引形態にもとづく分類

　　上場株式：証券取引所で売買される株式。

　　店頭株式：証券会社の店頭で売買される株式。

　　未公開株式：上場も店頭登録もされていない株式。

③　株式の取引単位にもとづく分類

　　単元株式：銘柄ごとに決められている最低取引単位。単元株式制度を
　　　　　　　採用している場合は，１単元１議決権。１単元未満の株式
　　　　　　　しか保有していない株主には議決権がない。

　　ミニ株式：単元株式の10分の１の株数で取引できる株式。

（7）株式上場と経営権

　起業を考える人々の夢は，（旧会社法の時代では）最初は個人企業を，やがて有限会社を，そして株式会社を，さらに証券取引所に自社の株式上場を，最初は第２部に，次に第１部に，・・・というものであった。

　「法人成り」という言葉は，個人企業を廃し法人と成ることをいうが，経営者の喜びが感じられる言葉である。

50 ─────○

　誰々さんの個人経営よりも，（旧会社法の時代では）法人の有限会社の方が，さらに最低資本金の大きい株式会社の方が，社会的信用も取引先の信用も格段と高くなる。

　特に株式上場会社となって，社会的知名度をあげればあげるほど，会社の業績も株価も上昇し，株式市場を通じて必要な資金を調達することができるようになり，経営の裁量が大きく広がることになる。

　ところが，不特定多数の人々に売却された株式は，特定の個人や集団，もしくは法人のもとに集められると，集められた株式数（議決権）が多くなればなるほど，その個人や集団，もしくは法人の，株主総会における影響力が強くなる。

　具体的には，3分の1超の議決権を持つと，他企業との合併など経営の重要事項を決める議案に反対でき（特別決議の否決），2分の1超の場合は，取締役の選任や利益処分などの議案について単独で可決または否決でき（実質的な経営権の獲得），3分の2超になると，特別決議事項を単独で可決できる。

　つまり，大量の株式を発行すればするほど，豊富な資金調達が期待できる反面，現経営陣にとって経営権が奪われる危険性が，ますます高まることになる。

（8）M&A と TOB

　M&A（Mergers and Acquisitions）とは，合併と買収の意味である[8]。

　平成9年に「合併手続きの簡易化」，平成11年に「株式交換制度の導入」，平成12年に「会社分割制度の創設」など，法的整備が進められてきたので，この10〜20年間，M&Aの件数が飛躍的に増えている。

　M&Aには，買収を仕掛けられた会社の経営陣が反対する「敵対的M&A」と，賛成する「友好的M&A」がある。

　敵対的M&Aでは，TOBを仕掛けるのが一般的である。

　TOB（Take Over Bid）とは，株式公開買い付けのことである。会社の買収や経営権取得などを目指して，不特定多数の株主から対象会社の株式を買い集め

る手法であり，対象会社の合意が得られている場合を「友好的 TOB」，得られ
ていない場合を「敵対的 TOB」という。

　日本の大企業間の敵対的 TOB 第１号は，製紙業界最大手の王子製紙による
同６位の北越製紙に対するケースで，「期間＝平成 18 年８月２日〜９月４日，
買い付け価格＝１株 800 円，目標の保有比率＝ 50.0004％」というものであっ
たが，北越製紙側についた日本製紙と三菱商事の介在により，失敗に終わって
いる。

（9）「合併等対価の柔軟化に関する部分」の施行と MBO

　株式交換は，買収先の株主に自社株を交付して 100％子会社化する，M&A
の一手法である。日本では会社再編を加速させるため，平成 11 年 10 月施行の
旧改正商法で国内会社どうしに限って解禁された。

　その後，新会社法の施行により，買収先の株主に，自社株だけでなく，「金
銭その他の財産」を交付することができることとなった（新会社法第 749，758，
768 条）。これを「合併等対価の柔軟化」といい，子会社が他の会社を吸収合併
する際に，親会社の株式を対価として交付する合併を「三角合併」，消滅会社
の株主に金銭のみを交付する合併を「交付金合併」という。

　ただし，この「合併等対価の柔軟化に関する部分」の施行は，敵対的買収に
対する防衛策を講じる機会を確保するため，新会社法施行１年後（平成 19 年 5
月）となる（附則 4）。

　この「部分」の施行後，憂慮されているのが，外国企業が日本に子会社を
作って日本企業を買収する「三角合併」の活発化であり，次のケースである。

　外国企業 A 社が日本に 100％の子会社 B 社を設立。B 社は，日本の会社 C
社の株主に，自社株式ではなく，親会社の外国企業 A 社の株式を交付する。B
社は合併の受け皿会社であり，事実上，外国企業 A 社が日本の会社 C 社を買
収したことになる。

　日本の株価水準が依然として低迷している現在，株式時価総額（株価×発行済
み株式数）の点からみると，日本の超優良な大企業といえども欧米の巨大企業

に比べると著しく小さいので，今後，三角合併の手法により，欧米の巨大企業に簡単に飲み込まれるおそれがある[9]。

最近，究極の防衛策として注目されているのは，MBO（Management Buy-out，経営陣による企業買収）である。

経営陣が，自社の株主が持っている株式を買い取り，上場を廃止して株式を非公開にすれば，いかなる他者（他社）が敵対的な買収を仕掛けようとしても，現経営陣側の少数の株主だけで株式を保有しているため，他者による株式の買い占めが極めて困難となり，買収攻勢を防止することができるというわけである。

通称「村上ファンド」による敵対的な株式大量買い占めが端緒となり，平成17年に，服飾メーカーのワールド（東京証券取引所，大阪証券取引所，市場第一部上場）や，飲料メーカーのポッカコーポレーション（東京証券取引所，名古屋証券取引所，市場第一部上場）がMBOを実施し，すでに上場を廃止している[10]。

上述したように，起業家（企業家）の夢は，株式会社を設立して証券取引所に自社の株式を上場することであるが，すでに知名度があり新たな資金調達の必要がなければ，このようなMBOも，敵対的な買収の心配や，株主や株価を気にすることなく，現経営陣が自由な発想で機動的な事業展開をなし得るので，経営戦略上，有効な選択肢の1つ，ということができる。

国際的大競争時代を迎えて，現在の経営者には，旧来よりも増してますます周囲や数歩先数年先を見通した企業経営が求められている。

【*Review exercise*】

1. 世界で最初の株式会社は，「オランダ東インド会社」（1602年）であるといわれる。国際化，グローバル化が進んでいる今，改めて東インド会社の誕生やその後について調べる意義は大きい。参考文献を探し，詳しく研究をしてみよう。

2. 友人と一緒に株式会社を設立すると想定して，会社概要や定款作りをしてみよう。

3. M&AとTOBは，今後ますます増えていくと思われる。最近の事例を取り上げて，経過の展開や問題点などを調べなさい。

4. 企業形態の分類について，本章では，出資者の公私　⇒出資者が個人か共同か　⇒　法人格があるか否か　⇒　・・・という順で分類した。視点を変えて別の分類表を作ってみよう。

考えてみよう！

【注】

（1）総務省統計局の『平成16年事業所・企業統計調査』によると，個人企業（個人経営の事業所）の数は約286万事業所。全国各地の「シャッター通り」から連想されることではあるが，平成11年に比べ11.8％減，事業所全体に占める割合は，比較可能な昭和47年以来，初めて5割を下回った，という。

その後，『平成18年事業所・企業統計調査』では約274万事業所にさらに減少している。なお，「事業所・企業統計調査」は平成21年から経済センサスに統合されている。

（2）新会社法では，法人性について，第3条で「会社は，法人とする」と規定されている。営利性については直接規定している条文はないが，株主の権利として剰余金配当請求権および残余財産分配請求権が明文化されているので（第105条），新会社法でも営利性は規定されているといわれている。

社団性については，旧商法（第2編）第52条1項では「本法ニ於テ会社トハ商行為ヲ為スヲ業トスル目的ヲ以テ設立シタル社団ヲ謂フ」と規定されていたが，新会社法にはこのような規定がないばかりか，合資会社を除く3形態の会社に出資者が1名であ

る一人会社が認められている。合資会社も定款のみなし変更（第639条）により出資
者1名でも存続可能であると考えられる。

複数の人の集まりを社団ということから，会社の社団性を否定する意見と，潜在的社
団性という解釈で社団性を肯定する意見とがある。同じことは「共同企業」というく
くり方にもいえることであるが，新会社法下における「社団性」について異なる解釈
が見られることを指摘しておく。

（3）旧商法（第2編），第53条「会社ハ合名会社，合資会社及株式会社ノ三種トス」，第54
条「会社ハ之ヲ法人トス」

旧有限会社法，第1条「本法ニ於テ有限会社トハ商行為其ノ他ノ営利行為ヲ為スヲ業
トスル目的ヲ以テ本法ニ依リ設立シタル社団ヲ謂フ」

（4）より正確には，中小企業等が行う新たな事業活動の促進のための中小企業等協同組合
法等の一部を改正する法律（中小企業挑戦支援法）をうけて，新事業創出促進法第2
条2項3号に該当する創業者のうち経済産業大臣の確認を受けた者が設立する会社に
ついては，最低資本金未満の資本金で会社を設立することが認められ，その設立から5
年間は資本の額が最低資本金規制を適用されないというもの。

設立された会社を，確認株式会社，確認有限会社というが，新会社法で最低資本金制
度が撤廃されたのにあわせてこの制度は廃止され，「設立後5年以内に，確認株式会社
であれば1,000万円，確認有限会社であれば300万円までの増資」等の義務はなくなっ
た。

（5）保険業法，第2条5項「この法律において「相互会社」とは，保険業を行うことを目
的として，この法律に基づき設立された保険契約者をその社員とする社団をいう。」

なお，現在も相互会社の形態をとる生命保険会社は，日本生命保険相互会社，住友生
命保険相互会社，明治安田生命保険相互会社，富国生命保険相互会社，朝日生命保険
相互会社の5社。

近年，相互会社から株式会社に組織変更した生命保険会社は，大同生命保険株式会社
（平成14年），太陽生命保険株式会社（平成15年），共栄火災海上保険株式会社（平成
15年），三井生命保険株式会社（平成16年），第一生命保険株式会社（平成22年）の
5社。

（6）法務省によると，平成18年5，6月の2カ月間に設立された合同会社は743社（うち
11社が株式会社や有限会社などからの組織変更）であったという。

（7）東京証券取引所上場企業の中で，社外取締役を2人以上おいている企業は約2割にと

どまっている。そのため東証では上場規則を改正し，複数の社外取締役をおかない上場企業には，文書による理由の説明を義務付ける（平成 27 年 6 月から）。また平成 27 年 5 月には，社外取締役を少なくとも 1 人選任するよう促す改正会社法が施行される。とはいえ，お飾りでなく外部の目として実際に役立つ社外取締役の人材はけっして多くはなく，今後の人材育成が課題である。

（8）M&A は，昨今，国内国外を問わず極めて活発に行われている。その現状は簡単には，『日本経済新聞』電子版「M&A ニュース」で知ることができる。

　　例えば，「日本企業による海外企業の M&A（合併・買収）が急増している。2015 年 1 ～ 3 月は約 3 兆 9,000 億円に達し，9 年ぶりに四半期ベースの最高を更新した。」(2015 年 3 月 9 日付)，「東南アジア諸国連合（ASEAN）で M&A（合併・買収）のうねりが起きている。2014 年の域内企業を対象にした内外からの M&A は，金額ベースで日本を逆転した。原動力は総額の 7 割近くを占めた域内企業同士の M&A だ。」(2015 年 1 月 29 日付) など，毎日チェックしておくべき情報が多い。

（9）株式時価総額の外国企業との比較は，毎日の「株価×発行済み株式数」と外国為替の変動で変わる。

　　最近のアメリカ，アップル（Apple）とエクソンモービル（Exxon Mobil）の株式時価総額は，それぞれ約 57 兆円と約 44 兆円，それに対してトヨタ自動車約 26 兆円，パナソニック 3.5 兆円，新日鐵住金 2.9 兆円，ブリヂストン 3.4 兆円で格差が歴然としている。なお，国内株の時価総額のランキングは，NIKKEI NET ランキングが便利（http://www.nikkei.com/markets/ranking/）。

（10）なお，ポッカコーポレーションは平成 25 年に経営統合され，ポッカサッポロフード＆ビバレッジとなり，株主がサッポロホールディングス 1 社（100％）の非上場の株式会社となっている。

【勉強を深めるために参考となる文献】

柴田和史『ビジュアル，図でわかる会社法』日本経済新聞出版社，2014 年。

江頭憲治郎監修『会社法・関連法令条文集』有斐閣，2014 年。

神田　将『図解による会社法・商法のしくみ（第 5 版）』自由国民社，2014 年。

林　光行事務所編『新しい公益法人制度—設立・移行・会計・税務の手引き（3 訂版）』実務出版，2011 年。

小本恵照・尾関　純『すらすら図解，M&A のしくみ』中央経済社，2014 年。

笹山幸嗣・松村祐土・三上二郎『MBO—経営陣による上場企業の戦略的非公開化』日本経
　　済新聞出版社，2011年。

総務省統計局『事業所・企業統計調査』（平成18年の調査まで。21年から『経済センサス』
　　に統合）。

総務省統計局『経済センサス』。

【*Coffee Break*】

CEO，COO，CFO とは何のこと

　最近，日本企業の役員の肩書きに，CEO，COO，CFO などの表記が
みられることが多くなった。日本の新旧会社法にはこれらの規定や定義
はなく，個々の会社でアメリカの役員制度（オフィサー制度）の役職名を
取り入れているに過ぎないが，主要な役職名については覚えておこう。

CEO　（Chief Executive Officer）　最高経営責任者（ナンバーワン）

COO　（Chief Operating Officer）　最高執行責任者（ナンバートゥー）

CFO　（Chief Financial Officer）　最高財務責任者

CTO　（Chief Technical Officer）　最高技術責任者

CSO　（Chief Strategic Officer）　最高戦略責任者

CRO　（Chief Risk Officer）　最高リスク管理責任者

CIO　（Chief Information Officer）　最高情報責任者

CMO　（Chief Marketing Officer）　最高マーケティング責任者

EVP　（Executive Vice President）　上級副社長

SVP　（Senior Vice President）　上席副社長

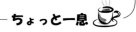
ちょっと一息

【Coffee Break】

会社は誰のものか

　平成 17 年 2 月 8 日，ライブドアとその子会社が，ニッポン放送株（東京証券取引所第 2 部）の発行済み株式を計 35 ％取得し，筆頭株主になったことが公表された。この時以降，ニッポン放送株をめぐるライブドアとフジテレビの激しい攻防が展開されたのは，まだ記憶に新しい。

　この攻防の中で「会社は誰のものか」という論争が巻き起こった。「会社は株主のもの」，「会社は従業員や顧客のもの」，「会社は社会全体のもの」，「会社は誰のものでもない」など，さまざまな意見が闘わされてきた。

　株主や投資家の「会社は株主のもの」という主張が法律論では一番勝ち目がありそうであるが，他方で，法律上すれすれのやり方で株式を買いあさり，発行済み株式（議決権）2 分の 1 超の取得で，「この会社はオレのもの」といわれても世論は納得しない。

　この論争の決着は当分つかないが，これがきっかけとなって，あたかも万能であるかのようにみえる現在の株式会社制度の危うさ，資本主義社会の落とし穴などが，さまざまな角度から議論できたのは，ライブドアとフジテレビの攻防の唯一の成果であったのかもしれない。

──── ちょっと一息

第3章▶経営者と経営管理

【*Key word*】

▶コーポレート・ガバナンス
▶経営管理論
▶科学的管理法
▶組織の基本要素

注目！☞

1. 経営者と企業の歴史的変化

（1）専門経営者の登場

　資本主義経済の歩みを振り返ると，企業の経営者には歴史的変化が見られる。英国の産業革命（1760年代〜1830年代）の頃，経営者は出資者，すなわち企業の所有者でもあった。当時の著名な起業家であるピールⅠ世は，ランカシャーで紡績事業を営み，18世紀末に6つの紡績工場を所有する資産家であった。バーミンガムの起業家であるボールトンは，蒸気機関の発明家ワットとともに原動機の製造企業ボールトン＝ワット商会を1775年に設立したが，ベンチャー・キャピタリストである彼はこの商会を所有し経営も行っていた。

　しかし大企業が生成・発展するにつれて，経営者の性格は変化していくようになる。鉄道業は19世紀半ばの米国における最初の大企業であるが，中でもフィラデルフィアとピッツバーグという重要な都市を結ぶペンシルヴァニア鉄道は最盛期には世界最大の企業となった。ここで1852年に社長となった人物がワトソンである。彼は大株主ではなく，鉄道技術者から技師長になった人物

であり，その鉄道経営の力量を評価されて社長に抜擢されたのである。彼をはじめとする専門経営者が鉄道業でリーダーシップを発揮し，彼らが築いた新たな経営階層組織が製造業大企業の経営のモデルにもなっていく。

　またゼネラル・モーターズ（GM）の中興の祖といわれるスローンは，コネティカット州の商人の家に生まれた人物であるが，その卓越したマーケティングの才覚（商才）を評価されて1923年に子会社の社長からGMの社長に抜擢されている。フルライン戦略と事業部制の採用のみならず，モデルチェンジに買換え促進策や割賦販売の奨励など，後の自動車産業の標準となるマーケティング手法を実践し始めた専門経営者であった。

　このように企業の発展につれて，資本主義初期の所有者の性格を併せ持つ経営者に代わって，経営の手腕を評価されて経営を任される専門経営者が登場し，経営者の主流となっていくのである。

（2）株式会社の発展

　ところで，今日の多数の大企業の企業形態となっている株式会社は，いつ頃誕生したのであろうか。世界最初の株式会社は，1602年に設立された連合オランダ東インド会社であるといわれている。この企業は香辛料の胡椒などを東方からヨーロッパに輸入するために，オランダ議会から特許状をもらって発足しており，出資者全員の有限責任制，資本の証券化，取締役会の設置というその特徴は今日の株式会社制度の基本的要件を満たしている。だがこの企業は18世紀末に破綻している。

　他方で，連合オランダ東インド会社に代わって，東方との貿易の覇権を握っていくのが，イギリス東インド会社である。同社はエリザベス女王の時代である1600年に設立されたが，当初は株式会社ではなく，一航海ごとに資金を集め，航海が終わると出資者に元本と利益を分配していた。やがて清教徒革命の指導者であるクロムウェルにより改組が行われて1657年に配当制が導入され，会社に元本を残して出資者に配当のみを分配する企業（永続企業）となった。さらに1665年に出資者全員の有限責任制を採用して，株式会社の形態を整え

るようになった。

　だが18世紀初頭，株式会社の発展を停滞させる出来事が生じている。ロンドンやパリで株式ブームが沸き起こり，株価高騰に乗じて儲けようとした実体のない泡沫会社（Bubble Company）が多数作られたため，1720年に英国政府が泡沫会社禁止法（The Bubble Act）を発令し，それを契機に株価の暴落が発生したのである。当時の泡沫会社の代表例が南海会社であったことから，この出来事は南海の泡沫事件（The South Sea Bubble）と呼ばれている。今日の「バブル」という言葉の由来はここにある。この事件後，約1世紀にわたり，英国では株式会社が禁止されることとなった。

　しかし，1825年の泡沫会社禁止法の廃止後，1830年代の鉄道業の興隆に伴って，株式会社形態は再び英国で活用されるようになる。鉄道業は巨額の資金を必要とし，その資金を集めるために株式会社の形態が適していたからである。1862年の会社法は，英国の近代株式会社制度の完成を示すものであり，株式会社形態はここに至って法的枠組みが確立し定着をみた。

　また米国では，1800年頃までにすでに約320の株式会社が存在していたが，1875年のニュージャージー州会社法の制定は株式会社の発展の道を開くものであった。19世紀半ば頃からの鉄道企業の発展は株式の発行による資金調達に支えられており，20世紀に入ると製造業企業の株式が続々とニューヨーク証券取引所に上場されるようになっていく。

　日本では明治時代に，福澤諭吉の『西洋事情』や渋沢栄一の『立会略則』等により，「会社」が紹介されている。そもそも「会社」という言葉は，これらの著作にある「立会結社」ないしは「会同結社」から生まれた言葉であるといわれている。

　渋沢栄一は明治期の著名な起業家であり，後の王子製紙となる抄紙会社や日本郵船など，約500の会社の設立に関与した人物であるが，渋沢が1872年に設立した東京第一国立銀行が日本初の株式会社であるとされている。事実，同行は株主の有限責任制を採用し取締役会を設置している。なお，同行の名称には「国立」という文字が用いられているが，これは欧米の「National Bank」

の翻訳から来ている言葉であり，実態は民間銀行である。

　日本でも株式会社の制度は法律に規定されるようになり，1893 年に旧商法，1899 年に新商法が発布されている。新商法では，有限責任制の承認や株式譲渡の自由など重要事項が規定されている。そのような株式会社制度の法規定の下で，日本では紡績会社等が早期に大企業化していった。

（3）企業の支配と統治

　株式会社が高度な発展を遂げてきた 20 世紀前半になると，この巨大化した企業を支配しているのは誰かという問が提起されるようになった。この問に答えようとした学者がバーリーとミーンズ（Berle & Means）である。2 人は「支配」の概念を企業の経営者の任免権限を保持していることと考え，1929 年時点の米国の代表的企業 200 社の支配の態様を調査して『近代株式会社と私有財産』（The Modern Corporation and Private Property）を著した。2 人が規定する支配の形態は次の 5 種類である。

①　完全所有支配（ほとんど完全な所有権による支配）
　　一個人または小集団が会社の発行済株式の全部または 80％以上を所有することにより支配
②　過半数持株支配
　　一個人または小集団が発行済株式の 50％以上 80％未満を所有することにより支配
③　法的手段による支配
　　過半数の株式を所有してはいないが，ピラミッド型持株会社や無議決権株などの方法により支配
④　少数持株支配
　　20％以上 50％未満の株式の所有にもかかわらず，群小株主の議決権の放棄や委任状の収集により支配

⑤　経営者支配

　　　株式の高度分散により大株主の持株比率が20％未満となったため，株
　　　主による支配が不可能になり，代わって経営者が支配

　この調査の結果は図表3－1の通りであり，1920年代末には経営者支配
（Management Control）が米国で最も多くなっていることが明らかとなった。米
国の大企業では，所有者でもある経営者の支配よりも，専門経営者による支配
が一般的となったのである。所有と経営の分離が徹底してきたともいえる。こ
の結果を踏まえて，バーリーとミーンズは企業の支配態様は歴史的発展として
経営者支配に向かうことを主張している。
　その後，ラーナーがバーリー＝ミーンズと同様の概念を用いて行った研究に
よると，図表3－1のように1963年時点の米国の経営者支配は8割以上に達
しており，1960年代には米国の大企業において経営者支配が定着したことが
示された。

図表3－1　支配形態の推移

（％）

調査 （対象国等） 支配形態	バーリー＝ ミーンズ	ラーナー	三戸・正木・晴山	
	米国	米国	日本	日本
	1929年	1963年	1936年	1966年
完全所有支配	6	0	6	0
過半数持株支配	5	2.5	6.5	2
法的手段による支配	21	4	－	－
少数持株支配	23	9	46.5	38
経営者支配	44	84.5	41	60
管財人管理	1	－	－	－
計	100	100	100	100

出所：A・A・バーリー，G・C・ミーンズ著，北島忠男訳『近代株式会社と私有財産』文雅
　　堂書店，1958年，高柳　暁『経営学30講（改訂版）』実教出版，1991年。

　日本においても，企業支配に関する研究がバーリ＝ミーンズとほぼ類似の手法で行われた。そのひとつである三戸・正木・晴山調査によれば，図表3－1に掲げたように，日本でも戦前から戦後にかけて経営者支配は進展してきたことがわかる。

　しかし，1980年代になると，米国では敵対的買収によるM&Aの増加に伴って，経営に不満な株主が株を売却する動きが活発化した。これは「株主反革命」と呼ばれる。敵対的買収を恐れる経営者は株主の意向を従来よりも尊重せざるをえなくなり，株主の発言力が増大したのである。この「株主反革命」により，米国の経営者支配は終焉したという論者もいる。他方，日本は依然として経営者支配の状態にあるが，近年，株主の発言は以前よりも増加している。

　ところで，米国では1970年代初め頃から，ペン・セントラル鉄道の倒産等を契機に，企業をどのように統治すべきかというコーポレート・ガバナンスの議論が活発化してきた。コーポレート・ガバナンス（企業統治）とは，企業の利害関係者（ステークホルダー）による経営の指揮・統制のことである。この議論の要点として，経営者の権力の牽制があり，経営者の暴走を防ぐ仕組みを作ることが含まれる。

　米国では1990年代に入ると株式市場で巨大な機関投資家の比重が増大し，彼らは1980年代のような株式の売却による収益獲得ではなく長期的視点から企業成長を援助する姿勢を示すようになった。例えばカリフォルニア州公務員年金基金（カルパース）などの年金基金が代表的存在である[1]。

　巨大機関投資家は投資している企業の内部コントロールに関心を持ち，経営に関わろうとする。その典型例が，1990年代前半のGMの事例である。GMは1970年代末から1980年代にかけて日本車の攻勢により米国市場でシェアを落とし，1990年に会長兼CEO（最高経営責任者）となったステンペルのリストラ策は不十分であったため業績は上向かず，1991年の配当は従来の約半分に削減された。GMの社外取締役はステンペルに反発し，1992年1月に彼らだけの取締役会を開催した後，10月にステンペルを解任し，新CEOと新会長を選出した。この反ステンペルの中心となったのがカルパースであった。1993

年には，新たな取締役会運営原則を制定し，社外取締役のみで構成される会議を恒常化するとともに，この会議に取締役全員の選任権を付与している。このように米国では，コーポレート・ガバナンスが株主による企業の内部コントロールへと進んでいる。

　日本では1990年代初頭のバブルの崩壊以降，経営悪化や倒産が広まる中で，バブル経済下の経営者の暴走への批判が高まり，コーポレート・ガバナンスへの関心も増大してきた。株価の下落により巨額の含み損を抱えたカルパースは，1998年に日本企業向けの文書「コーポレート・ガバナンス原則」を発表しており，日本の厚生年金基金等も問題意識を強めている。このような動向を受け，1993年の商法改正で株主代表訴訟が容易化される一方，2002年度改正により委員会等設置会社制度の導入が商法に盛り込まれ，新会社法では委員会設置会社の名称で同様の制度が設けられた。

　さらに，新会社法の一部改正により2015年5月から，公開会社である大会社の機関設計は，ⓐ監査役会設置会社，ⓑ指名委員会等設置会社（委員会設置会社より名称変更），ⓒ監査等委員会設置会社（新設）の3制度から選択できるようになり，ⓐの監査役会の監査役の半数以上は社外監査役とし，ⓑの指名・報酬・監査の3委員会とⓒの監査等委員会の委員の過半数は社外取締役とすることとなっている。このように日本でもコーポレート・ガバナンスに対する関心は近年高まりをみせており，社外からのチェックを強める方向での改革が進められてきている。

2．経営者の役割

　今日，経営者は階層を成すひとつの組織化された集団となっている。その意味で経営者層ともいえる。代表取締役をはじめとする取締役はトップ・マネジメント（最高経営層），部長・課長はミドル・マネジメント（中間管理層），職長・係長・主任はロワー・マネジメント（監督者層）と呼ばれる。マネジメント全

体で経営を遂行しているとみてよい。

　ドラッカーは，トップ・マネジメントが一人ではなくチームによる仕事であることを明確に指摘している。前述のGMの社長アルフレッド・スローンは，マネジメント・チームの中でほとんど拒否権を行使しなかったという。ドラッカーは，トップ・マネジメントがチームとして機能するための条件も考察しており，メンバーが各担当分野で最終的な決定権を持つことや攻撃し合ってはいけないこと，チームのキャプテンはボスではなくリーダーであること等を挙げている。

　それでは次に，経営者の役割を考察しよう。企業を取り巻く環境が変化する中で，企業を存続・発展させていくために，経営者が果たす役割は大きい。第一に，経営理念を定めることがある。経営理念とは，企業のあり方を示した基本的考えである。「企業活動の拠り所を明文化したもの」[2]ともいえる。

　トヨタでは，「創業以来受け継がれてきた，トヨタ独自の経営上の考え方・価値観・手法を踏まえ，トヨタがどのような会社でありたいかをまとめたもの」として，1992年に「トヨタ基本理念」が定められた（1997年改正）。

「1．内外の法およびその精神を遵守し，オープンでフェアな企業活動を通じて，国際社会から信頼される企業市民をめざす

　2．各国，各地域の文化・慣習を尊重し，地域に根ざした企業活動を通じて，経済・社会の発展に貢献する

　3．クリーンで安全な商品の提供を使命とし，あらゆる企業活動を通じて，住みよい地球と豊かな社会づくりに取り組む

　4．様々な分野での最先端技術の研究と開発に努め，世界中のお客様のご要望にお応えする魅力あふれる商品・サービスを提供する

　5．労使相互信頼・責任を基本に，個人の創造力とチームワークの強みを最大限に高める企業風土をつくる

　6．グローバルで革新的な経営により，社会との調和ある成長をめざす

　7．開かれた取引関係を基本に，互いに研究と創造に努め，長期安定的な成長と共存共栄を実現する」（『トヨタ自動車75年史 資料編』2013年）

　トヨタ基本理念は，1991年の専務会で豊田英二会長が制定を指示したことから作成作業が始まった。当時の豊田章一郎社長からは時代をリードするものにするという方針が示され，豊田達郎副社長が中心となって作成し，1992年の年頭挨拶で豊田社長から発表されている。その後，日本経団連（豊田章一郎会長）の行動憲章の改定を契機に，1997年に上記の形となった。

　このトヨタ基本理念には，1935年に作られた「豊田綱領」を踏まえている言葉があることにも注目しておきたい。「豊田綱領」は，トヨタグループの基礎を築いた豊田佐吉翁の考えを，トヨタの創業者豊田喜一郎元社長と豊田利三郎初代社長が中心となって成文化したものである。その一節に「研究と創造に心を致し，常に時流に先んずべし」とあり，トヨタ基本理念の「研究と創造」の言葉は「豊田綱領」を継承しているものと考えられる。また，この例から経営理念が創業者の思想や信条，あるいは信念とも関連していることもわかる。

　上記のトヨタ基本理念を実践する上で，「全世界のトヨタで働く人々が共有すべき価値観や手法を示したもの」が「トヨタウェイ2001」であり，その柱は，「知恵と改善」および「人間性尊重」である。このように経営理念は組織の価値観を形成することにつながる。この経営理念を創造し定めるのは，トップ・マネジメントの役割である。

　経営者の役割として，第二に，経営戦略の決定がある。企業は取り巻く環境の変化に適応するとともにみずから環境を変えるべく行動していかなくては存続・発展することはできないが，その基本方針が経営戦略である。経営戦略の父と呼ばれるアンゾフの言葉を用いて表現すれば，「企業と環境の関係を確立する決定」，すなわち「戦略的決定」を行うのも，トップ・マネジメントの役割である。

　経営史を振り返れば，米国の化学メーカーデュポンは，元来火薬生産の企業であったが，1908年の米国政府の政策変更により軍用火薬の発注が激減したため，社長ピエール・デュポンは多角化戦略に踏み出した。1909年に既存の技術を転用可能なレーヨン（人造皮革）への進出を決定し，その後，ペイントや医薬品，さらにナイロン（人造絹糸）へと事業を拡大した。今やデュポンは

バイオや自動車部品等，さまざまな領域に事業を拡大している。デュポンが創業以来 200 年以上続く大企業として成長してきた背景には，大胆な多角化戦略を進めてきた経営者の英断がある。

　第三に，経営目標の設定がある。これは特に前述の経営戦略を具体化するプロセスで必要となる。ドラッカーは事業の目標の設定を強調した経営学者である。ドラッカーは『マネジメント』の中の経営戦略論といえる部分において，「われわれの事業は何か」，「何であるべきか」との問の後に，「事業の定義は，目標に具体化しなければならない。そのままでは，いかによくできた定義であっても，優れた洞察，よき意図，よき警告にすぎない。」と述べている（エッセンシャル版, p.29）。ドラッカーは，マーケティングとイノベーションを中心として，経営資源，生産性，社会的責任等の目標を設定すべきことを説いている。

　実際，企業経営にとって目標の設定は重要である。日産は 1999 年 3 月のルノーとの資本提携後，ルノー出身の経営者（提携直後は COO，2001 年より社長）の下で業績回復を図るべく同年 10 月に日産リバイバルプラン（NRP）を発表した。NRP は社内横断的なクロス・ファンクショナル・チームにおける聖域を一切設けぬ原案の検討と執行委員会（executive committee）での議論を経て取締役会で承認されている。

　NRP では以下の 3 つのコミットメント（必達目標）が掲げられた。
「・2000 年度に，連結当期利益の黒字化を達成
　・2002 年度に，連結売上高営業利益率 4.5％を達成
　・2002 年度末までに，自動車事業の連結実質有利子負債を 7,000 億円以下に削減」[3]

　この目標に沿って，購買・製造・販売・財務・研究開発・人事等のさまざまな領域でそれぞれの目標が設定された。そして全社を挙げた取り組みにより，この目標は予定よりも 1 年早く達成され，日産は V 字回復を果たした。

　全社的な目標は，各部門ごとにブレイクダウンされる必要があり，目標の設定はトップ・ミドル・ロワーいずれの管理者も関わることになる。また企業の

目標は各個人の目標管理にも関連していく。

　第四に，経営管理の領域で業務遂行とイノベーション（革新）を指揮することがある。経営管理は企業の各職能，すなわち生産・営業・財務・開発・人事等で進められ，いずれの階層の管理者も関わるが，トップ・マネジメントはその各部門を統括する。

　経営管理においては日常的な業務の遂行の指揮だけでなく，上記の第二・第三の役割とも関連が深いイノベーション，すなわち新製品の開発，技術革新と生産現場の改善，販売方法の改良，組織改革，人事・賃金制度の改定など，さまざまな領域でのイノベーションが追求されなくてはならない。そのイノベーションを指揮するのが経営者である。

　トヨタ生産方式の生みの親である大野耐一元副社長は，まず機械工場における現場の改革から取り組み始め，かんばん方式やアンドンなどの目で見る管理，改善活動などを積み上げて，トヨタ生産方式を体系化した。生産現場のイノベーションの指揮をとったのが大野氏であり，そこで生み出された生産方式がトヨタの競争力の優位性を築いたのである。トヨタの「組織能力」の中核を成す「進化能力」（藤本隆宏氏）は，現場を重視する経営者のイニシアティブ（先導力）の下で作られてきた。

　このことはリーダーシップの重要性もまた，浮かび上がらせている。後述するようにバーナードはその組織論の中で協働におけるリーダーシップの意義を強調しているが，各層の経営者のリーダーシップが発揮されてこそ，イノベーションも実現していくように思われる。

　第五に，社会的責任の遂行がある。1990年代後半以降，地球環境問題の深刻化等を契機としてCSR（企業の社会的責任，corporate social responsibility）の考え方が世界的に広まり，環境に配慮した企業行動等が要請されるようになってきた。社会的責任を経営学者の中で一早く指摘していたのはドラッカーであろう。ドラッカーは『マネジメント』の中で次のように述べている。「マネジメントには，自らの組織が社会に与える影響を処理するとともに，社会の問題の解決に貢献する役割がある。」（エッセンシャル版，p.9）

　例えばトヨタはハイブリッドカーや燃料電池車の開発・販売を先導し環境経営を実践している。このトヨタにみるように，これからの経営者は環境経営等の形での CSR の遂行を企業の基本的な指針のひとつとしていくことが求められている。

3．経営管理の理論

（1）経営管理論の系譜

　今日の経営学の源流は，19 世紀末のアメリカにまで遡ることができる。当時のアメリカでは巨大な企業が登場し，大規模化した企業組織をいかに管理していくかという課題が浮かび上がっていた。その課題の解決を図るべく，アメリカでは体系的管理運動が起きていたが，その中で今日の企業の経営実践にも影響を及ぼす経営学が登場した。テイラーの科学的管理法である。テイラーの学説は工場の現場の管理に焦点をあて，生産の効率化をめざすものであり，フォードの自動車工場のような大量生産の現場でも実践されていくこととなる。

　他方で，企業全体の管理に視野を広げた理論として，20 世紀初頭にファヨールの管理過程論が誕生した。ファヨールは管理とは何かを探求し，管理の原則を唱えている。ファヨール自身はフランス人であったが，その学説はアメリカの経営管理理論に影響を与え，伝統的なアメリカ経営管理論の中心的な学説である管理過程論の礎石が築かれた。

　ところで，1920 年代になると大量生産を可能とするコンベアシステムが労働の単調化と労働意欲の喪失（労働疎外）を生んでいることが問題視されるようになり，労働者の心情に注目する人間関係論が現れた。テイラーは人間を経済的誘因によって動く経済人と見ており，賃金などの経済的誘因を重視した人間モデル（経済人モデル）に立脚していたと考えられるが，これに対して人間関係論は，人間は心情を有する社会的存在であると把握し，人間は経済的誘因だけでなく，主として職場の良好な人間関係によって動機づけられるとみている

（社会人モデル）。

　動機づけ（モティベーション）に関する研究は，その後，社会現象の解明には
人間の行動の分析が基礎となると考える行動科学に受け継がれ，マグレガーの
Y理論やハーズバーグの二要因理論，ブルームの期待理論等が唱えられた。

　この人間関係論から行動科学に至る経営学の流れとは別に，企業が組織であ
ることを踏まえて，組織の原理を考える学説も展開された。バーナードは組織の
概念やその基本要素等を考察し近代組織論の基礎を確立した。サイモンはバー
ナードの組織論を発展させ，人間は「限定された合理性」の下で意思決定を行
うという人間観（管理人モデル）を基に，意思決定過程を分析した組織理論を作り
上げた。また，コンティンジェンシー理論（状況適合理論）は有効な管理や組織の
あり方は状況によって異なるという基本認識に立脚した組織論を主張している。

　経営管理に関する理論は，以上のように発展してきており，そのことも含め
て主要な経営管理論の系譜を示したものが図表3－2である。本章では，今日の
経営管理論の基礎を築いたと考えられる学説を取り上げて，詳しくみておくこ
とにしよう。

図表3－2　主要な経営管理論の系譜

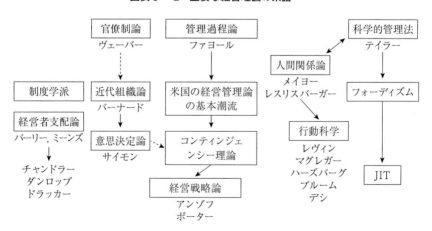

（注）塩次喜代明・高橋伸夫・小林敏男『経営管理』有斐閣，2009年，p.43を参考にし
　　て作成。フォーディズムとJIT（トヨタ生産方式）も関連しているため掲載した。

（2）テイラーの科学的管理法

　テイラー（Frederick W. Taylor, 1856 ～ 1915）は科学的管理法を唱えた人物として著名であるが，その学説は彼自身の経歴と関連が強い。テイラーは22歳で工作機械加工企業・ミドベール製鋼に入社し，現場の機械技術者としてキャリアを積み，技師長にもなった後，やがて37歳の時，能率技師として自立している。そのような経験は，現場の管理に焦点を絞った学説を築いたことと関連している。

　テイラーは1898年からベスレヘム製鋼と関わりを持ち，その企業での研究をもとに1903年に『工場管理法』を著した。この作品にはすでに科学的管理法が説かれているが，1911年に『科学的管理法の原理』（The Principles of Scientific Management）を刊行し，自身の学説をさらに詳しく展開している。

　テイラーが科学的管理法を説いた背景としては，当時の企業に広くみられた労働者の「組織的怠業」がある。当時のアメリカの工場では出来高給制度が採用されていたが，能率の向上により賃金が増加する場合，経営者はしばしば賃金率の引き下げを行っていた。これに対して，労働者は皆で意識的に仕事のペースを遅くすることで，賃金率の維持を図ろうとしていた（後掲『科学的管理法 新版』上野訳［以下同じ］[4]，pp.11-12）。そこで，この組織的怠業への防止策として，テイラーは科学的管理法を主張した。

　科学的管理法の中核をなすものは，課業管理である。課業（task）とは「一日分の仕事」（p.461）すなわち「一日になすべき仕事の量」（p.196）のことである。実際には，課業は「一流の労働者が一日になしうる仕事の量」（p.78）として設定される。

　その際に，各作業にかかる時間を計測するため，時間研究（Time Study）を行う[5]。具体的には，「一流」の工具，すなわち「その仕事に適した」上手な工具（p.447）が怠けずに適切な速度で行っている仕事の時間（「一流工具の最短時間」p.178）を計り，「避けられない遅れ」（「休みその他のやむをえない遅れ」p.168）に対する「ゆとり」の時間を加えて，「各種の作業に要する時間」を設定した。この時間は今日，一般的には「標準時間」と呼ばれているが，テイラーは一流

工具の最短時間のことを「標準時間」と呼んでいる（p.87）。

　このような課業の概念を前提として，科学的管理法では次のような４つの原理を掲げている。①高い水準の課業の設定，②標準化された作業条件，③課業達成の場合の高賃金，④課業未達成の場合の低賃金，である。

　③と④は「成功には賃金を高く」，「失敗には損を」と表現されているが，この③と④に関わる仕組みが，テイラーの異率出来高払制度（「率を異にする出来高払制度」，他の翻訳では「差別的出来高賃金」）である。異率出来高払制度は，課業を達成した場合には高い賃金率（一個当りの賃金）で支払い，未達成の場合には低い賃金率で支払うという仕組みである。この賃金制度は課業の達成を促進する。

　仕事の管理に際しては，「指導票」（「指図票」とも翻訳）が作成される。指導票には，作業の方法と工具，参考とすべき図面や部品番号，完了すべき時間とその時間内に課業を達成した時に支払う高率単価等が記載されている。

　またテイラーは，従来の工場における「軍隊式組織」（今日，ライン組織と表現される組織）は職長が過大な役目を背負わされ「職長の重荷」という問題を抱えているため，「機能式」職長制度（ファンクショナル組織に相当）にすべきであると主張した。具体的には，（1）手順係，（2）指導票係，（3）原価・時間係，（4）準備係，（5）速度係，（6）検査係，（7）修繕係，（8）工場訓練係という８つの係を設けて，それぞれに機能的職長をおく。（1）～（3）は計画室で計画を立てて命令を下し，（4）～（7）は計画を実行に移す。指導票は計画室で作成されるが，指導票通りの実行方法を労働者に教え仕事の速度を監督するのは（4）と（5）である。（8）は工場の規律の維持を担当する。この組織改革の提案では，計画機能と執行機能が明確に分離されている。

　しかもテイラーは，旧来型の管理よりも管理者に大きな責任を持たせている。仕事の大部分の責任を最前線の労働者に委ねていたこれまでのやり方を改め，管理者に適した仕事は管理者が引き受けるようにしたのである。彼は管理者の役割を強調しているといえる。

　ところで，テイラーは科学的管理法の第一目標は，「賃金を高くし同時に工

賃をさげること」(p.91) であるとした。上記のような課業を達成する労働者に高い賃金を払うが，他方で能率は高まるため，生産物1個（または仕事量1単位）当りの労働コストは下がると考えていたものと思われる。それゆえ，テイラーによれば「高い賃金と低い人件費」は両立できる。それゆえ，科学的管理法の「土台」には「労使の真の利害は同一である」という「堅い信念」がある。そのことは「科学的時間研究は，将来必ず労使双方に満足のいくような標準を作りうることを堅く信じて疑わない。」(p.196) と述べていることにも表れている。

　そして科学的管理法の発展のためには，労使双方の「精神革命」(「精神的態度の大革命」) が重要であるとテイラーは主張する。科学的管理法により剰余金が増せば，剰余金の分配をめぐる争いは不要となるのであるから，労使の対立に代わり，「新しい協働および平和の観念」が労使双方の中心観念にならなくてはならないとし，「相互に信頼し合うこと」が必要であると述べている (pp.352-354)。

　以上のようなテイラーの科学的管理法は，その後の経営工学（インダストリアル・エンジニアリング，IE) の発展へとつながり，企業の生産管理に大きな影響を及ぼした。例えば今日の自動車産業や電気機械産業等の生産管理の基礎を成す標準時間の設定は，テイラーに由来するものであるといえる。また，アメリカの人的資源管理にもテイラーの科学的管理法の影響は続いていると考えられ，その点は人的資源管理の章で改めてふれることにする[6]。

(3) フォードの経営とフォーディズム

　フォード (Henry Ford, 1863 ～ 1947) は，自動車を一般大衆の乗り物として普及させた経営者として有名である。発明への情熱を抱いていたフォードは，エジソンに憧れて機械工となり，20歳の時，自宅でエンジンを開発した。1896年6月4日，午前2時，フォードは納屋の壁に大きな穴をあけ，独力で完成させた自動車で夜の街に走り出した。その後数週間，デトロイトで自作の車を乗り回したという。その年，エジソンは「君のアイデアは正しい。それを続けな

さい。」とフォードを励ましており，やがて開発したレースカーの勝利を契機に出資者が現れ，1903年にフォード自動車会社（Ford Motor Company）が設立されている。

　フォードは創業時から，「大衆のための自動車を造る」という信念を抱いていた。この信念に基づいて，低価格で頑丈かつ操作が簡単な自動車を1モデルだけ大量に造るという製品戦略（単品種大量生産戦略）が打ち出された。生産される自動車はモデルT（T型フォード）である。この経営戦略を具体化するために，フォードにより考案された生産管理システムが，フォード・システムである。

　フォード・システムでは，作業の標準化・単純化，部品の規格化と互換性の実現が追求される。また，革新的な大量生産方式である移動組立法が採用された。フォードは食品工場の見学時に，自動車という複雑な製品へ，コンベアシステムを応用することを思いついたという。このコンベアシステムを用いた流れ作業方式は，ハイランドパーク工場において1913年から実施された。

　1909年に完成したハイランドパーク工場は，「現代の産業界の奇跡」（ロックフェラーの言葉）といわれるような大規模な工場であり，「動く組立ライン」によりモデルTのシャシー組立時間は2分の1以下に短縮された。1914年にはチェーン式ベルトコンベアが設置され，従業員は定位置で作業しシャシーが移動する仕組みとなった。このようなフォード・システムにより自動車の生産性は飛躍的に向上し，モデルTの価格は1909年の950ドルから1916年の360ドルへと劇的に低下した。

　このような経営を進めるにあたり，フォードは低価格・高賃金という大衆への奉仕が企業の役割であるという奉仕主義の哲学を持っていた。利潤は優れたサービスに対する正当な報酬であり，経営にとって不可欠ではあるが，経営の目的ではないとフォードは見ており，低価格・高品質の自動車を生産し，労働者には高い賃金を支給することが企業の役割であると考えていたのである。このフォードの経営理念はフォーディズムと呼ばれている。1914年にフォードが従来の日給約2.5ドルから5ドルへと賃金を引き上げたのも，このフォー

ディズムに基づく施策であった。

　この日給 5 ドル制（8 時間労働）を実施することで，定着率が上がり生産性も上昇したといわれており，ヘンリー・フォード自身が「当社でも特に優れたコスト削減法のひとつだった」と語っている。2 年後のフォードの利益が倍増したこともこの方針の正しさの根拠とされている。また，当時起きていた労働組合の組織化の動きは，日給 5 ドル制により頓挫している。さらにこの施策には，自社の従業員を顧客に変えていく狙いもあった。従業員の購買力を高めることによりモデル T の販売拡大につなげようとしていたと考えられる。

　1920 年代初頭にはフォード社のシェアはアメリカ合衆国の自動車市場の約半分に達し，フォード社は全米第一位，すなわち世界第一位の自動車企業となった。フォード社はアメリカのモータリゼーションを先導し，トップの座を獲得したといえよう。しかし，自動車の普及とともに，自動車市場には消費者の嗜好性の多様化という変化が起きてきており，1920 年代半ばには T 型フォードの売上げが停滞し始める。代わって自動車市場に台頭してきたのはゼネラル・モーターズ社（GM）である。

　GM 社長スローン（Alfred P. Sloan, 1875 ～ 1966）は前述のようにマーケティング・センスに優れた人物であり，変化する自動車市場に適合的なフルライン戦略を採用し，大衆車シボレーから高級車キャデラックまで 6 車種を市場に投入した。しかもセダン・クーペ・ツーリングなどのタイプとさまざまなカラーの車を生産し，顧客の多様なニーズに応えた。また販売戦略として，車種ごとに専門の販売チャネルとディーラー網を構築した。さらに組織のイノベーションも遂行し，車種ごとに編成される事業部制組織を採用した。この時の GM の経営を考察して，経営史家チャンドラーは「組織は戦略に従う」という命題を引き出している。

　この GM の攻勢により，1926 年に T 型フォードの売上げが激減するという事態が生じる。GM はフォードを追い抜き，1931 年以降長らく続く世界第一位の自動車企業の地位を固めるに至るのである。

　1920 年代後半の GM に対するフォードの敗北は，モデル T のみを生産し続

け，顧客のニーズの変化に対応できなかった経営戦略に問題があることを指摘することができるが，その背後の要因としては，ヘンリー・フォードがワンマンな経営者であったという事情がある。Ｔ型は神のような存在であると信じていたフォードは，1919年から社長となっていた息子エドセルの忠告にも耳を傾けず，1920年代前半までの成功体験に固執したのである。モデルＴの売上げの急落に直面して，ようやくフォードがその軌道修正を認めたことにより，フォード社はエドセルが準備していたＡ型を販売して破綻を免れたが，それまでのフォードのワンマンな経営とは対照的に，ＧＭはスローンの下で作られたマネジメント・チームの経営により躍進したのである。

（4）ファヨールと管理過程論

　テイラーが生産現場の管理に焦点を絞っていたのに対して，企業全体を見渡しながら管理とはどうあるべきかを考えたのが古典派経営管理論の始祖と呼ばれるファヨール（Henri Fayol, 1841 ～ 1925）である。ファヨールは1860年に炭鉱業・鉄鋼業を営むコマンボール社に入社後，約60年間同社に勤務している。25歳でコマントリ炭鉱鉱業所長に，1888年・47歳でコマンボール社社長に就任した。1885年頃から同社は危機的な経営状態にあったため，ファヨールは合併・買収や不採算部門の分割・売却，研究開発による多角化等を推進し，同社を立て直している。

　企業経営を全般的に考える社長の立場に長らく就いていたファヨールは，その経験の中で「管理こそは経営の中心問題である。」と自覚し，1916年・75歳の時に，論文「産業および一般の管理」（Administration Industrielle et Général）を発表した。この論文は1925年に同名の単行書として刊行されている。

　この著作の中でファヨールは，まず経営の職能[7]を技術，営業，財務，保全，会計，管理に分け，技術から会計までの専門的職能とは区別されるものが管理的職能であるとする。

　次にファヨールは管理について，次のような定義を与えている。

　「管理とは予測し，組織し，命令し，調整し，統制することである。」

　すなわち，管理には5つの要素があり，将来の活動計画を作成し，組織を設けて指揮・命令し，諸活動を調整して統合を図り，基準や命令に従って業務が行われているかを監視すること，このすべてによって管理は成り立っているとする。

　さらにファヨールは，有効な管理が行われるための14の原則を掲げている。簡略な形にまとめれば，分業，権限と責任の表裏一体，規律，命令の一元性，指揮の統一，全般的利益の個人的利益に対する優先，満足を与える報酬，集権と分権，階層化，秩序，処遇の公正・平等，職位の安定，創意の奨励，従業員の調和と団結，以上である。

　この中の第一原則である分業は，専門化という組織原則とみなしうるものであり，これを具体化した組織形態が職能別組織である。生産，営業，開発等の職能ごとに部や課を編成する形である。また，命令の一元性とは，職務担当者はただ一人の管理者からのみ命令を受けねばならないという原則であるが，ファヨールはテイラーの「機能式」職長制度に対して，命令の一元性の原則に反すると批判している。なお，管理原則は自然科学的な厳密さを持つものではなく，柔軟性が必要であるとファヨールは考えており，集権と分権の程度は常に変動的であるとみている。

　ファヨールの学説は，米国の経営学に大きな影響を及ぼし，アメリカ経営管理論の中心的な学説である管理過程論の確立に寄与した。管理には原則が必要であるという考え方も管理過程論に受け継がれることとなった。

　今日の管理過程論は，多くの論者の共通項として，計画，組織化，指揮，統制という過程（process）として管理を把握しようとしていることが指摘できる。ここで統制（controlling）とは，行動とその結果が計画に適合しているかを点検し，計画に近づけようとする活動であり，実績の測定と計画との比較・評価，および差異への対処（矯正）のことである。現在の日本でもしばしば掲げられるPDCAサイクル（Plan-Do-Check-Action，計画・実行・評価・処置［改善］）は，この管理過程論と類似しているともいわれている。

　管理過程論では，管理の諸原則が主張されており，例えば計画化は他の管理

に優先すべきとする計画優先の原則，個人とグループの目的は調和しなくては
ならないとする目的調和の原則，ファヨールから継承されている命令一元性の
原則などがある。このような管理過程論の主張は，単に経験則の寄せ集めにす
ぎないという批判もあるが，実際の企業経営を進める上では参考になる内容を
含んでいると思われる。

（5）人間関係論

　ところで，テイラーとは異なる人間観に基づいて人間関係論が唱えられたこ
とは前述したが，人間関係論の誕生に強い影響を及ぼしたのがホーソン実験で
ある。ホーソン実験とは，1924 年から 7 年半にわたって，ウェスタン・エレ
クトリック社のホーソン工場で行われた実験である。コンベアシステムの能率
が低下する問題に対処すべく，能率に影響を与える要因を探求するために，産
業心理学者が関わりながらこの実験が行われた。

　ホーソン実験では照明実験等の各種実験や大規模な面接が行われたが，照明
量や労働時間の変更は産出高に影響を与える要因としては重要ではなく，監督
方式の相違や職場の社会関係が労働者の行動に影響が大きいことが把握され
た。特に労働者間に自然発生的に形成されるインフォーマルな集団（非公式組
織）の存在とその役割の重要性が発見されている。

　その点を詳しくみてみると，配電盤捲線作業の実験では，集団能率給の下で
の作業にも関わらず，14 名の集団内の労働者は一定水準以上に産出高を増や
さない行動をとっており，これは集団内に存在していた 2 組の仲間集団が個々
人の行動を規制しているからであることが判明した。仲間集団には，仕事を頑
張りすぎても怠けすぎてもいけないなどの集団基準（行動規範）が存在してお
り，このようなインフォーマルな集団が集団基準の遵守の圧力や干渉に対する
集団の防衛という機能を果たしていたのである。

　人間関係論を唱えた一人であるメイヨー（George E. Mayo, 1880 ～ 1949）は，
このホーソン実験の第 2 実験（1927 年～ 32 年）から関与している。メイヨーは
精神病理学から出発した学者で，ホーソン実験の結果を踏まえながら人間関係

論の思想的内容を構築し，1933 年に『産業文明における人間問題』(The Human Problems of an Industrial Civilization) を刊行した。

　メイヨーは当時の米国では，精神病や自殺，あるいは不信感や敵対感が増大し，社会的一体感が失われており，米国社会には解体の徴候が現れていると見ていた。だがホーソン実験で認識されたように，人間には「協働本能」が存在するはずである。それゆえ，現代の産業文明が欠落させている「協働する存在」としての人間を取り戻さなくてはならないとメイヨーは考える。

　また，人間は心情（センチメント）を有し，社会集団を最小単位とする社会的動物であり，テイラーをはじめとする伝統的管理論が人間をばらばらな個人としてしか扱っていないことは問題であるとする。人間の社会集団には，経済的・技術的機能の他に，メンバーの自発的協働を維持する社会的機能がある。現代社会の解体徴候は，社会集団の社会的機能を発達させることで克服でき，その担い手は経営者・管理者である。

　その際，ある人物の生活史に深く立ち入って洞察する力である社会的人間的能力（social human skill）が組織のリーダーに求められる。経営者・管理者がこの能力を身につけ，人間の協働の回復を図ることが重要であるとメイヨーは主張した。

　この考えに基づき，メイヨーをはじめとする人間関係論者は，経営者・管理者が社会的人間的能力を修得するためのリーダーシップの教育訓練や，カウンセリングなどのコミュニケーション施策を提言し，1930 年代〜50 年代はこれらの施策が GM や GE 等の多くの企業に導入されていった。

　この人間関係論は，経営管理論の流れの中で，動機づけ（モティベーション）について考え始めた初期の理論であると思われる。その後，行動科学の研究が動機づけに関して本格的な考察を加えるようになっていくが，その点の紹介は第5章に譲りたい。

（6）ヴェーバーの官僚制論

　経営学の中で組織論はひとつの重要な領域であるが，近代組織論が後述する

バーナードによって確立されるよりも前に，組織に関する注目すべき論点を提示した社会学者がいる。ドイツのヴェーバー（Max Weber, 1864～1920）である。

ヴェーバーは近代資本主義とは何かを問い続けた思想家である。近代資本主義はなぜ西欧に生まれたのか，どのような特徴を持っているのか，そしてどこに行きつくのか，これらの問を考える中で，『プロテスタンティズムの倫理と資本主義の精神』（1904～05年）や『支配の社会学』（1922年）などの諸論文が執筆された。

ヴェーバーが経営学と接点を有するのは，その官僚制に関する分析である。ヴェーバーは正当的支配の3類型として，超人間的な資質であるカリスマを持つ指導者が支配するカリスマ的支配，伝統の神聖性に基づく人的権威を持つ人物（長老等）が支配する伝統的支配，制定された法や規則に基づいて支配する合法的支配を挙げているが，合法的支配の純粋型が官僚制的支配である。ヴェーバーによれば，官僚制は形式主義的に規則に従った処理を行う組織であり，非人格的な目的に誠実で，厳格な服従関係を有し，専門知識により支配する。官僚制はその専門知識を利用して自分たちの勢力を強めようとする。近代資本主義は，カリスマ的支配が行われる時期を経て，やがて官僚制的支配が進展していくとヴェーバーは考えた。

このヴェーバーの官僚制に関する見解は，国家機構を念頭においたものであろうが，企業の組織に適用してみると，官僚制の問題点を浮かび上がらせるものとなる。企業でもその規模が大きくなると官僚制が作られてくるが，官僚制は「木を見て森を見ず」という専門主義的な逸脱や手続きの遵守自体の目的化，セクショナリズム，さらには革新意欲の喪失等の問題を生み出す傾向がある。今日の企業組織は，官僚制の持つ問題点を絶えず克服する対策を講じていく必要がある。

（7）バーナードと近代組織論

近代組織論の創始者であるバーナード（Chester I. Barnard, 1886～1961）は，長期間の社長経験の後に独創的な理論を打ち出した人である。23歳でアメリカ

電信電話会社（ATT）に就職し，39年間ATTに勤務しており，その間，41歳でニュージャージー州ベル電話会社の社長に就任した後，ATT退社まで社長を継続している。51歳の時，ハーバード大学ローウェル研究所で，経営者の役割について講演し，翌年の1938年に，その講演を『経営者の役割』（The Functions of the Executive）として刊行した。この著作によって，バーナードは現代経営理論の開祖となった。

　ここではまず，バーナードの組織の概念についてみてみると，バーナードは「公式組織」（formal organization）を「二人以上の人々の意識的に調整された活動や諸力の体系」（後掲『新訳 経営者の役割』［以下同じ］，p.76）と定義しており，「二人以上の人々の協働的活動の体系」（p.78）であるとも述べている。この「公式組織」とは，前述の人間関係論が指摘したインフォーマルな職場集団のような「非公式組織」以外の組織を意味しており，企業や国家機関など，ある目的のために公式的に作られている組織である。

　ここでバーナードは，「協働」を重視しており，企業，学校，家庭，教会，政党，政府，軍隊などの「すべての協働体系に共通な要因」（p.76）が組織であるとも述べている。そこで，バーナードの組織の概念について，組織とは二人以上の人々の協働システムであると表現することもできる。

　バーナードによれば，組織には3つの基本要素がある。①共通目的（common purpose），②協働意欲（貢献意欲，willing to coöperate, willing to serve），③伝達（コミュニケーション，communication）である。この3要素は，組織成立にあたっての必要・十分条件であるとバーナードは述べる。協働意欲は協働の目標，換言すれば組織の目的なしには高めることはできず，共通の目的は構成員に伝達されなくてはならないのであり，上記の3要素は相互依存関係にある。

　バーナードは組織の存続の条件についても考察している。「組織の存続のためには，有効性または能率のいずれかが必要であり，組織の寿命が長くなればなるほど双方がいっそう必要となる」（p.85）という。この引用にある「有効性」と「能率」はバーナード的な概念であるが，「有効性」とは，「目的を遂行する能力」（p.95）である。「協働体系の目的が達せられた場合にはその協働は

有効であった」のであり，実際に目的が達成される見込みがない，すなわち有効性がなくなれば，貢献意欲は消滅する。他方で，「能率」とは，組織を維持するに足るだけの有効な「誘因」を提供する能力である（p.97）。あるいは「組織活動を引き出すに十分なほど個人の動機を満足させて，組織活動の均衡を維持すること」（p.250）であるともいわれている。個人的動機がどこまで満たされるかという程度が協働行為の能率である。構成員の満足が犠牲を越える場合には，貢献意欲は持続し，能率的な組織の状態になるが，逆の場合は非能率な状態になる（pp.85-86）。貢献の継続のためには，今述べた有効性と能率が必要であるとバーナードは述べる。

　その場合，バーナードは誘因の重要性を次のように指摘する。「誘因が適当でなければ組織は解体するか，組織目的を変更するか，あるいは協働が失敗することとなる。したがってあらゆる種類の組織において，適当な誘因を提供するということが，その存続上最も強調されなければならない任務となる。」（pp.145-146）誘因としては，賃金のような物質的誘因だけでなく，威信や地位，あるいは働く人の誇りなどの個人の理想の満足，さらに参加の感情などが挙げられているが，必要とする個人的貢献にふさわしい誘因を与えられない場合には，提供しうる誘因が適当になるように人々の欲望を説得によって改変する必要があるとも述べている。

　ところでバーナードは，公式組織にとって，構成員が伝達（命令）を「権威」あるものとして「受容」することが必要であると説く。言い換えれば，個人に対する権威の確立には，その個人の「同意」が必要である。ある職位に就いている人が適切な情報を受けていない場合，客観的権威は消滅する。それゆえ，組織の伝達体系（命令系統）とその維持は，公式組織の本質的・継続的問題である。

　次に，バーナードは意思決定についても考察しており，2つの主要な意思決定の種類を挙げている。1つは積極的意思決定であり，行為を指図または中止する決定である。「権威ある伝達，すなわち命令」（p.201）はその端的な例である。もう1つは，消極的意思決定であり，決定しないことの決定である。「管

理的意思決定の真髄とは，現在適切でない問題を決定しないこと，機熟せずしては決定しないこと，実行しえない決定をしないこと，そして他の人がなすべき決定をしないことである。」(p.202)

　また，意思決定のために必要な分析は，「戦略的要因」を探し求めることであると彼は述べる。この「戦略的要因」とは「他の要因が普遍のままならば，ある要因を取り除くか，あるいは変化させると，めざす目的を達成するようなその要因」(p.212)のことである。この要因はしばしば「制約的要因」と呼ばれるが，組織行為の場合には「戦略的要因」と呼ぶのがふさわしいとされている。「戦略的要因は意思決定の環境の中心点である。それは選択が行われる中心点である。これをなすべきか，なさざるべきか，それが問題である。」(p.215)歴史・経験・知識に照らし，行為の将来的結果を予想しながら，戦略的要因を識別することが意思決定の際には重要なのである。

　バーナードの組織論でさらに注目しておきたいのは，リーダーシップの重要性が強調されていることである。リーダーシップとは「信念を作り出すことによって協働的な個人的意思決定を鼓舞するような力」であり，「協働諸力に不可欠な起爆剤」である(p.270)。リーダーシップには「人の行動に信頼性と決断力を与え，目的に先見性と理想性を与える性質」がある。

　管理職位には「高い責任能力」と「他の人々のために道徳を創造する能力」(p.285)が要求される。バーナードが言う「責任とは，反対の行動をしたいという強い欲望あるいは衝動があっても，その個人の行動を規制する特定の私的道徳準則の力」(p.274)であり，「責任能力とは，準則に反する直接的衝動，欲望あるいは関心にさからい，準則と調和する欲望あるいは関心に向かって，道徳準則を強力に遵守する能力」(p.287)である。また，「管理職能に特有なことは，道徳準則の創造もまた必要」(p.286)なのである。そして，リーダーシップは，「組織道徳の創造」を果たす。

　ここで前述の組織の存続に関わるバーナードの主張が，さらに展開されていることも看過できない。彼はこう述べている。「組織の存続は，それを支配している道徳性の高さに比例する。すなわち，予見，長期目的，高遠な理想こそ

協働が持続する基盤なのである。かように，組織の存続はリーダーシップの良
否に依存し，その良否はそれの基礎にある道徳性の高さから生ずるのである。」
(p.295)

　リーダーシップは「共同目的に共通の意味を与え，他の諸誘因を効果的なら
しめる誘因を創造し，変化する環境のなかで，無数の意思決定の主観的側面に
一貫性を与え，協働に必要な強い凝集力を生み出す個人的確信を吹き込むもの
である。」(p.296) それゆえ，「協働の戦略的要因は一般にリーダーシップであ
る。」(p.301)

　このようにバーナードは，協働にとっての管理者とリーダーシップの重要性
を説いた。その組織論は実に含蓄が深いといえよう。

　ところで，バーナードの理論を継承し発展させたサイモンは，「限定された
合理性」を持った人間が「合理的」に意思決定をしうるための装置が組織であ
ると考える。組織は個々の構成員の意思決定過程が連鎖したものであるとし
て，意思決定過程の分析を研究の中心に据えている。

　バーナードからサイモンに継承されている考えに，組織均衡論がある。これ
はメンバーが組織にとどまるか否か，すなわち組織の存続の条件に関する理論
で，サイモン，スミスバーグ，トンプソンにより誘因と貢献との関係として次
のように定式化されている。

①　組織は組織の参加者である複数の人々の相互に関係した社会的行動のシ
　　ステムである。
②　各参加者と各参加者集団は，組織に貢献した見返りとして組織から誘因
　　を受け取る。
③　各参加者は，提示された誘因が，求められている貢献以上である限り，
　　組織への参加を続ける。
④　さまざまな参加者集団が提供する貢献は，組織が参加者に提供する誘因
　　をつくり出す源泉である。
⑤　組織に「支払能力がある」，すなわち組織が存続するのは，十分な貢献

を受け，それをもとに十分な誘因を提供し，さらなる貢献を引き出せる
ときのみである。

　このような誘因と貢献の関係が成り立つ場合を組織均衡と呼ぶが，この誘因
と貢献の均衡は組織に関連する各種のステークホルダー（利害関係者）の間に
成立するものでなくてはならないといわれている。この組織均衡論にみられる
ように，バーナードの理論は，組織論の発展を生み出す原点となった。

　以上見てきた学説は，今日の経営管理論の基礎を成す。本書においては，経
営戦略や人的資源管理等の諸々の章で，その後に展開された諸理論が紹介され
る。

【*Review exercise*】

1．テイラーの科学的管理法の特徴と，その後の企業経営への影響を述
　べなさい。
2．1920 年代のフォードと GM の企業間競争を，経営学的な観点から
　考察しなさい。
3．企業の組織について，経営学者の考えを参考にしながら論じなさ
　い。

考えてみよう！

【注】

（1）日米のコーポレート・ガバナンスの動向については，村松司叙『現代経営学総論＜第 2
　版＞』（中央経済社，1998 年）に依拠している。
（2）遠藤　功『企業経営入門』（日本経済新聞出版社，2005 年）p.35。
（3）畑　隆「日本自動車企業の経営の現状─大企業 A 社の経営戦略と生産方式─」『富士常
　葉大学研究紀要』特別号（2006 年 9 月）。

（4）テイラーに関する説明において，引用部分は参考文献一覧に掲載した上野訳『科学的管理法 新版』による（引用頁数も同様である）が，解説部分で有賀訳も参照した。

（5）科学的管理法の原理に関心を抱いたギルブレスは，動作研究（Motion Study）の基礎を開拓し，例えばレンガ積みの動作の数を18から5へ減らす改善を提案している。ギルブレスによれば，すべての動作は18種の基本動作により構成されるという。

（6）日米の自動車産業の労使関係を比較すると，米国では長い間，労使対抗的な労使関係が続いていたが，戦後日本においては1960年代以降，例えばトヨタでは労使相互信頼に基礎を置く労使関係が定着し，トヨタの発展の要因のひとつとなった。トヨタの管理がテイラーと同一であるとはいえないものの，テイラーの主張と重なる「精神革命」が日本の自動車企業において進展したことは興味深い。

（7）職能（function）とは，同種の専門的な知識や技能を必要とする仕事のことである。

【勉強を深めるために参考となる文献】

C. I. バーナード著，山本安次郎・田杉 競・飯野春樹訳『新訳 経営者の役割』ダイヤモンド社，1968年，第55刷2004年。

F. W. テーラー著，上野陽一訳・編『科学的管理法 新版』産業能率出版部刊，初版1969年，23版2010年。

フレデリック W. テイラー著，有賀裕子訳『新訳 科学的管理法――マネジメントの原点』ダイヤモンド社，2009年。

P. F. ドラッカー著，上田惇生編訳『マネジメント――基本と原則【エッセンシャル版】』ダイヤモンド社，2001年。

日本経営協会監修，経営能力開発センター編『経営学検定試験公式テキスト1 経営学の基本 第6版』中央経済社，2018年。

塩次喜代明・高橋伸夫・小林敏男『経営管理 新版』有斐閣，2009年。

高柳 暁『経営学30講 改訂版』実教出版，1991年。

【Coffee Break】

ドラッカーのマネジメント論

　現在の日本で特に有名な経営学者は，ドラッカーであろう。ドラッカーの著作を踏まえて作られた『もしドラ』，すなわち岩崎夏海著『も

し高校野球の女子マネージャーがドラッカーの『マネジメント』を読んだら』という青春小説が，アニメや映画ドラマにもなったため，ドラッカーの名前を聞いたことがある日本人はとても多くなったように思う。

　そこでドラッカーについて紹介しておくと，ドラッカー（Peter F. Drucker, 1909～2005年）はウィーン出身の米国の学者である。フランクフルト大学在籍中に国際法の法学博士を取得し，在学中から米系証券会社に勤務し『フランクフルト月報』の経済記者を務めている。ドラッカーの該博な素養と経営・経済の動向に鋭い感覚は，この若い頃に磨かれていたと思われる。彼はドイツ系ユダヤ人であったことから，ナチスの迫害を避けて1933年に英国へ，さらに1937年に米国へ移住した。1939年に発表したナチス批判の書『経済人の終わり』は後の英国首相チャーチルに絶賛されている。1942年にベニントン大学の教授に就任し米国政府の特別顧問にもなった後，GM調査から生まれた『企業とは何か』（1946年）や彼のマネジメント論のトルソともいえる『現代の経営』（1954年）を著し，さらに大作『マネジメント―課題，責任，実践』（1974年）等の多数の著作を執筆した。

　ドラッカーの代表作である『マネジメント』では，今日の組織社会にとって必要な「マネジメント」（経営）の基本と原則が説かれている。その企業論といえる部分では，ビジネスの目的は顧客の創造であると述べ，彼の経営戦略論では事業の定義と目標設定の重要性が強調されている。また，人こそは最大の資産であり，人のマネジメントとは人の「強み」を発揮させることであると述べる。さらに，自己管理による目標管理は，マネジメントの哲学たるべきものであるとする。

　この『マネジメント』をはじめとするドラッカーの著作と論文には，顧客を第一に据え，従業員が持っている力を伸ばしていく経営の重要性が説かれており，ビジネスマンの生き方を考える上で参考になる言葉も豊富に含まれている。

ちょっと一息

第4章▶経営戦略と経営組織

【Key word】

▶企業戦略
▶事業（競争）戦略
▶事業ドメイン
▶機能別組織
▶事業部別組織

注目！

1．経営戦略

（1）経営戦略とは

　戦略という言葉をみなさんはどのようなときに使うだろうか。スポーツの試合でどうすれば相手に勝てるかを考えるとき，あるいはゲームで高得点を獲得しようとするときだろうか。戦略という言葉は，もともとは戦いの進め方を意味する軍事用語だが，いまでは意外と身近なものになっている。

　企業経営にとっても同様である。企業経営の現場で最もよく使われる言葉のひとつが戦略だといってもいいだろう。ここでは，企業経営における戦略の意味，役割，考え方などについて学んでいこう。

（a）経営戦略の誕生

　もともとは軍事用語であった戦略が，経営とのかかわりにおいて考えられるようになったのは1960年代からである。アンゾフ（Ansoff）やチャンドラー

(Chandler) などの米国の経営学者が，戦略と経営，戦略と組織とのかかわりを論じたのがその始まりである。

なぜいまから50年ほど前に，経営において戦略という考え方が注目されるようになったのか。そこには，企業の大規模化という問題があった。

経済や科学技術の進歩によって，20世紀の米国では，フォード（自動車），ゼネラル・モーターズ（自動車），ゼネラル・エレクトリック（電機など），ゼロックス（複写機），シアーズ・ローバック（小売業）などの企業が誕生し，大きな成長を遂げていった。このような大企業をどのように経営し，さらに成長させていけばよいのか。これが経営戦略という考え方が誕生した背景である[1]。したがって，この頃の経営戦略は，（(2)で述べるような）企業全体をどのように管理し，成長させていくかという企業戦略の考え方が中心となっていた。

（b）ビジョン，戦略，戦術

つぎに，戦略とビジョン，戦術との違いについて確認しておこう。

戦略とは「中長期的な競争優位を築くための具体的な計画」のことである。企業は，ゴーイング・コンサーン（going concern）といわれるように，永く続くことが想定されている。そのためには，（短期的でなく）継続的に，市場において競争相手よりもすぐれた地位を築いていく必要がある。そのための，実行可能な具体性を持った計画が戦略とよばれるものである。

一方，それほど具体的でない構想，すなわち "このような企業でありたい"，"このような企業として成長したい" という「成長の方向性を構想として示したもの」がビジョンである。企業のあるべき姿を示した「経営理念」に基づいて，ビジョンが描かれることが多い。

また，戦略が中長期的な計画であるのに対し，戦術とは「短期的・局所的な実行計画」のことである。例えば，中長期的な収益を確保するために，企業としてどのような製品をどのような順序で開発・販売するべきかを考えるのは戦略だが，特定の製品をどこでどのように販売すべきかを考えるのは戦術である。

　このように，戦略を「中長期的な競争優位を築くための具体的な計画」と定義すれば，（具体的でない）その方向性を描いたものがビジョン，中長期的でない短期的・局所的な計画が戦術ということになる[2]。

(c) 戦略の階層性

　戦略は，大きく3つの階層に分けて考えることができる（図表4‐1）。企業戦略，事業戦略，機能別戦略の3つである。

　企業戦略は，企業全体にかかわる戦略で，どのような事業を行うか（あるいはどの事業をやめるか），どの事業にどれだけの経営資源を投下するか，国際化の問題をどう取り扱うかなどについて考えるものである。

図表4‐1　戦略の階層性

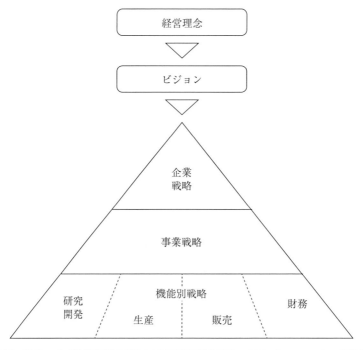

出所：遠藤　功『企業経営入門』日本経済新聞出版社，2005年，p.46を一部修正。

　事業戦略は，競争戦略とよばれることもある。１つひとつの事業において，どのように競争に負けないように戦うべきかを考えるものである。もし企業がひとつの事業しか行っていない場合は，企業戦略と事業戦略は同じものになる。

　機能別戦略は，企業の中でのさまざまな機能（職能ともいう）―例えば，研究開発，生産，販売，財務，人事など―ごとに考えられるものである。この機能別戦略は，事業ごとに別個に検討される場合もあるが，企業全体として生産活動をどう方向づけていくべきかを考える場合のように，事業をまたがって検討されることもある。

（２）企業戦略

（a）企業戦略で検討すべきこと

　企業戦略で検討すべきことは３つある。事業ドメイン（事業領域）をどう設定するか，事業ごとの経営資源配分をどう行うか，そして国際化への対応をどうするかの３つである（図表4－2）[3]。それぞれについてみていこう。

図表４－２　企業戦略の全体像

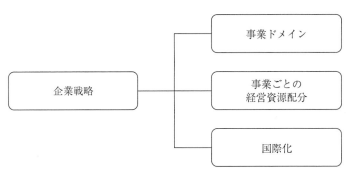

出所：伊丹敬之『経営を見る眼』東洋経済新報社，2007 年，pp.192-203 を参考に作成。

（b）事業ドメイン（事業領域）

事業ドメイン（domain）とは，事業を行う分野，領域のことである。企業としてどのような事業を行うかを決めることは企業戦略の根幹である。この事業ドメインという言葉には，（いま行っている）現在の事業領域を示す場合と将来的な成長の方向性を考慮した戦略的な事業領域をあらわす場合がある[4]。経営戦略は中長期的な競争優位を築くためのものであるから，後者の戦略的な事業領域を考えていくことがより重要である。

事業ドメインを決定するときに重要なことが2点ある。ひとつは事業をモノとして（物理的に）考えるのではなく，コトで（機能的に）考えたほうがよいということである。もうひとつは，事業ドメインは一度決めたら変更しないというものではなく，経営環境や事業の成長性などに応じて，考え直す（再定義する）必要があるということである[5]。

事業ドメインをコトで，すなわち機能的に考えたほうがよいということは，レビットという米国のマーケティング学者が示すように，米国の鉄道会社の例をみるとわかる。米国の鉄道会社は，鉄道以外の新たな運送手段（自動車，航空機など）に顧客を奪われ衰退してしまったが，それは自分たちの事業ドメインを鉄道事業と考えてしまったからだという[6]。かれらが，もし自分たちの事業を鉄道というモノではなく輸送事業（人や物を運ぶコト）と考えていれば，自動車や航空機などの新たな輸送手段を取り込んで，引き続き成長をつづける可能性もあったのである。このように，事業ドメインを考える場合，モノ（物理的な定義）にこだわっていると変化への対応が行いにくくなることがある。

また，企業ドメインは，ときに再定義することも必要である。企業の成長を自然な流れにまかせていると，慣性（それまでと同じ考え方や行動をとらせようとする性質）が働き，変化への対応力が弱くなったり，企業イメージを社会的に印象付ける力が弱くなったりすることがある。そこで，タイミングをみて事業ドメインを再定義し，はたらく人たちの意欲や結束を強めたり，社会に対して企業の存在意義を改めて印象付けたりすることが必要になってくるのである[7]。

企業ドメインを再定義して生き残りを図った企業に富士フイルムがある。同

社は，長らく写真用フィルム事業から多くの利益をあげていたが，デジタルカメラの成長で 2000 年を境に写真用フィルムの需要が激減するという状況に直面した。そこで，同社は液晶ディスプレイ用フィルム，携帯電話用プラスチックレンズ，医療用画像診断システム，医薬品，化粧品などの新たな事業に進出し（つまり事業ドメインを再定義して），その後も売上高を拡大していったのである（詳しくは【Coffee Break】を参照）。

　この例からもわかるように，事業ドメインの決定や再定義は企業の浮き沈みを大きく左右するもので，企業戦略の重要な一面となっている。

(c)　事業ごとの経営資源配分

　企業が複数の事業を営んでいる場合には，限りある経営資源をどの事業にどれだけ振り向けるかを決めることが重要になる。成長見込みの高い事業に人や資金が不足していたり，あるいは逆に成長見込みの少ない事業に多くの経営資源が使われていたりすれば，企業全体としての成長は望めないからである。

　このような事業ごとの経営資源配分に関して参考になる考え方に，1970 年代に米国のコンサルティング会社である「ボストン・コンサルティング・グループ（BCG）」が開発した「プロダクト・ポートフォリオ・マネジメント」（PPM）がある（図表 4 - 3）。

　この考え方は，市場成長率と相対的市場シェア（自社シェア÷自社を除く最大競争相手のシェア）という 2 つの見方からいくつかの事業を位置づけ，それぞれに必要な対応を取っていこうとするものである。

　縦軸の市場成長率は資金の流出を示している。なぜなら，市場成長率が高ければ高いほど，生産設備への投資や販売促進活動などのために多額の投資が必要になるからである。また，横軸の相対的市場シェアは資金の流入を示している。なぜなら，市場シェアが高ければ高いほど，規模の経済性（大量に生産することによって製品 1 単位あたりのコストが安くなること）や経験効果（その製品を他社より多く製造しているため生産上の工夫などによってコストが安くなる効果―第 6 章「生産管理」【Coffee Break】を参照）により利益が高まるからである。

図表4−3　プロダクト・ポートフォリオ・マネジメント

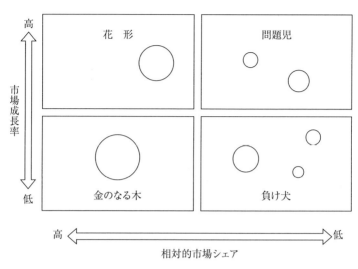

○＝事業（○の大きさは事業規模）

出所：J.C. アベグレン，ボストン・コンサルティング・グループ編『ポートフォリオ戦略』
プレジデント社，1977 年，p.80 に基づき作成。

　このような考え方に基づき，プロダクト・ポートフォリオ・マネジメントで
は，事業を「花形」（市場成長率：高−市場シェア：高），「金のなる木」（市場成長
率：低−市場シェア：高），「問題児」（市場成長率：高−市場シェア：低），「負け犬」
（市場成長率：低−市場シェア：低）の４つに分類する。そして，「金のなる木」の
事業（市場成長率が低く投資が必要とされない一方で，市場シェアが高いことから利益性が
高い事業）から市場シェアの低い「問題児」の事業へと資金を振り向けること
で，その事業を「花形」へと育成するという対応が取られたり，「負け犬」の
事業から撤退してムダな資金投下を避けるなどの対応が取られたりするのであ
る。

（d）国際化
　どの活動をどこの国で行うかという国際化の意思決定も，企業全体にかかわ

る大きな問題である。海外での事業展開は，経済，文化，制度などの状況が異なるため，国内での事業展開とは違ったさまざまな問題に直面する。

　事業の国際化には，海外でも本国と同じ方法で事業を展開する「標準化」，（本国とは異なる）現地に適応した方法を採用する「現地化」，国ごとのさまざまな違いを活用する「裁定」などの考え方がある[8]。

　最近では，新興国の成長とともに，先進国とは異なるそれらの需要にどう対応するかが大きな課題となっている。このような国際化の展開については，改めて第11章「経営の国際化」で学ぶことになる。

（3）事業（競争）戦略

　企業戦略とは異なり，事業戦略は1つひとつの事業をどのように競争に負けないように方向づけていくかを考えるものである。「(1)（a）経営戦略の誕生」でも述べたように，経営戦略は，はじめは企業戦略について考えることが中心であった。ところが，その後，個々の事業が弱くては企業全体も不安定になるため，1つひとつの事業を強化することの重要性が再認識され，事業戦略への関心が高まることになったのである。

　ここでは，経営環境の分析，基本的な競争戦略という流れで事業戦略について学んでいく。また，その後で，企業の持つ経営資源を重視した事業戦略のあり方についても紹介する。

（a）経営環境の分析

　戦略を立てるうえで，経営環境（企業を取り巻く状況）についての理解が不可欠なことはいうまでもない。ここでは，経営環境を分析する3つの方法について紹介しよう。

　まず，「3C分析」とよばれるものである（図表4-4）。

　これは，経営環境を顧客（Customer），競合（Competitor），自社（Company）の3つの視点（3C）から分析するものである。シンプルな考え方だが，経営環境を全体的に把握するうえで役に立つ考え方である。

　「顧客」を分析するときには，顧客数や全体の購入金額（市場規模），その成長性，ニーズ，購買にいたるプロセスなどについて検討する。「競合」の分析では，自社と競合する企業数，それぞれのシェア，強み・弱みなどを検討する。そして「自社」の分析では，自社の収益性，経営資源の状況（量と質），企業イメージなどについて検討することになる。

図表4－4　3C分析

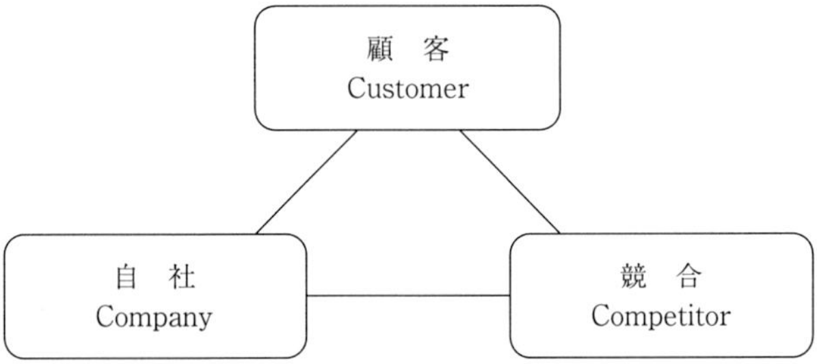

出所：遠藤　功『企業経営入門』日本経済新聞出版社，2005年，p.58を一部修正。

　2つめの分析手法が「SWOT分析」とよばれるものである（図表4－5）。SWOTとは，Strength（強み），Weakness（弱み），Opportunity（機会），Threat（脅威）の頭文字をとったもので，自社の内部環境を「S」（強み）と「W」（弱み）の視点から，外部環境を「O」（機会）と「T」（脅威）の視点からとらえようとするものである。

　自社の強みと弱み，外部環境における機会（チャンス）と脅威をつかむことができれば，それらを組み合わせることで，①自社を成長させるために強化すべき施策（強みを生かして機会を生かす）と，②自社を競争から守るための施策（弱みを強化して脅威から身を守る）を明確にすることができる。

　3つめの分析手法は「ファイブ・フォース分析」とよばれるものである。これは，米国のハーバード大学教授であるM.ポーターの提示した方法だが，企業の所属する「業界」に焦点をあわせた手法である。業界に焦点をあわせるのは，業界は類似の製品やサービスを提供する企業の集まりであるために，その

図表4－5　SWOT分析

	（＋）要因	（－）要因
外部環境	機会（Opportunity）	脅威（Threat）
内部環境	強み（Strength）	弱み（Weakness）

出所：遠藤　功『企業経営入門』日本経済新聞出版社，2005年，p.59を一部修正。

状況に対応することが最も重要になるという考え方によるものである。この分析手法は，業界を（それに影響を及ぼす）5つの力から分析することから，ファイブ・フォース分析とよばれるのである。

　5つの力とは，新規参入業者の脅威，業者間の敵対関係の強さ，代替品からの圧力，買い手の交渉力，売り手（供給業者）の交渉力である（図表4－6）。

　「新規参入業者の脅威」とは，新たにその業界に入ってこようとする企業が多いかどうかということである。そのような企業が多ければ，そこは競争の激しい業界となることが予想される。「業者間の敵対関係の強さ」とは，競合企業の数や規模，その業界の成長率などに左右される。競合企業の数が多く規模も同程度であれば，競争は激しくなるだろうし，市場の成長率が鈍ければ，さらに競争の激しさが増加することが予想できる。「代替品からの圧力」とは，その業界の生産している製品やサービスの代わりになるもの（代替品）が出てきやすいかどうかということである。例えば，スマートフォンの誕生は，パソコン，デジタルカメラ，電子辞書，地図など多くの業界に影響を与えている。「買い手の交渉力」とは，その製品・サービスを購入する顧客の影響力が強いかどうかということである。顧客の知識が豊富だったり，顧客にとってその業界の重要度がそれほど高くなかったりすれば，買い手（顧客）の影響力は大きくなる。「売り手（供給業者）の交渉力」とは，その業界に原料などを提供している供給業者がどれだけの力を持っているかということである。供給業者が少なかったり，他の供給業者からは入手できない希少な原料を取り扱っていたりする場合は，供給業者の影響力は大きくなる。

　このように，ファイブ・フォース分析は，5つの力から業界の状況を分析す

図表 4 - 6　ファイブ・フォース分析

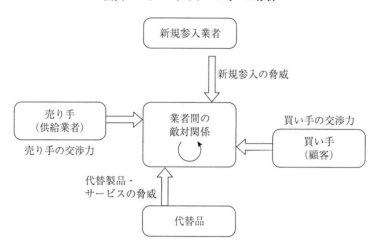

出所：M. ポーター『競争の戦略』ダイヤモンド社，1982 年，p.18 を一部修正。

るものである。しかし，実際にこの分析を行う場合には，業界に関するかなり深い知識がないと難しい。そこで，ファイブ・フォース分析は，5 つの要因について個別にくわしく分析するよりも，5 つの力のうち，どの要因が最も重要かを見きわめることに役立てるべきだという見方もある[9]。

　ここまで，経営環境を分析するための 3 つの手法を紹介した。事業戦略を考える際には，これらの手法を活用しながら，まずは経営環境についての理解を深めることが重要なのである。

（b）基本的な競争戦略

　経営環境の分析に基づいて，競争に勝ち抜くための戦略を立てることになる。M. ポーターによれば，個々の事業において競争相手よりも優位な立場に立つ方法は 3 つあるとされている（図表 4 - 7）。

　これらの 3 つの戦略は，競争優位のタイプと顧客ターゲットの幅の組み合わせから導き出されるものである。顧客ターゲットを広くとり，他社よりも低コストで製品を開発・販売して優位に立とうとする戦略が「コスト・リーダー

図表4−7　基本的な競争戦略

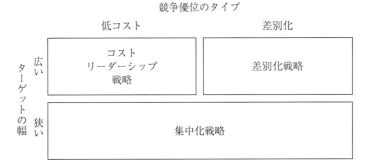

出所：M. ポーター『競争の戦略』ダイヤモンド社，1982 年，p.61 を一部修正。

シップ戦略」である。また，同様に顧客ターゲットを広くとるものの，製品やサービスなどで他社との違いを際立たせることで優位に立とうとする戦略が「差別化戦略」である。一方，顧客ターゲットを狭くとり，低コストか差別化のいずれかの方法で競争に対抗していこうとするのが「集中化戦略」である。

　日本の自動車会社を例に考えてみよう。「コスト・リーダーシップ戦略」はトヨタ自動車の採用する戦略である。同社は世界でも最大規模の販売台数を誇り，基本的には品質を維持しながら低価格の自動車をより多くの顧客に対して販売していこうという立場である。

　「差別化戦略」としては，ホンダを思い浮かべることができる。ホンダは販売台数はトヨタ自動車の半分以下の規模だが（2021 年時点），以前から同社ならではの特徴のある自動車を開発していこうという立場である。

　「集中化戦略」には，スズキがあてはまる。スズキは，トヨタ自動車のように幅広い顧客をターゲットにさまざまな車種を開発・販売することをせず，軽自動車を中心とし，海外での販売先もインドなどの新興国に力を入れるなど，独自の領域に経営資源を集中させているのである。

　このような例からもわかるように，実際の企業も，経営環境や経営資源に応じて3つの基本戦略のうちのどれかを採用しているのである。

（c）経営資源への着目

（b）で紹介した基本的な競争戦略は，おもに市場でのポジショニング（位置取り）を重視したものであった。それは，市場においてなるべく競争の少ない場所を見つけ出し，そこで事業を展開すれば競争優位につながるはずだという考え方である。

このような考え方に対し，1980年代の後半から，企業の持つ資源に注目した見方が現れるようになった。このような考え方を「リソース・ベースド・ビュー」（Resource Based View, 資源に基づいた視点）という。この考え方では，企業の保有する人材，技術，知識，スキル，ノウハウなどが重視されている。つまり，これらの資源がすぐれていれば，他社と同じ事業を展開していても，競争優位を得ることができるという考え方である。

例えば，コンビニエンス・ストアで考えてみよう。われわれの回りには多くのコンビニエンス・ストアがある。しかし，同じコンビニエンス・ストアでも，セブン－イレブンの日販（1日あたりの1店舗平均の売上高）が約65万円であるのに対し，ローソンが約50万円，ファミリーマートが約51万円であることを聞けば（2021年度）[10]，その差はいったい何によるものなのかという疑問がわく。そして，この日販の差が1年限りのものでなく，長く続いているものであることを考えるとき，セブン－イレブンとその他のコンビニエンス・ストアとの間には，商品開発や店舗運営などに関する技術やノウハウに差があるのではないかと考えざるを得なくなるのである。

このような例からもわかるように，競争優位につながる技術やノウハウなどの資源は作り上げるまでに時間がかかるだけに，ひとたび作り上げてしまうと（他社がすぐには真似できないため）その優位性が持続するという特徴がある。

他社との違いを打ち出すための3つの競争戦略と，このような技術やノウハウなどを重視する考え方とどちらがすぐれているかということではない。事業戦略を考えるうえではどちらも重要な視点を提供してくれているのである。したがって，すぐれた事業戦略を立てるには，3つの基本戦略のうちのどれを採用するかを明確にすると同時に，事業を支える技術，ス

キル，ノウハウなどの資源についても強化していくことが重要なのである。

2. 経営組織

（1）企業経営と組織

　企業をうまく運営するためには，部門化といわれるチーム編成を適切に行うことが必要である。業務をムダなく分担し，意思決定のスピードを早め，かつチーム間の協力がしやすいような組織編成が行われれば，企業は「個人の集まり」を超えた存在として，さまざまな問題に適切に対応していくことができるからである。

　また，組織のあり方は戦略とも密接に関係している。戦略と組織の関係については「組織は戦略に従う」という有名な命題が提示されているが [11]，戦略が変われば，それを実行するための組織も変わらざるをえないのである。ここでは，企業内での業務の役割分担や協力のあり方を規定する組織編成という問題について考えよう。

（2）機能別組織と事業部別組織

　企業の中でチーム編成を行うときには，2つの基本的な考え方がある。ひとつは「機能（職能）別組織」といわれるもので，知識や技能の異なる仕事の種類ごとにチーム編成を行うものである（図表4-8）。もうひとつは「事業部別組織」といわれるものである。この場合は，製品や地域ごとに事業部とよばれるチームを編成し，その中に必要な機能をまとめていく（図表4-9）。

　これらの2つの組織には，それぞれ長所と短所がある。

　「機能別組織」は機能ごとにチーム編成を行っていることから，担当業務に関する知識や技能を高めていきやすい（例えば，製造部に所属すれば，製造のための知識や技術を専門的に身に付けていく）。つまり，スペシャリストを養成しやすい組

図表 4 － 8　機能別組織

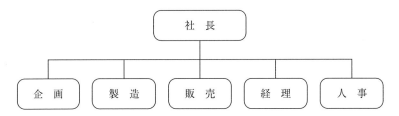

図表 4 － 9　事業部別組織

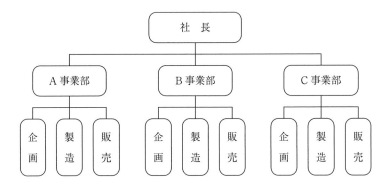

織なのである。また，機能別組織では，業務が重なって行われることがなくムダが少ない，業務に関する"規模の経済"を発揮できるなどの長所もある。ちなみに，規模の経済とは，業務を一カ所にまとめることによって，それを分散して行うよりも少人数で行うことができたり，部品や資材を（一括購入により）より安く購入できたりすることである。

　一方，機能別組織には短所もある。まず，各部門からのさまざまな情報をトップ・マネジメント（社長を含めた経営陣）が直接収集・分析・判断しなければならず，経営陣の負担が大きくなることである。また，チーム間で対立や衝突が起きたときなどは，経営陣が直接調整にあたらなければならない。この他にも，機能別組織はスペシャリストの養成に向くが，それは（逆に考えれば）さまざまな業務を理解したうえで幅広い問題に対処できるゼネラリストを養成し

づらいということにもなってしまうのである。

　つぎに，「事業部別組織」について考えてみよう。事業部別組織の長所は，事業部ごとに事業部長とよばれる一定の責任と権限を持った職位が存在することから，トップ・マネジメントが直接情報の収集やチーム間の調整に乗り出さずにすむことである。その結果，トップ・マネジメントは戦略立案などの中長期的な業務に多くの時間を割くことができる。また，事業部別組織を採用して事業部同士をよい意味でのライバル関係と位置付ければ，企業の中に競争意識を生み出すことも可能になる。さらに，事業部長を経験させることで，業務の全般を理解したゼネラリストが養成でき，社長の後継者を育成しやすいことも長所のひとつである。

　一方，事業部別組織の短所は，全社的にみて業務の重なりが起きてしまうこと，事業部同士での協力や調整が行いにくいことなどをあげることができる。

　このように，機能別組織と事業部別組織にはそれぞれ（表裏の関係にある）長所と短所がある。これらを考えれば，機能別組織は単一の（もしくは少数の）事業を行っていて，かつトップ・マネジメントが強いリーダーシップや高い調整能力を持っている場合に有効だといえる。事実，単一の事業を行っていた企業が複数の事業を営むようになると，機能別組織から事業部別組織へと移り変わっていく例が多いのである (12)。

（3）マトリクス組織

　機能別組織と事業部別組織には，どちらも一長一短があった。そこで，機能別組織と事業部別組織を組み合わせた組織を編成すればよいのではないか，という発想から生み出されたのが「マトリクス組織」とよばれるものである（図表4－10）。

　マトリクス組織は，機能別のチーム編成と事業部別のチーム編成の両方を行う二元的な組織である。この組織に所属する人は，例えばA事業部と企画部の両方に所属し，A事業部長と企画部長の2人と相談しながら業務をすすめることになる。もともとは，複雑で変化の激しい環境に対応するために，アメ

図表4－10　マトリクス組織

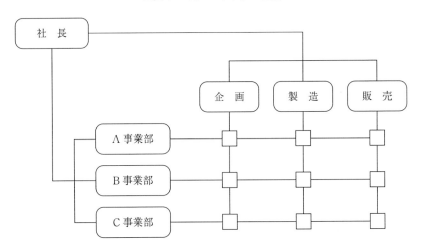

リカ航空宇宙局（NASA）の衛星プロジェクトにおいて生まれたものだという[13]。

　この組織の最大の短所は，ひとりの社員に2人の上司ができることである。それぞれの上司が別のチームに所属し，別の業務に責任を負っていることから，2人の上司の指示が食い違う場合があると，その下ではたらく社員は非常に業務をすすめにくくなる（例えば，A事業部では売上増のために販売製品数を増やしたいが，製造部ではコスト削減のために製品数を減らしたい場合など）。このようなことから，マトリクス組織はアイデアとしてはよいものの，実際には成功しないことが多いといわれている。

（4）現実的な組織編成

　ここまで，機能別組織や事業部別組織にはそれぞれ一長一短があること，そして，それらを組み合わせたマトリクス組織もうまく機能しない場合が多いことなどをみてきた。それでは，実際の企業はどのように対応しているのだろうか。

図表4－11　現実的な組織編成

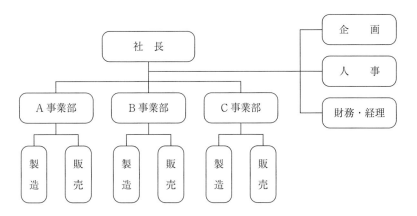

　現実には，多くの企業で（図表4－11）のような組織編成が行われている。

　つまり，事業部別組織を基本としながらも，企画，人事，財務・経理などのどの事業部にも関連するような業務は，機能別組織の形で独立させるのである。このような組織編成を行えば，製造や販売などの現場は事業部長のもとで管理・監督されるため，市場の状況に応じたすばやい対応が可能になる。また，人事や財務・経理などの業務も，全社的な視点を失わずより効率的な運営が可能になるのである。複数の事業を展開する企業では，現実にはこのような組織編成が行われていることが多い[14]。

（5）チーム間の調整

　企業をうまく運営するためには，チーム編成のあり方を工夫すると同時に，チーム間の連絡・調整のあり方も考える必要がある。チーム間の連絡・調整がうまく行われてこそ，企業として一体感のあるムダのない経営が可能となるからである。

　チーム間の調整を図るには，コミュニケーションの促進，指揮命令系統の設定，公式化（プログラム化ともいう）の3つの方法がある（図表4－12）[15]。

　チーム間の調整を行ううえで，コミュニケーションが重要な役割を果たすの

図表 4 − 12　チーム間の調整手法

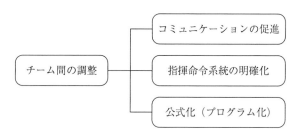

出所：上林憲雄他『経験から学ぶ経営学入門』有斐閣，2007 年，
pp.187-194 を参考に作成。

は，いうまでもないだろう。コミュニケーションを促進するために，企業では定期的に会議が行われたり，報・連・相（報告・連絡・相談）といった行動が重視されたりするのである。また，ICT（情報通信技術）の進展にともなって，企業内の電子掲示板などを活用してチーム間の情報交換を促進しようとする企業もある。

　指揮命令系統とは，誰が誰に対して業務上の指示を出せるのかを明らかにしたものである。指揮命令系統を確立し，それを社員の間で共有化しておけば，チーム間の報告や相談の流れがスムーズになるため，チーム間の連携がよりすすめやすくなるのである。

　公式化（プログラム化）とは，ある問題が発生したときにどのような行動を取るべきかをあらかじめ決めておくことである。特定の問題と取るべき行動との関係が明確になっていると，その問題が実際に発生したときに，対応方法や役割分担などについてチーム間であらためて相談を行う必要がなく，コミュニケーションの手間を省くことができる。このような公式化という手段も，事前にチーム間の調整を図っておくという意味で有益なものである。

　このように，組織をうまく機能させるためには，チーム編成のあり方を考えると同時に，チーム間調整のあり方についても工夫しておくことが必要なのである。

【*Review exercise*】

1. 複数の事業を展開している企業を1社取り上げ，その企業の事業ドメインや経営資源配分のあり方について考えなさい。

2. 差別化戦略によって競争優位を築いていると思われる企業を1社あげ，その差別化の源泉が何かを考えなさい。

3. ホームページなどで実際の企業の組織について調べ，そこにどのような特徴があるか考えなさい。

考えてみよう！

【注】

（1）三品和広『戦略不全の論理』東洋経済新報社，2004年，pp.4-7。

（2）高橋俊介『ヒューマン・リソース・マネジメント』ダイヤモンド社，2004年，pp.17-19。

（3）伊丹敬之『経営を見る眼』東洋経済新報社，2007年，pp.192-203。

（4）榊原清則『事業ドメインの戦略論』中公新書，1992年，p.12。

（5）榊原清則，前掲書，pp.93-98。

（6）T.レビット「マーケティング近視眼」『マーケティング論』ダイヤモンド社，2006年。

（7）榊原清則，前掲書，pp.93-98。

（8）P.ゲマワット『コークの味は国ごとに違うべきか』文藝春秋，2009年，pp.264-303。

（9）浅羽　茂・牛島辰男『経営戦略をつかむ』有斐閣，2010年，pp.54-55。

（10）『日経MJ』，2022年8月17日。

（11）A.チャンドラー，Jr.『組織は戦略に従う』ダイヤモンド社，2004年。

（12）A.チャンドラー，Jr.は，デュポン，ゼネラル・モーターズ，シアーズ・ローバックなどの組織変更の歴史を分析し，事業の多角化という戦略の結果，事業部別組織が生み出されたとしている（前掲書）。

（13）藤田　誠『スタンダード経営学』中央経済社，2011年，p.140。

（14）このような組織形態は「一部事業部制」といわれることがある。

（15）上林憲雄他『経験から学ぶ経営学入門』有斐閣，2007年，pp.187-194。

【勉強を深めるための参考文献】

浅羽　茂・牛島辰男『経営戦略をつかむ』有斐閣，2010 年。

藤田　誠『スタンダード経営学』中央経済社，2011 年。

伊丹敬之『経営を見る眼』東洋経済新報社，2007 年。

加護野忠男・吉村典久『1 からの経営学（第 3 版）』中央経済社，2021 年。

上林憲雄他『経験から学ぶ経営学入門』有斐閣，2007 年。

【*Coffee Break*】

富士フイルムの事業転換

　富士フイルムは，写真用フィルムの製造・販売で長く国内トップ企業の地位にあった。「♪お正月を写そう，フジカラーで写そう」というテレビ CM は，かつての日本のお正月の風物詩でもあった。その富士フイルムが企業の存亡にかかわる危機的な状況に直面したのは 2000 年頃のことである。

　写真用カラーフィルムの世界需要が 2000 年をピークに減少の一途をたどったのである。その減少スピードは非常に激しいもので，2006 年には 2000 年の半分程度，2007 年には 3 分の 1 程度になってしまうという状況であった。理由はデジタルカメラの普及である。写真用フィルムは（一部の専門家を除けば），世の中の人にとって，もはや必要のないものとなってしまったのである。

　写真用フィルムは全社の利益の 7 割を占めていた。富士フイルムでフィルムが売れないということは，トヨタ自動車で自動車が売れなくなるようなものである。このような状況を放置すれば，企業は倒産してしまう。富士フイルムはどう対応したのだろうか。

　2003 年に同社の最高経営責任者（CEO−Chief Executive Officer）に就任した古森重隆氏（2022 年現在同社最高顧問）は，写真関連事業の施設や

設備の多くを閉鎖すると同時に，写真用フィルムに代わる新たな成長事業を探しはじめた。ただし，やみくもに新たな事業に進出しても成功はおぼつかない。そこで，これまで写真用フィルムの製造で培った技術（有機合成，粒子形成，製膜技術など）を活用できる新事業を探したのである。

　その結果，液晶ディスプレイ用フィルム，携帯電話用プラスチックレンズ，医療用画像診断システム，医薬品，化粧品などの新たな事業を立ちあげることができ，同社は危機的状況から抜け出すことができた。現在では，フィルム，「写ルンです」，「チェキ」などの売上高は約13％であるのに対し，それ以外の事業の売上高が85％を占めている（2021年度，同社ホームページ）。

　この富士フイルムの事例は，果敢な事業ドメインの転換が企業を救った例である。どのような事業にもライフサイクル（成長から衰退への流れ）があるとすれば，本章の1.（2）（b）で学んだような事業ドメインの再定義は非常に重要な経営課題であることがわかる。

　（もうひとつ，富士フイルムの事例から学べることがある。それは，新たな事業を始めるときは，これまで蓄えてきた技術やノウハウとの関連性を考えた方がよいということである）

　　　　　（『日経ビジネス』2013年3月4日号，pp.44-49を一部参考にした）

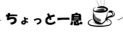
ちょっと一息

第5章▶人的資源管理

┌─── 【*Key word*】───┐
▶自己実現
▶終身雇用
▶年功賃金
▶能力・成果主義
└─── 注目！ 👉

1. 人的資源管理とは何か

「ヒト・モノ・カネ・情報」が経営資源の4つの要素といわれるが,「ヒト」は他の要素を動かす主体であり, その意味で4要素の中で最も重要である。企業が組織であることも「ヒト」の要素の重要性を裏付ける。本書では, この「ヒト」の管理を扱う。

ところで,「ヒト」の管理を表す用語として, 従来は「人事労務管理」という言葉が比較的広く用いられてきたが, 近年,「人的資源管理」の言葉が用いられることが多くなってきている。「人的資源管理」とは human resource management の日本語訳である。米国の「ヒト」の管理に関するテキストは一般にこの用語が用いられている。

人的資源管理論は人事労務管理の比較的最近の学派であるとも考えられるが, 日本ではあまりそのことは意識されず,「人事労務管理」と「人的資源管理」とを区別せずに用いていることが多いように見える。そこで, 本章でも「人事労務管理」と「人的資源管理」とを同じ内容の言葉として用いることに

する。

　人的資源管理には，人（従業員）の能力を生かし，意欲（やる気）を引き出す
役割がある。その意味で，企業の競争力を大きく左右する管理であるといって
よい。その人的資源管理は，大別すれば，雇用管理，人事・賃金管理，労使関
係管理から成る。雇用管理には，採用，配置（異動），教育・訓練（能力開発），
労働時間，安全・衛生，雇用調整（退職等）に関わる管理が含まれる。人事・
賃金管理には，資格制度，報酬制度，評価制度，昇格・昇進管理，福利厚生施
策が含まれる。労使関係管理には，集団的労使関係，個別的労使関係，その他
の人間関係に関わる管理が含まれる。この章では，初めに人的資源管理を理論
的に考察した後，上記の具体的な施策を順次説明することとしたい。

2．人的資源管理の理論

　それではまず，人的資源管理に関する主要な理論を振り返り，人的資源管理
の見方・考え方を先人の知恵に学ぶことにしよう。第 3 章で詳しく取り上げた
テイラーの科学的管理法は，米国の人的資源管理の領域においても大きなイン
パクトを与えており，米国で職務中心の人的資源管理が成立したのは，職務の
先行決定が管理の必須条件であるとするテイラーの影響であるといわれてい
る。しかし 1910 〜 20 年代に，テイラーの経営学には欠落しているが重要な視
点を，人的資源管理に組み入れた人物がいる。スコットとティードである。彼
ら 2 人の理論は人的資源管理論の出発点を成す[1]。

（1）スコットとティード
①　スコット

　まずスコットの理論から考察する。スコット（Walter D. Scott, 1869 〜 1955）は，
心理学で学位を取得した学者であるが，第一次大戦時に米国の戦時動員計画に
関与し，心理学を応用した米国初の人事コンサルタント会社，スコット・カン

パニーを設立しており，実務界とも密接な繋がりがあった人である。彼は1923年にクロージアと共同で『人事管理』（Personnel Management）を刊行している。

その著作（初版）でスコットは，人事管理が「産業における人事上の調整の諸原理」に基づいて，「人間面での調整」を行うことを課題とすると述べ，職務が人間を決定するという発想を持っていたテイラーとは異なり，仕事と人間の健全な調整が必要であるとしている。人間という要素を不可欠とした点で，スコットこそは人的資源管理の開祖であるといわれている。

スコットは，企業がめざすべき2つの根本目的として，仕事の効率性の追求と人間の幸福の追求を掲げており，この並立の解決方法が「健全な調整」であるとする。労働者が商品とみなされることで人間的不幸と効率性の減退が生じるのであり，「労働の人間概念」が大切であるとスコットは説く。

人事管理の方法として，スコットは「仕事・作業者単位」（worker-in-his-work unit）の最大限の効率化を挙げる。仕事・作業者単位には，達成能力（capacities），関心（interest），機会（opportunities）という要素があり，これらの3つの要素を均衡的に発展させるべきであると主張する。具体的には，職名記述書や個人別の人事記録書などを考案しており，この施策はテイラーの科学的管理法とも適合しながら，米国に浸透していくこととなった。

② ティード

次に，ティード（Ordway Tead, 1891 ～ 1973）の学説を紹介する。ティードも心理学から人的資源管理を考察した人であり，1920年にメトカーフと共著の『人事管理』を発刊している。彼も出版社の編集者と副社長を経験し，大統領の諮問機関である高等教育委員会の委員長を務めるなど，実務界との繋がりが強かった人物である。

ティードは人事管理について，「人間の努力と摩擦を最小限にし，必要最大限の生産を確保し，労働者の真正の福祉生活を適切に配慮しながら，組織の人間諸関係を指揮し，整合すること」であると定義している。ここで注目してお

きたいのは，この定義では人間諸関係の対立と紛争の存在が前提とされている
点であり，スコットのような個別的人事管理への関心よりも集団的人事管理へ
の関心が強いことである。経営者・管理者と労働者の関係，および労働者間の
人間諸関係とその調整の問題が，ティードによって明確に人事管理の課題とさ
れた。

管理者と被管理者の関係については，共通利害を求めて，「合意」により秩
序・制度・規則を作成し，共同責任を持つことが必要であるとティードは主張
する。これはティードが「目的統合」，すなわち高次元の新たな目的を提供す
ることで対立者間の目的の相違を調整することを提案している点と関連する。

また，人事管理はパーソナリティ（個人の資質）を発揮させる任務があり，そ
の際には人事部は経営組織における協働感（a sense of association）を醸成しなく
てはならない。そのためにはリーダーシップ，すなわち協働感から人々の協力
を引き出す活動が重要であり，リーダーシップが組織目標と個人目標を一致さ
せる役割を果たすとティードは述べている。

このようにティードは人事管理の役割が組織の人間諸関係の調整と協働の達
成にあると主張しており，人事管理に関してスコットとは異なる面に着目して
いた。それゆえ，スコットとティードは相互補完的な関係にあり，両者の理論
により，人事管理論（人的資源管理論）は創設された。

（2）モティベーション論の展開

ところで，テイラーの科学的管理法に対する批判的立場から，職場の人間関
係が従業員の労働意欲に影響することを強調したのは人間関係論であった。そ
の詳細は第3章で述べたので繰り返しを避けるが，人間関係論の問題提起を受
けて，動機づけ（モティベーション）について研究を進めたのは主に行動科学の
研究者達である。その中で，ここではマグレガー，ハーズバーグ，ブルーム，
デシの4人の理論を取り上げて，モティベーションの理論的考察を深めよう。
ただし，その前に，マグレガーに影響を与えたマズローの心理学にふれておく
ことから始めたい。

①　マズロー

　心理学者マズロー（Abraham H. Maslow, 1908～1970）は，精神の病気を研究対象とするフロイド派の手法に反発し，精神の健康を理解すべきであると考え，自己実現している人々の研究を開始した。そして『人間性の心理学』（1954年）や『自己実現の経営』（1965年）で，その独創的な理論を提唱した。

　「自己実現」（self-actualization, self-realization）という概念はマズロー理論の核心を成している。自己実現とは，才能・能力・可能性の使用と開発であり，完全な人間性の実現である。「人が自己の到達しうるかぎりのものを実現し，自分の潜在能力をいかんなく発揮していること」（高橋［2004］p.164）ともいうことができる。マズローは自己実現した人としてリンカーンやシュヴァイツァー等を挙げている。彼によれば，自己実現した人々の普遍的特徴は，人生をあるがままの姿で明瞭につかむことができ，正確な現実判断と予測能力を持ち，決断力や創造性に富む。仕事と遊びの区別が曖昧で，仕事に興味を持って楽しく没頭している。他人の意見に耳を傾ける謙遜さを持ち，人格はバランスがとれて統合されている。

　このように自己実現の概念を規定した上で，マズローは次のような欲求階層論を提示した。人間の欲求は，①生理的欲求，②安全・安定の欲求，③愛情・所属の欲求（社会的欲求），④承認の欲求（自我の欲求），⑤自己実現の欲求（成長欲求）の順に階層性を成しており，まず①～④の基本的欲求に動機づけられるが，それらが充足されるにつれて⑤の高次の欲求（二次的欲求）に動機づけられるようになる。

　この欲求階層論は有名ではあるが，野心的な仮説にとどまっており，実証性は極めて乏しいという批判も加えられている。欲求階層論全体についてはその批判が妥当すると考えられるが，マズローが自己実現の概念を提示したことは意義深いものがあり，マグレガー等の学者に影響を及ぼした。

②　マグレガー

　マグレガー（Douglas McGregor, 1906～1964）は，社会心理学から人的資源管理

にアプローチしたマサチューセッツ工科大学（MIT）の教授であり，化学企業の労使関係担当役員にも就任した人物である。1960 年に『企業の人間的側面』（The Human Side of Enterprise）を刊行し，学会に大きな影響を与えた。

マグレガーは，テイラー以降の人間に関する伝統的見解を X 理論，これに対置された人間の成長・発展の可能性を重視する見解を Y 理論と名付け，X 理論から脱却して Y 理論を適用する経営をすべきことを説いている。

前掲書の中で彼は X 理論を次のように整理している（『企業の人間的側面』[以下同じ]，pp.38-39）。

①　普通の人間は生来仕事が嫌いで，できれば仕事はしたくないと思っている。

②　大抵の人間は，強制，統制，命令，処罰による脅しがなければ，企業目標を達成するために十分な力を出さないものである。

③　普通の人間は命令される方が好きで，責任を回避したがり，あまり野心をもたず，何よりもまず安全を望んでいるものである。

この X 理論の組織作りの中心原則は「権限行使による命令・統制」であり，「アメとムチ」により従業員にやる気を起こさせようとする点にある。しかし命令・統制は，社会的欲求と自我の欲求を重視する従業員にやる気を起こさせる効果はあまりないと彼は言う。X 理論は依然として経済界に支配的であるが，その考え方に基づく経営では普通の人間の能力を発見することも活用することもできないであろうとも述べている。

他方，Y 理論は次のような考え方である（pp.54-55）。

①　普通の人間は生来仕事が嫌いだということはなく，条件次第で仕事は満足感の源にもなり人間は自発的に仕事を行い，逆に懲罰の源とも受け取られる。

②　外からの統制や脅しだけが企業目標達成に努力させる手段ではない。人

は自分が進んで身を委ねた目標のためには自ら自分に鞭打って働くもの
である。

③ 献身的に目標達成に尽くすかどうかは，それを達成して得る報酬次第で
ある。報酬の最も重要なものは，自我の欲求や自己実現の欲求の満足で
ある。

④ 普通の人間は，条件次第では責任を引き受けるばかりか，自ら進んで責
任をとろうとする。

⑤ 企業内の問題を解決しようと比較的高度の想像力を駆使し，手段を尽く
し，創意工夫をこらす能力は，大抵の人に備わっているものであり，一
部の人だけのものではない。

⑥ 現代の企業においては，日常，従業員の知的能力はほんの一部しか生か
されていない。

　ここで「自己実現の欲求」の言葉が登場しているのは，マグレガーがマズ
ローの理論を踏まえているからである。マグレガーは前掲書の中で「自己実現
の欲求」について，「自分自身の能力を発揮したいという欲求であり，自己啓
発を続けたいという欲求であり，広い意味で創造的でありたいという欲求であ
る」と説明している (p.45)。

　Ｙ理論の組織作りの中心原則は「統合の原則」，換言すれば「統合とそれに
基づく自己統制」である。「統合」とは「従業員個々人の目標と企業目標の統
合」であり，企業の繁栄のために努力することが各自の目標の達成になる状態
である。「従業員が自分たちの目標を追求しながら，企業目標を押しすすめる」
ことともいえる。企業の要求と個々の従業員の目標や要求を完全に統合するこ
とは現実には実現しがたいが，従業員は企業目標を納得している程度に応じ
て，「自発的に自分を命令統制しながらその達成に努力するもの」である。経
営者は「人間の自己統制能力を高く評価」し，権限以外の方法にもっと多く依
拠すべきであるとするＹ理論は，革新への端緒であるとマグレガーは主張し
ている (pp.65-66)。

③　ハーズバーグ

　ハーズバーグ（Frederick Herzberg, 1923 ～ 2000）は，衛生理論（二要因理論）の提唱者として知られている。その理論は，『仕事へのモティベーション』（The Motivation to Work, 1959 年）と『仕事と人間性』（Work and the Nature of Man, 1966年）によって完成した。

　ハーズバーグは仕事における満足に影響を与える要因を，動機づけ要因と衛生要因に二分する。「動機づけ要因」（motivation factors）とは仕事に対する満足感を与える要因であり，達成，承認，仕事そのもの，責任，昇進などである。これらは人間の達成・成長欲求に関連している。

　他方，「衛生要因」（hygiene factors）とは，不満足感を与える要因であり，会社の政策と運営，監督技術，給与，上役との対人関係，作業条件等の環境に関わる要因である。この要因は，充足されなければ不満足を生み出すが，充足されたとしても満足や意欲を生み出すわけではない。衛生の欠如は病気を発生させるが，衛生的な環境であったとしても健康にはならないことから，「衛生」という言葉が使われているのである。

　ここでは仕事における満足と不満足は対立概念ではない。満足の反対は不満足ではなく満足の欠如であり，不満足の反対は不満足の欠如であって，満足と不満足の原因は別物であるとハーズバーグは考えている。

　ハーズバーグは従業員の動機づけのためには，上記の動機づけ要因の領域を広げるための機会を増加させることが不可欠であると考え，職務拡大（仕事の範囲の拡大）や職務充実（困難な仕事や責任が重い仕事の提供）等の施策を提言している。

　このハーズバーグの二要因理論に対しては，例えば給与のように，同じものが両方の要因になるのではないか等の批判がある。しかし，仕事そのものが動機づけにとって重要な要素であることを指摘した点を評価する意見もある。

④　ブルーム

　動機づけに関する代表的で統合的な理論とされるのが期待理論（expectancy

theory）である。期待理論はまずブルーム（Victor H. Vroom, 1932～）によって構築され，『仕事とモティベーション』（Work and Motivation, 1964）の中で展開されている。

　ブルームの期待理論によれば，人の行為の強さは，その行為によりもたらされる結果についての「期待」（expectancy）と，その結果が持っている「誘意性」（valence）に基づいて決まる。「期待」とはその行為がある結果になるであろうと見込まれる主観的な確率である。「誘意性」とは行為の結果により決まる報酬の効用であり，行為者にとっての報酬の魅力度と考えてよい。そしてある行為の強度は，その行為がもたらす1つ以上の結果の期待と各報酬の誘意性による「期待×誘意性」の総和で表される。ちなみに，上記の「結果」とは例えば営業マンの成約件数であり，「報酬」とは成約件数に応じて支給されるボーナスや役職への昇進と考えるとわかりやすい。

　一般的にいえば，人がある仕事を行うとする時，その仕事の達成がもたらす報酬が魅力的でなければ行おうとする意欲はあまり起きないであろうし，報酬がいかに魅力的であっても，仕事の達成がかなり難しそうに思えれば取り組む意欲がわかないであろう。期待理論はそのような含意を含んでいる。職務遂行への動機づけは，職務の主観的な達成可能性と報酬の魅力の両者を考慮する必要がある。なお，ブルームの理論構築の後，ポーターとローラーにより期待理論はさらに精緻化されている。

⑤　デ シ

　ブルームの指導を受けて，内発的動機づけの理論を体系化したのが，デシ（Edward L. Deci, 1942～）である。デシは『内発的動機づけ』（Intrinsic Motivation, 1975）により，動機づけの理論を発展させた。内発的に動機づけられた活動とは，その活動それ自体が目的となって従事している活動のことであり，当該の活動以外には明白な報酬がまったくない活動といわれている。例えば賃金のような外的報酬を得るための手段となっている場合ではない活動である。

　デシは「内発的に動機づけられた行動は，人がそれに従事することにより，

自己を有能で自己決定的であると感知することのできるような行動」であると
しており，人は「有能さ」と「自己決定」に対する内発的欲求があるために，
内発的に動機づけられた行動をとり，その欲求が充足されることで満足を得る
と考えている。また，外的報酬が内発的動機づけを低下させることをデシは実
証しており，デシの理論は含蓄が深いといえよう。

（3）ダンロップの労使関係論

　さて，人的資源管理（人事労務管理）の理論として，最後にダンロップの労使
関係論を取り上げておく。ダンロップ（John T. Dunlop, 1914 ～ 2003）は，ハー
バード大学の教授であるが，戦時中の賃金調整委員会をはじめとする米国の多
数の労使関係委員会の委員長や議長を歴任し，1975 年には労働省の労働長官
にも就任している人物である。著作としては『団体交渉下の賃金決定』（1944
年）や『労使関係制度論』（1958 年）がよく知られている。

　『労使関係制度論』（Industrial Relations Systems）の中で，ダンロップは労使関
係を産業社会の 1 つの分析的な下部システムであると考え，次のような説明を
与えている。

　「労使関係制度は，その発展のいかなる時においても，ある行為者，ある状
況，労使関係制度を結びつけるイデオロギー，および労働の場所や労働共同体
における行為者を制御するために創られた一連の諸ルールから成るものとみな
される。」（英文原著 p.47）

　この和訳した一節にあるように，労使関係制度の構成要素は，行為者
（actors），状況（contexts），イデオロギー（ideology），ルール（rules）である。行
為者には，①経営者の階層組織，すなわちトップ・ミドル・ロワーの各管理
者，②労働者とその組織，③政府・自治体の諸機関が含まれる。①の中の現場
監督者は上層部の経営者と意識と行動がやや異なるがゆえに，ひとつの主体と
して考えることが必要な場合がある。②の中の労働組合は集団的労使関係の代
表的な主体であるが，②にはインフォーマルな組織も含まれる。③は省庁や地
方の出先機関，労働関係の監督機関の他，調停や斡旋等に関わる諸機関がある。

　ルールには手続き的ルールと実体的ルールがある。例えば，日本では残業を
させるには労働基準法第36条に基づく協定を労働者代表と締結する必要があ
るというのが前者の例であり，その協定の中に来月40時間までと残業の上限
を定めるのが後者の例である。このルールに注目する視点に共鳴する研究者は
英国のクレッグやフランダースをはじめ日本にも多く，クレッグは労使関係研
究を「仕事を規制しているルール」の研究であると考えている。

　以上みてきたようにダンロップの労使関係論は，さまざまな主体を取り上げ
て産業社会の人間諸関係を論じるものとなっており，労使関係を経営者と労働
者の関係だけに限定することなく，労働者間の紛争も労使関係のひとつとして
扱われるなど，その射程は幅広い。しかもルールへの着目は，労使関係研究の
視点として有意義である。このダンロップの労使関係論は，ティードが関心を
抱いた人間の「摩擦」を分析する理論であり，人的資源管理を考える上で看過
できない領域を扱っていると考えられる。

3. 雇用管理

　それでは次に，人的資源管理の具体的な施策を考察することにしよう。まず
雇用管理の領域を順次説明する[(2)]。

（1）採用管理

　雇用管理の主要な課題のひとつは，適正な従業員数の確定である。テイラー
の科学的管理法とその後の経営工学（IE）は標準作業の厳密な設定を追求して
きたが，その作業管理は要員量（必要な人数）の決定に結びついている。生産現
場における要員量の決定のシンプルな場合は，次の算式で表現される。

$$要員量 = \frac{総作業量}{1人1時間当りの標準作業量 \times 労働時間}$$

　実際の企業では，生産ラインごとに違いがあり，欠勤率を織り込むなど，上記の算式よりも複雑である。また，特に欧米では要員量は労働組合との交渉の対象となることもあるため，要員管理の観点だけでは決定できない場合もある。いずれにせよ，決定された要員量に対して不足する人員が採用されることとなる。

　ところで，欧米は特定の職務（job）に対する雇用であるため，欠員に応じて随時採用される。他方，日本は，正規従業員については欧米のような職務の概念は存在せず，欧米的な個々の職務に対する採用ではない。日本の採用では，正規従業員は毎年4月に新規学卒者から一括採用するという定期採用が主軸である。ただし，日本でも不定期採用，換言すれば随時採用も行われ，その対象は中途採用の正規従業員と臨時工やパート等の非正規従業員である。

　日本の採用管理は，戦前は学歴別身分制が色濃く，旧制小学校卒は工員（職工とも呼ばれた現業職），旧制中学・実業学校卒は準社員（事務・技術職），旧制大学卒は職員（管理職とその候補者）になるという区分が明瞭であった。戦後，ブルーカラー・ホワイトカラー間の処遇の格差は縮小したが，学歴別採用管理は続いている。しかし，高学歴化が進み，新規学卒者における高卒者の比率は1955年の26％から1989年の53％へ，大卒者の比率は同時期に7％から42％へと増大してきており，採用後の大卒者の中における昇進管理が重要になっている。

　上記のように日本では多くの場合，個々の職務に対する雇用ではないため，採用時の企業の選考は，潜在的能力（potentiality）の判定となるのが一般的である。また企業共同体のメンバーとしての適格性も考慮される。これらのことと関連して，選考基準としてコミュニケーション能力や協調性が重視されている。

（2）雇用形態

　雇用形態（雇用の形）は，正規従業員（正社員，正規労働者）と非正規従業員（非正社員，非正規労働者）に大別される。正規従業員は，日本の場合，労働基準法第14条のいう「期間の定めのない」雇用の対象者であり，企業内の基幹労

働力として位置づけられている。

　非正規従業員には，働いている企業に直接雇用されている場合（直用の場合）と，働いている企業とは別の企業に雇用されている場合とがある。パートタイマーやアルバイト，臨時工（期間工），契約社員，嘱託は前者であり，派遣社員，請負工，社外工は後者である。派遣社員は派遣企業に雇用されているが，受入企業に指揮命令権がある。請負工は受入企業に指揮命令権がない。社外工は下請企業の雇用労働者である。

　日本の非正規労働者が役員以外の雇用者に占める比率は，この30年間をみると増加してきており，1981年に12.7％であったが，2013年には36.5％となっている。非正規労働者の増加の理由としては，非正規労働者を雇用する場合，一般に正規労働者と比べて社会保険料の負担がなく，賃金も低いことが多いので，企業の人件費の負担が少ないこと，正規労働者の場合よりも雇用調整が容易であることが挙げられる[3]。

　今述べた動向と並んで，この30〜40年の間に日本の雇用形態は多様化が進んできた。1985年に労働者派遣法が制定され，戦後は長い間認められていなかった労働者派遣がソフトウェア開発等の13業種に限定して認められるようになった。だが産業界の派遣労働のニーズが高いため，1996年に適用業種を機械・設備設計やアナウンサー等の26業種に広げ，1999年に港湾運送，建設，警備，製造，医療関係業務以外は原則自由化された。さらに2004年に製造業務の派遣が解禁され，製造現場で派遣労働の活用が進むようになった。

　経済のグローバル化の下でメガ・コンピティションが熾烈になっている状況にあって，企業は人件費の抑制の観点を重視し，非正規従業員を増加させてきたという事情があるが，短期雇用の労働者の増加が行き過ぎる場合は技能の継承という面で問題があり，企業の競争力を削ぐ懸念もある。

（3）配置管理

　日本の雇用管理の特徴のひとつとして，ブルーカラー・ホワイトカラーを問わず，配置がフレキシブル（柔軟）であることが挙げられる。日本では労働内

容が不特定なためである。また，欧米では前述のように伝統的に個々の職務
(job) への雇用であるため，その職務がなくなると解雇となることが多いが，
日本では通常，配置転換が行われ，労働組合も概して配置転換に協力的であ
る。配置転換が能力開発や雇用保障に役立っているからである。なお，この節
では配置転換（配転）を，配置が換わること全般を含めた意味に用いている。

　配置転換は，技能育成（教育），業務の必要性，雇用調整，降格・懲戒人事な
どの目的によりそれぞれ行われる。ブルーカラーの技能育成に関わる自動車企
業の配置転換をみると，一般の技能工（現場労働者）の場合，作業組織として作
られている 15 〜 20 人程度のグループ（組）の中で，2 日交替，あるいは 1 週
間交替等でローテーションが行われる。技能が高まっていくと組間・係内での
ローテーションも始まり，現場管理者の候補者になると組立課から車体課とい
うような課を越えた一時的な移動もある。前後工程を知る必要があるからであ
る。現場管理者になると，例えば車体課の中で係間での移動がある[4]。ホワ
イトカラーの場合，さまざまな企業や公共団体で，技能育成のための配置転換
はブルーカラー以上に幅広く部署を移動する形が一般的である。

　業務の必要性に基づく配置転換としては，自動車産業では 3 カ月程度の一時
的な「応援」が多い。車種ごとの販売状況に応じて，ライン間の要員の調整の
ために，応援は相当頻繁に実施されている。また企業の海外事業展開とともに，
現場の中核的な人物が海外の事業所に一時的に指導に行くことも少なくない。

（4）企業内教育・訓練

　高度な技能（または熟練）は企業の競争力の重要な要素である。技術者による
開発力だけでなく，現場の労働においても，高度な技能の意義は依然として大
きい。特に長期勤続者の熟練が力を発揮するのは，異常時への対応である。例
えば製紙業では断紙の時の原因究明と対処は経験を積んだ労働者でなければで
きない。コンピュータは問題箇所を指摘するが，なぜ停止したのかは熟練労働
者の判断に頼らねばわからないのである。また，自動車工場のロボットに動作
をインプットするのは熟練労働者である。それゆえ，企業内の教育・訓練，す

なわち能力開発は，長期的な観点から取り組まれなくてはならない。

　企業内訓練の主軸を占めるのは OJT（on the job training）である。OJT とは仕事をしながらの訓練のことであり，現場の作業を担当しながら技能を身につけていく。その際，例えばある自動車企業では，現場管理者が「技能訓練計画表」により複数の項目に分けて監督下の従業員の各技能水準をチェックし，計画的に技能の育成を図っている。

　他方，Off-JT（off the job training）は仕事を離れての訓練のことであり，講義の受講などの座学や実習である。現場管理者になる直前の講習は多くの企業で見られる Off-JT の1つである。

　ところで，技能には多くの企業で通用する一般的技能（general skill, 一般的熟練）と，今働いている企業でしか通用しない企業特殊的技能（specific skill, 企業特殊熟練）とがある。企業特殊的技能が世界的に注目され始めたのは，米国の研究者であるドリンジャーとピョーレの内部労働市場論からである。二人は1971 年の共著『内部労働市場とマンパワー分析』（Internal Labor Market and Manpower Analysis）により，企業内でも労働力の配分と価格決定が行われることから企業内にも労働市場が存在することを主張して「内部労働市場」と呼び，その構成要素として企業特殊的技能と OJT，および慣行を挙げた。一般的な労働市場と異なり，企業内部では失業は存在しない（企業内失業という造語もあるが対象者は雇用されているため厳密には失業とはいえない）ため，「内部労働市場」という概念が適切かどうかは疑問なしとしないが，前掲の著作出版後，日本でも内部労働市場論は多数の研究者に受け入れられてきた。

　実は企業特殊的技能の形成にドリンジャーとピョーレよりも早く注目したのは，日本の氏原正治郎教授である。氏原氏は 1953 年の論文「大工場労働者の性格」の中で，農村からの不熟練労働力を企業が内部で育成しており，当時の日本の工業技術の特質が「技能をその会社でしか通用しないもの」とし，「熟練の特殊性格」を生み出していると主張した[5]。

　小池和男教授は，この氏原氏の立論を「日本的熟練」論と呼び[6]，欧米にも同様の熟練形成が存在することを米国等の調査により実証した。小池氏の主

張するように，企業内の熟練形成は「日本的」ではないとしても，ドリンジャーとピォーレよりも十数年早く，企業内の熟練形成と企業特殊的技能の存在を主張した氏原氏の功績は大きいといえよう。

　小池氏は熟練形成の国際比較研究を進め，日本のブルーカラーの方が米国よりも経験する職場の範囲が広く，より幅広い熟練を身につけること等の事実を発見した。とりわけ，日本のブルーカラーが問題に対処し変化に対応していることに注目した。小池氏は日本のブルーカラー労働者が有するこの技能，すなわち機械や生産の仕組みの知識を有し，異常と変化に対応できる技能を「知的熟練」と呼んでいる[7]。

（5）労働時間管理

　企業の労働時間管理の大枠は，国の労働基準法により決められている。労働基準法は産業革命以降に制定された工場法を受け継ぐ法律である。日本ではこの労基法第 32 条により，労働時間の上限を 1 日 8 時間，1 週間 40 時間と定めている。この法定労働時間を超えて労働時間を延長する場合には労基法第 36 条に基づく協定（通称，三六協定）を当該事業場の労働者の過半数を組織する労働組合または過半数を代表する者と締結しなくてはならない。また時間外労働や休日労働では割増賃金を支払うことになっている。

　労基法第 32 条は労働時間規制の原則であるが，専門業務や企画業務を行う労働者には，労使協定を締結すれば，その協定で定める時間，労働したものとみなす裁量労働制を適用できる。また，1 カ月単位，1 年単位，1 週間単位の変形労働時間制もある。これは一定条件を満たす場合に法定労働時間を越えた労働を認める制度であり，導入には労使協定の締結と届出が必要である。フレックスタイム制も労使協定により採用できる。

　労働基準法の実効性を確保するため，監督機関として労働基準監督署（通称，労基署）が設けられている。労働基準監督官は臨検や即時処分等の権限を有しており，労働基準関連法令の違反を取り締まる[8]。

　この本は法律書ではないので，労働法の詳しい解説は労働法の本に譲り，こ

ﾚﾘﾒᅡﾒힿﾒᆫ⋯ﾒᄒᄒﾒᄒﾒ

こでは企業の人的資源管理が，労働基準法をはじめとする法律の枠の中で行われる必要があることを若干ふれておくだけにとどめたい。

（6）雇用調整

　企業は市場での自社製品の販売量が減少した場合に生産量を減らし，それに伴って過剰人員を削減する諸々の措置を講じる。これを雇用調整と呼ぶ。欧米企業の場合，比較的早期にレイオフ（lay-off，一時解雇）と呼ばれる解雇に踏み切ることが多いが，日本企業はさまざまな雇用調整の措置を採り，大企業の場合には解雇を極力回避しようとする。

　日本の雇用調整には，①時間外労働（残業，休日出勤）の削減，②非正規労働者の雇い止め，および正規労働者の新規採用の抑制・中止，③応援・出向等の配置転換，④ベアや定昇（後述）の中止・延期等や賞与（ボーナス）の減額，⑤一時帰休（一時休業），⑥希望退職募集，⑦解雇，がある。①～④は並行して行われることも多いが，⑦は大企業では最後の方法である。

　⑤はレイオフ（一時解雇）とは異なって雇用関係は継続しており，一時帰休の際には労基法第26条により「平均賃金」の60％以上の休業手当を支払うこととされている。大企業では70～80％の休業手当を支払う場合もある。この休業手当の支払いに際しては，雇用保険法に基づいて設けられた雇用調整助成金を申請することができ，認められれば国は休業手当の2分の1～3分の2を負担する。

　⑥の希望退職募集の時には，当該企業は人数枠と期間を提示するとともに退職金の割増しを行い，再就職を斡旋することもある。近似した措置として早期退職優遇があるが，この場合は一般的には人数枠の提示はない。大多数の大企業では現在，⑥までで雇用調整は終了する。

　日本の大企業が解雇を可能な限り回避しようとするのは，戦後の労使関係と日本の法の影響による。日本では戦後長い間，解雇に関する法規定は少なく，判例により解雇の規制が行われてきた。最高裁は1975年の判決（日本食塩事件）の中で，使用者の解雇権の行使は，客観的に合理的な理由を欠き，社会通念上

相当として是認できない場合には，権利の濫用として無効となるという解雇権濫用説を説いた。

　この最高裁の法理はやや抽象的であるが，地方裁判所の 1989 年の判決（大阪造船事件）では整理解雇（多数の労働者の人員整理）の場合に一層具体的な解雇の有効性の基準を示している。これは整理解雇の 4 要件と呼ばれており，解雇が有効であるためには，①整理解雇の必要性，②整理解雇回避の努力，③整理基準および人選の客観性・合理性，④労働者や労働組合との誠実な協議，この4 点があることが必要である。このような裁判所の判例は，一般に解雇を難しいものとしているといわれている。

　その後，労働契約法（2008 年施行）の中に第 16 条として，最高裁の法理に基づいた条文が設けられた。すなわち，「解雇は，客観的に合理的な理由を欠き，社会通念上相当であると認められない場合は，その権利を濫用したものとして，無効とする。」と定められた。

　次に，欧米の雇用についてふれておくと，米英でレイオフが行われる時に労働組合がある企業で踏まえることとなっている原則として，先任権（seniority）がある。これは労働者の仕事と処遇の序列について勤続年数を基準とするルールである。先任権は 19 世紀の米国の鉄道業で始まり，1930 年代に米国で普及した。このルールは昇進，降格，レイオフ，再雇用，残業等へ適用され，レイオフの場合は勤続年数の短い人から順に解雇される。先任権が存在する職場では，勤続年数が長い人ほど雇用が保障されることになる。

　ドイツでは解雇について日本よりも強い規制が法律で加えられている。まず解約告知保護法（1951 年）では，社会的に正当な解雇のみが許されるとされ，その正当事由として，①技能不足，疾病，その他労働者の人格上の理由，②義務違反や信用失墜等の労働者の行動上の理由，③急迫した経営上の理由，が必要である。また，経営組織法（1952 年）で解雇の際の経営評議会（Betriebsrat, 従業員代表委員会）の関与を認めており，経営評議会において解雇の決定の拒否が可能となっている。このように欧米では概して，労働組合または従業員代表による解雇への発言力が日本よりも大きい。

（7）終身雇用

　ところで，一般に日本の雇用の特徴は「終身雇用」であるといわれている。「終身」と表現されていても，大多数の企業には60歳の定年を設けている定年制が存在するので，文字通りの終身ではない。「終身雇用」（life-time employment）とは，特定企業内，または企業グループ内の長期安定雇用である（間宏氏）。契約ではなく，慣行または理念と考えるべき言葉である。

　終身雇用の対象者は正規従業員であり，非正規従業員はその対象外である。また，終身雇用は大企業に典型的にみられるが，中小企業ではあまり定着をしているとはいえない。とはいえ，アベグレンが『日本の経営』（1958年）でlife-long employment として海外に紹介し，OECD（経済協力開発機構）の『対日労働報告書』（1972年）も戦後日本の高度成長を支えた三種の神器のひとつとして，年功賃金・企業別組合とともに取り上げたため，「終身雇用」は海外でも広く知られるようになった。

　終身雇用の起源については諸説あり，代表的な学説として，江戸時代の大商家に求める見解や1920年代に民間大企業で形成されたとする見解がある。前者については大商家から一般の企業にどのように広まったのかが明瞭でなく，後者については昭和恐慌期に三菱長崎造船所のように民間大企業で長期勤続者も対象とする解雇が実施されたことを見ると，果たして1920年代に終身雇用が確立したといえるかどうか疑問が残る。それゆえ，第二次世界大戦後における解雇をめぐる労使紛争の結果として，1960年代に終身雇用は確立したと考えられる。

　さて，小池和男氏の実証研究によれば，1970年代の日独を比較すると西独の方がホワイトカラー・ブルーカラーのいずれも長期勤続者が多いことが指摘されている。この事実から終身雇用は日本に特徴的なものなのかという問題提起もされている。しかし，多くの日本の大企業は欧米のレイオフのように，すぐに解雇するというやり方を採らず，前述のようなきめ細かな雇用調整を行い，解雇をできる限り回避しようとする。このような大企業の行動は，欧米と比べた時の日本の特徴であると考えられ，日米欧の経営の中では終身雇用は日

本の雇用を特徴づけるものといえる。

4．人事・賃金管理

（1）賃金の決定要因

　人事・賃金管理を説明するにあたり，初めに賃金（または給料，給与）の決定要因を見てみよう。賃金を決める際には，まず①従業員の生活費，②企業の支払能力と生産性，③労働の量と質が考慮される。

　賃金は従業員（労働者）にとっては生活費を充足するものである。そのため，消費者物価の上昇は早晩賃金に反映される必要が生じる。他方で賃金は，企業にとっては人件費の大部分を占めるコストであるため，企業は賃金決定にあたり，生産性との関連を重視するとともに，支払能力を考慮している。

　また，賃金は労働の対価であるので，実際に賃金を支払う際には，どれだけの労働に対する賃金であるかが考慮される。すなわち，どのような仕事をどれだけ行ったのかを踏まえて賃金を支払うことになる。

　その際，頑張っても頑張らなくても同じ賃金であるという悪平等は避けるべきであり，モティベーションの維持・向上のために各個人の努力が正当に評価されることが必要である。その際，個人間の賃金差は適切な範囲に設定されるべきであり，従業員の公平感を考慮した賃金が望ましい。

　ところで，賃金決定の際には，④労働市場の需給関係と⑤労使双方の交渉力，および⑥国家の社会政策の影響も受ける。日本の高度成長期のような人手不足の状況であれば，労働力に対する需要が供給を上回り賃金は上がる傾向が生じる。だが低成長期のように，労働市場での供給が需要を上回れば，賃金は下がる傾向が起きる。また，①〜③に関するそれぞれの考えを有する労使の交渉により，最終的に賃金は決定されるので，交渉の場における労使の各々の交渉力が賃金決定に影響することになる。また，最低賃金制などの社会政策により，各企業の賃金水準は一定程度規制される。

　日本の経営者は戦後長い間，支払能力論を主張し続けており，1970年代からは生産性基準原理も掲げてきている。後者は，日本経済全体の実質生産性上昇率の範囲内に賃上げ率をとどめるべきであるという主張であり，その背後にはコスト・プッシュ・インフレ論が想定されていると考えられる。他方，労働組合は生活費との関連を主張することが多いが，仕事への努力または生産性向上への協力を賃金要求の根拠とする場合も日本では比較的多く見られる。

（2）人事・賃金制度

　次に，人事・賃金制度を説明する。最初に，賃金（給与）制度と密接な関係がある人事制度について，資格制度と評価制度の概要を述べることとする。

（1）人事制度

　従業員の社内における序列を示すものが資格制度である。欧米では職務（job）の等級（grade）を表す職務等級制度が一般的である。これに対して日本では1960年代以降，能力主義管理とともに職能資格制度が普及し，1990年代から成果主義管理を実践すべく職務等級制度や役割等級制度に転換する企業も現れている。そのため，現在の日本は職能資格制度と役割等級制度・職務等級制度が併存する状況にある。

　職能資格制度とは，仕事を遂行する能力を意味する職務遂行能力の段階区分である職能資格を設定し，職務遂行能力の水準に応じて各従業員を職能資格に格付ける制度である。その際，潜在能力（保有能力）と顕在能力（発揮能力）を評価して従業員を格付ける。

　他方，職務等級制度と役割等級制度は担当する職務または役割により従業員の等級を決める。職務等級制度の場合は職務の価値（複雑困難度や責任）を測定する職務評価により職務の等級が設定されるが，役割等級制度の場合は複雑な職務評価の手続きを採らずに役割とその等級を規定することができる。なお，1990年代頃から導入されてきている職務等級制度は，高度成長期に一部の企業に採用されたが広まらなかった職務等級制度と異なり，職務等級の括りが広

いように思われる。その意味で，配置のフレキシビリティとの抵触を避けることができる。

　ところで，欧米の評価制度は職務上の業績だけを評価するのが一般的であるが，日本の評価制度は個々の従業員の能力や業績に加えて，協調性や責任感等の資質も含めて評価する仕組みとなっており，人事評価制度または人事考課制度とも呼ばれている。日本の人事評価には能力評価，業績評価，情意評価がある。能力評価は保有能力を判定し，業績評価は個人の業績（成果）を測定する。情意評価は協調性や積極性等を評価するが，近年，従来の情意評価にとどまらず職務遂行に関する行動に着目する行動評価を採用する企業も増えている。なお，各評価の結果は総合されて，前述の資格制度における昇格や，昇給・賞与の決定に反映される。

　2000年代前半，日本では評価制度にコンピテンシーを取り入れる企業が増えてきた。コンピテンシーとは職務や役割で優秀な成果を発揮する行動特性のことである。この概念を採用した企業ではコンピテンシーに照らして行動評価を行い，昇格等を決める。

　また，業績評価と結びついた目標管理も普及した。目標管理はドラッカーが推奨した制度であり，1960年代に日本でも企業に採用されてきたが，成果主義管理が唱えられてから，業績評価の際に目標管理を活用する動きが広まったようにみえる。ただし，近年，短期的な数値目標のみを偏重する問題を避けるため，業務プロセスの評価も目標管理に組み込むことが奨励されている[9]。

(2)　賃金制度

　賃金を支払方法の観点からみる場合，支払方法により異なる賃金の形を賃金形態という。賃金形態としては，典型的には出来高に応じて賃金を決める出来高賃金と時間に応じて賃金を決める時間賃金とがある。だが，出来高賃金の性格を強く帯びた時間賃金もあり，歴史的にはさまざまな賃金支払制度が考案されてきた。

　時間賃金の制度としては，日給制，時間給制，月給制等がある。出来高賃金

の制度としては，単純出来高制，テイラーが唱えた異率出来高制（別名，差別出来高払制），集団能率給等があり，ハルセーやローワンの時間割増制もこの系列に含めることができる。

　時間割増制とは，時間で測られた労働の量を単位とし，標準作業量を標準労働時間より短い時間で仕上げた場合，その節約時間分だけ賃金を割増する制度である。ハルセー割増制では，日給を保証した上で，例えば8時間労働制の下で10時間分の仕事を8時間で行った場合，2時間分の時間給の2分の1または3分の1を割増して支給する。

　今日では，月給制を採用している場合でも，ひと月働けば同じ賃金というような単純な支払い方をしているわけではなく，月額の賃金はその決定要素によって決め方が異なる。

　年功給は，年齢・勤続年数・学歴・性別・成績（ある類型は年齢または勤続年数のみ）によって決定される賃金である。年齢のみによって決める賃金は年齢給，勤続年数のみによって決める賃金は勤続給と呼ぶが，これらは年功給の一種である。

　職務給は主として職務によって決定される賃金である[10]。職務給を導入する場合は，前述の職務等級制度を設定する。欧米の賃金は職務給であるといわれている。日本では戦後の高度成長期に鉄鋼業で欧米のような職務給を採用したこともあったが，多くの日本企業ではフレキシブルな配置と適合せず，当時は普及しなかった。しかし1990年代以降，成果主義管理の下で，高度成長期の鉄鋼企業の場合よりも職務等級を大括りにした職務給を採用する企業が現れてきている。職務給の場合，制度上，担当する職務が変更されれば賃金も調整されることになる。

　職能給は職務遂行能力によって決定される賃金である[11]。職能資格制度を導入し，職能資格と賃金を結びつけて職能給を設定する。職能給には，積み上げ方式の職能給（積み上げ職能給）と洗い替え方式の職能給（洗い替え職能給）がある。前者は，定期昇給制度を組み込んでおり，職能資格と成績により昇給額は相違するものの，賃金額は定期的に増加していく。後者は，定期昇給制度を

持たず，絶対額を示す資格別・成績別の賃金表が設定されて決められるため，降給も可能な仕組みである。

　職能給は職務遂行能力と賃金を結びつけているので，職務の変更の度に賃金を調整する必要が生じない。そのため日本のフレシキブルな配置と適合的である。しかし，積み上げ職能給の場合は，その運用が年功的となり，職務遂行能力が低下した中高年層の賃金の引き下げが難しい場合も生じる。

　成果主義管理の下で，役割給や成果給が導入されてきているが，役割給は役割によって決定される賃金である。役割等級制度を導入して役割給を設けることが多いが，資格は職能資格のままで役職手当のように役割給を設ける場合もある。いずれにしても役割給は役職者が役職を終えた際の降給を可能とする仕組みであると考えられる。また，成果給は短期的な成果によって決定される賃金であり，近年は業績給と呼ぶこともある。これは個人の成果（業績）を反映して毎年変動する洗い替え方式の賃金項目である。

　日本の賃金は，毎月の賃金すなわち月例賃金（月例給）が多くの賃金項目から構成されている場合が一般的であり，その賃金項目の組合せを賃金体系ということもある。賃金全体の中の主要部分を基本給（あるいは本給）と呼ぶ企業が多く，基本給は時間外手当や退職金等の算定の基礎となる。

　例えば賃金体系が基本給と諸手当（家族手当・住宅手当等）から構成される場合，基本給が年功給と職能給から成ることもあれば，職能給のみということもある。あるいは基本給とは別に職務給や職能給を併存させる場合もある。年功給の比重が大きい場合には賃金全体が後述する年功賃金の性格を帯びる。また，成果主義的な賃金体系の場合，役割等級別に定額で設定された役割給に成果給を組み合わせる形も考案されている。

(3)　日本の賃金水準の決定方式

　欧米では概して，職務の等級ごとに定められた時間当りの金額を示す時間賃金率（または週給），あるいは1個当りの出来高賃金率について労使交渉が行われ，その賃金率（または週給）が引き上げられる。これに対して日本の賃金は，

戦後長らくベースアップと定期昇給の組合せにより引き上げられてきた。

　ベースアップ（ベア）とは，賃金総額を従業員数で除した1人当り平均賃金（平均月額基準内賃金）を意味するベース賃金を引き上げることである。戦後日本の賃金交渉では，組合員の賃金のベースアップを主要な争点のひとつとしてきた。定期昇給（定昇）とは，「対象者全員が毎年定期的に勤続や年齢によって昇給する仕組み」[12]である。企業が制度に基づいて定期的に賃金を引き上げることであり，賃金表がある場合にはその表の上で1年年輩者に追いつくように賃金を増加させることになる。ベアと定昇の区別を示したものが図表5－1であり，定昇はベア実施前の賃金カーブ上を1年分上昇することであるが，ベアは賃金カーブ自体を引き上げることである。

　戦後の日本では，1947年の片山内閣の下で，ベース賃金の観点と労働組合によるその引き上げ（ベア）が広まったが，1954年から55年にかけて行われた日本経営者団体連盟による定昇確立の呼びかけを契機に1950年代に定期昇給制度が普及した。その定昇制度は，社内の従業員全員が年1回一斉に昇給する仕組みであり，民間企業の場合，人事考課を伴っている。その後，長らく，

図表5－1　ベアと定昇

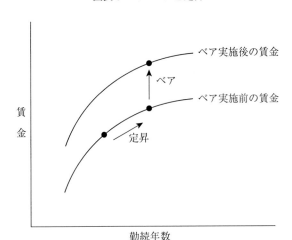

ベアと定昇の組合せにより，日本の賃金は引き上げられてきた。

　日本の賃上げ率は，高度成長期は二桁台であったが，低成長期に入ると 1976 年から一桁台となり，90 年代後半になると 2 ％台となった。グローバルなメガ・コンピティションの状況下で，企業が人件費コストを一層強く意識するようになってきているからである。ベアが行われない年もあり，不況時にベースダウンを行う企業も見られる。しかも定期昇給から定期昇降給へ向かうべきであるとする提言もなされている[13]。

　また，賞与（一時金，ボーナス）も，バブル崩壊後，企業業績を反映する形での変動が顕著となった。日本の場合，一般的には賞与が年収（月例賃金・賞与総額）に占める割合が約 15 ％〜約 35 ％と高いため，賞与の増減が主要な人件費の調整方法のひとつとなってきている。

(4)　年功賃金とその変化

　従来，日本的経営の三種の神器のひとつとされていた「年功賃金」とは，図表 5 - 2 における右上がりの曲線（実線）で示される賃金であり，一般的には年齢または勤続年数の増加とともに増加する賃金といわれている。しかし年功賃金を発見した氏原正治郎氏の論文「大工場労働者の性格」（1953 年）では決め方も叙述されていることを踏まえれば，その上がり方だけでなく決め方も含めて定義されるべきであろう。それゆえ，年功賃金とは年齢・学歴・経験に基づき初任給が決められた後，年 1 回一斉に昇給する定期昇給制度または類似の昇給方式により昇給する結果，勤続年数または年齢に応じて，定年あるいは定年に近い年齢まで増加していく賃金であると定義しておく。

　氏原氏の前掲論文では，年功賃金が定期昇給制度と関連していることが指摘されている。このことから考えて，年功賃金は戦後の定期昇給制度の普及により 1950 年代に確立したということができる[14]。

　年功賃金の確立期に関しては，1920 年代とみる見解もある。当時，大企業のブルーカラーを対象として定期昇給が実施され始めたからである。しかし当時の定期昇給制度は抜擢昇給であり，戦後のような社内の全員を一斉に昇給さ

図表5－2　年功賃金の概念図

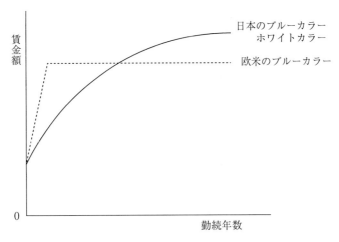

（注）日本の賃金は標準労働者賃金カーブである。

せるものではなかった。そのような昇給方式は第二次世界大戦期の労働統制の一環として行われたことがあるが，それは統制経済という特殊な状況下の一時的な方式であり，その影響が戦後に残った可能性を否定はできないが，労働統制の終了とともにその方式は消滅している。それゆえ，1950年代の定期昇給制度の導入と普及により，年功賃金は確立したと判断できる。

　戦後の定期昇給制度は，人事考課を含んでおり，個人の業績（成績）により昇給額が異なる。とはいえ，全従業員がいくらかでも昇給する仕組みであり，これが毎年積み上がっていく賃金を生み出していた。

　この年功賃金は欧米のブルーカラーの賃金と比較されて，日本の賃金の特徴であるといわれていた。図表5－2の欧米の賃金（点線）は，例えば自動車企業では5つ程度ある複数の職務等級のひとつだけを取り上げているが，典型的な欧米のブルーカラーの賃金は入社後数年たてば，勤続年数の多寡に関わらぬ横軸にフラットなカーブを描く。ホワイトカラーも毎年賃金が上昇するわけではない。しかし，日本の賃金は，人による昇給額は異なるものの戦後の定期昇給制度により毎年昇給しており，欧米の賃金とは違いがある。

図表５－３　日本の賃金構造

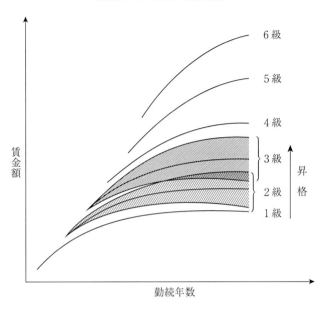

　図表５－２における日本の賃金は，標準的な賃金カーブを描いたものであり，全従業員の賃金構造の概念図は図表５－３のようになる。各資格等級の基準線の周囲に，成績による昇給額の違いを反映して各個人の賃金が分布する。いわば個人別昇給曲線の集合が年功賃金の全体像といえる。

　前述のように年功賃金は1950年代に確立した。その頃の賃金の事例として，八幡製鉄の賃金構成と定期昇給制度を掲げたのが図表５－４と図表５－５である。表中の基本給は年功給であり，毎年の成績別の定期昇給額を積み上げる形で決められる。業績手当は集団能率給であり，基本給に成績点をかけて配分されるので，賃金全体の性格は年功賃金となる。

　このような年功賃金は，1960年代から進められ始めた能力主義管理によって，その修正がめざされることになる。技術革新の進展に伴い，中高年層における勤続年数と能力の乖離が問題となるなど，年功賃金の矛盾が浮かび上がってきたからである。能力主義管理では職能資格制度と職能給の導入により，職

図表 5 - 4　八幡製鉄の賃金構成（1959 年）

		金額（円）	比率（％）
基準内賃金	基本給	12,165	38.21
	家族給	685	2.15
	業績手当	13,310	41.82
	不就業手当	2,224	6.99
基準外	超過勤務手当	3,127	9.83
	その他	318	1.00
	計	31,829	100.00

（注）1959 年 4 ～ 10 月の平均金額である。
出所：高橋　洸『日本の賃金管理－賃金政策の展開と賃金管理の構造－』泉文堂，1965 年。

務遂行能力に応じた処遇の実現が図られた[15]。

　しかし職能資格制度は年功的な運用となる傾向があり，積み上げ職能給は職務遂行能力の低下した中高年層の賃金の増加を抑制する措置としては限界があった。これに対処するために，洗い替え職能給をブルーカラーにも導入する企業が現れたが，1980 年代にはまだ定期昇給制度を組み込んだ賃金項目が多数の企業で存続しており，年功賃金の修正は十分ではなかった。

　バブル崩壊後の1990 年代の景気低迷期は，厳しい経営環境に置かれた企業が増加し，短期的・顕在的な成果に応じた処遇にしていこうとする成果主義管理が実践され始める。1990 年代後半から2000 年代前半にかけて，資格制度を職務等級制度や役割等級制度に変更し，職務給や役割給を導入する企業が増加しており，コンピテンシー評価の採用も進んでいる。

　特に注目しておきたいのは，成果主義の下で，定期昇給制度を廃止し，定期昇降給制度にしていく企業が現れていることである。その場合，洗い替え方式の成果給あるいは年俸制が採用されるようになる。この時期，年俸制は管理職を中心に普及しており，成果給や年俸制の導入とともに年功賃金の修正が進められている。

図表5−5　八幡製鉄の定期昇給（1959年）

1．作業職社員（日給）

昇給区分	昇給金額（円）		
	最高	平均	最低
未成年者	9.00	7.50	6.00
作業者	24.50	20.00	14.50
工手（2級）	27.50	23.00	18.50
工手（1級）	30.00	25.00	20.00
技手	31.50	26.50	21.50

2．事務職等社員（月給）

昇給区分	昇給金額（円以内）				
	特A	A	B	C	D
事務員（2級）	900	800	710	620	530
事務員（1級）	1,200	1,020	890	760	630
主事補	1,630	1,390	1,220	1,050	880

（注）1959年4〜10月の平均金額である。
出所：高橋　恍『日本の賃金管理−賃金政策の展開と賃金管理の構造−』泉文堂，1965年。

　だが，成果主義管理が進展するにつれ，成果主義の弊害も各種調査で指摘されるようになった。短期的な個人の成果を追求するあまり，部下の教育やチームワークを軽視する傾向が生まれ，評価の納得性も低下していることが明らかとなった。そのため，2000年代後半から成果主義管理の修正が図られ，日本経団連により「仕事・役割・貢献度に基づく賃金制度への見直し」が唱えられるようになっている。「職務給，役割給，発揮された能力による職能給，貢献給（業績給，成果給）」がその具体的な制度として掲げられている[16]。また，日本経団連は，職務の類型別に図表5−6のように賃金体系を分ける職務形態別賃金体系を推奨している。

図表5－6　職務群と賃金体系の例

区　分	職務群の類型	代表的職務	賃金体系例
定型的職務	習熟度合いによって職務遂行速度や正確性が異なってくる職務群	一般事務職／現業技能職／販売職	・職務給（単一型）＋習熟給（積み上げ型）　＜もしくは職務給（範囲型）＞ ・職務給（単一型）＋習熟給（習熟度レベル別定額）
定型または非定型	現業監督職，高度技能職		実際の職務内容にもとづき定型的か非定型的職務かを判断して，それにふさわしい賃金体系を適用
非定型的職務	担当者の職能伸長等に応じて課業配分が変わる職務群	企画調査職／総合職／研究開発職，営業職	・職能給（範囲型） ・職務給（範囲型）
	役割等あらかじめ決められた職位が設定されている職務群	管理職／研究開発職／営業職	・職務給＋業績給（洗い替え型） ・職務給＋業績給（積み上げ型）

（原注）職務給は役割給，業績給は成果給としても可。
（注）職務群の類型を一部，省略した。
　　　単一型とは資格と賃金が一対一対応しているタイプであり，範囲型は資格に対応する賃金にある程度の幅があるタイプである。
出所：日本経団連事業サービス人事賃金センター編著『役割・貢献度賃金－成果主義人事賃金制度の再設計－』日本経団連出版，2010年，p.50。

　ここで成果給の例として，T社の事例を掲げる。T社では2001年改定で，「成果手当」と「成果加算」を設け，2006年に両者の比重を高めた。「成果手当」は図表5－7のような洗い替え方式の成果給である。「成果加算」は図表5－7の各資格等級に設けられた3つのレンジごとに評価別の昇給金額は異なり，上のレンジほど昇給には高い評価が必要であり，降給に対応する評価も多くなっていくゾーン別昇降給の仕組み（メリット昇給制とも呼ばれる制度）を組み込んでいる。最上位に次ぐレンジにおける昇降給の仕組みを示せば，図表5－8の通りである。

　このT社は成果主義に踏み込んでいる事例であるが，他方で自動車産業の大企業で職能資格制度を維持し，賞与は成果主義の影響を受けているものの，月例賃金に年功的な色彩の強い賃金項目を残しているところもある。このように日本企業の賃金制度は能力・成果主義の下で多様化してきている現状にある。

図表 5 － 7　Ｔ社の成果手当

(円)

資格等級	成果手当額				
	SA 評価	A 評価	B 評価	C 評価	D 評価
エキスパート資格 1 級	112,200	98,200	84,200	70,200	56,200
エキスパート資格 2 級	102,500	89,500	76,500	63,500	50,500
エキスパート資格 3 級	94,600	82,600	70,600	58,600	46,600
一般資格 1 級	85,800	75,800	65,800	55,800	45,800
一般資格 2 級	76,900	67,900	58,900	49,900	40,900
一般資格 3 級	66,800	58,800	50,800	42,800	34,800
一般資格 4 級	65,300	57,300	49,300	41,300	33,300
一般資格 5 級	62,600	54,600	46,600	38,600	30,600

出所：Ｔ社資料（2006 年 3 月）。

図表 5 － 8　成果加算反映標準額および上限額表（プレミアム B レンジ）

(円)

資格等級	成果加算反映標準額				成果加算上限額
	A 評価	B 評価	C 評価	D 評価	
エキスパート資格 1 級	8,720	4,590	0	▲ 2,620	179,460
エキスパート資格 2 級					
エキスパート資格 3 級					
一般資格 1 級					
一般資格 2 級	9,300	6,000	0	▲ 2,620	
一般資格 3 級	9,820	7,270	0	0	
一般資格 4 級	9,340	7,610	0	0	
一般資格 5 級	4,420	4,420	0	0	

出所：Ｔ社資料（2006 年 3 月）。

5. 労使関係管理

労使関係には，労働組合等の労働者組織と企業との関係を意味する集団的労使関係と，個々の労働者と企業との関係である個別的労使関係があるが，ここでは紙数の都合上，前者に関わる人的資源管理のみを説明する。

（1）労働組合と労使関係制度

労働組合の研究者として著名なシドニー＆ビアトリス・ウェッブの定義を用いて表現すれば，労働組合（labor union, trade union）とは賃金労働者が，その労働生活の諸条件を維持または改善するための恒常的な団体である。17世紀末から18世紀初めにかけて英国で労働組合が誕生したことが，その歴史の始まりである。

労働組合と企業との労使関係制度としては，団体交渉（collective bargaining）と労使協議（joint consultation）がある。両者とも労使が対等の立場で話し合う制度であるが，団体交渉は主に賃金や労働時間等の労働条件を扱い，実力行使を背景として両者の妥協点を見出そうとする。他方，労使協議は主に経営生産事項を扱い，実力行使を背景とせずに労使の意思疎通を図ろうとする。それゆえ，団体交渉で労使が妥協できなかった場合には，労働組合はストライキを実行する権利があるが，労使協議の場合にはそのような行動をとることが制度上認められてはいない。

欧米の労働組合には，熟練労働者のみで構成する職業別組合（職能別組合），不熟練労働者の組織である一般組合，熟練・不熟練を問わず一定の産業内の労働者から構成される産業別組合がある。例えば，英国の機械工が1851年に組織した合同機械工組合は職業別組合であり，英国の自動車企業のラインワーカーや運輸労働者が加入する運輸一般労組は一般組合である。ドイツの金属産業のIGMetall（イーゲーメタル）や米国の自動車産業のUAWは産業別労働組合である。これらはいずれも複数の企業に跨った組織を有する横断組合である[17]。

　これに対して日本では，一企業だけで組織される企業別組合が大多数である。組合員は主として企業・事業所単位の正規従業員であり，ブルーカラーとホワイトカラーが同一の組合に所属し，役付労働者も多数加入している。そのため，役付組合員の二重性格の影響も受ける。また，企業別交渉が行われるため，企業業績に交渉力が左右されやすいという特徴も帯びている。

　しかも，企業別組合の場合，団体交渉と労使協議が同じ企業内で行われるため，両者は連続的・重複的である。ドイツの労使関係では，団体交渉は企業外で経営者団体と労働組合により行われ，労使協議は企業内の経営評議会（Betriebsrat）で行われるため，両者は截然と区別されている。日本では団体交渉と労使協議の区別が曖昧となる傾向がある。

　日本の企業別組合は，最初，戦前の1919年〜1921年頃に生成した。だが日本で労働組合が多数組織されたのは，戦後の日本国憲法の下で団結権が保障されてからである。日本の労働組合がなぜ企業別の組織形態となったのかという論点については，1950年代に大河内一男氏の出稼型労働論が唱えられたが，この議論は高度成長期後の日本の現実，すなわち日本の労働者が都会に定着し，出稼ぎの比重が低下した実情とは合致しなくなった。1970年代以降は内部労働市場論からの説明が盛んであるが，「内部労働市場」が日本に存在する場合には欧米にも存在するはずであり，なぜ日本だけが企業別組合になるのかという説明が不十分である。その後，労使の力関係のあり方が組織形態を規定するという河西宏祐氏の労使関係論的見解や，ギルドの伝統の欠落を重視する二村一夫氏の学説が注目されている。

（2）日本労使関係史

　日本の労使関係史を振り返ると[18]，日本の産業革命期（1886年〜1907年）は『女工哀史』に綴られたような「原生的労働関係」（大河内一男氏）が広汎に見られ，日清戦争後の1897年に初期の労働組合のひとつ鉄工組合が誕生した。横断組合であったこの熟練工の組織は，財政問題等により消滅したが，日露戦争後の1906〜07年にかけて日本各地で賃上げや現場管理問題を争点として労働

争議が活発化した。これに対して日本企業は経営家族主義に立脚した「主従の情誼」論を掲げて共済組合を設立し，労使関係は一時安定化した。

だが第一次大戦中の物価騰貴を背景に，1916〜21年にも労働争議の波が再び高まっている。そこで，1919年に発足した協調会は労使の平等な人格を認める協調主義を唱え，多数の大企業に工場委員会制度が設けられ，労使の意思疎通が図られていく。当時生まれ始めた企業別組合の多くは，自主的性格が希薄であり，石川島自彊組合のように昭和恐慌後のファシズムに呼応する組合もあった。第二次大戦の戦時体制の下では産業報国会が組織され，労働組合は消滅した。

戦後は日本国憲法により労働組合の結成が認められて企業別組合が多数誕生し，戦後直後から高度成長期の初期まで，解雇問題や賃上げ等をめぐる激しい労働争議が度々発生した。1948年に発足した日本経営者団体連盟（日経連）と1950年に誕生した日本労働組合総評議会（総評）が労使それぞれのナショナルセンターであり，解雇問題を争点とする1960年の三池争議が戦後の労働争議の頂点であった。

しかし他方でその前後から，民間大企業では労使協調路線が普及し始めている。例えばトヨタでは，1950年の希望退職をめぐる争議を教訓として，労使が協力して企業を発展させていこうと決意した「労使宣言」を1962年に締結している。この労使宣言では，「労使関係は相互信頼を基盤とする」ことが確認され，「生産性の向上を通じ企業の繁栄と，労働条件の維持改善をはかる」ことが誓われている。また高度成長期の後半から日本企業に労使協議制も広まり，参加型経営も推進されていった。

ところで，春闘が始まったのは1954年であり，大企業では春に一斉に賃金交渉を行うという日本特有の交渉方式は高度成長期に定着していったが，オイルショック直後の大幅賃上げの後，経営側は生産性基準原理と支払能力論を強調して賃金抑制を実現していく。低成長期に入り，労働組合の中では労使協調路線が浸透し，1989年に総評は解散して日本労働組合総連合会（連合）が新たなナショナルセンターとして発足した。経営者団体も2002年に組織の再編成

が行われ，従来の経済団体連合会（経団連）と日経連が統合して日本経済団体連合会（日本経団連，または経団連）が誕生している。

　低成長期以降の日本の賃金交渉では，自動車・鉄鋼・電機・造船重機をはじめとする民間の大手企業の妥結額がいわゆる春闘相場を形成し，1990 年頃からしばしばトヨタの賃上げ額が基準となってきた。そのトヨタの賃金交渉では，前述の「労使宣言」の精神が毎年労使で確認されている[19]。

【*Review exercise*】

1．モティベーションに関する各学説の要点をまとめなさい。
2．日本の雇用管理の諸特徴を列挙しなさい。
3．年功賃金とその変化についてまとめながら，これからの日本における賃金制度のあり方を考えてみよう。

考えてみよう！

【注】

（1）この人的資源管理の理論に関する節は，津田眞澂『人事労務管理の思想』（有斐閣，1977 年）に多くを依拠している。デシについては，高橋伸夫［2004］に基づく。

（2）「採用管理」の節は白井泰四郎『現代日本の労務管理（第 2 版）』（東洋経済新報社，1992 年）に依拠する部分が多い。「配置管理」では佐口和郎［2018］も参照した。

（3）日本のフリーターは 2013 年に 182 万人おり，派遣労働者には若者が多い。若者の雇用問題への対策は，国や自治体の社会政策の課題である。

（4）畑　隆「A 自動車の人事・賃金制度と技能育成」『山口経済学雑誌』第 41 巻第 5・6 号（1994 年 7 月）。

（5）氏原正治郎『日本労働問題研究』（東京大学出版会，1966 年）pp.366-368。

（6）小池和男『仕事の経済学』（東洋経済新報社，1991 年）p.20。

（7）小池・前掲書・第 2 版，pp.11-23。

（8）労基法にはその違反に対する罰則として懲役や罰金等も規定されている。

（9）日本経団連事業サービス人事賃金センター編著『役割・貢献度賃金—成果主義人事賃

金制度の再設計―』（日本経団連出版，2010 年）p.112。

(10) 職務給とは，「職務分析によって職務の内容を明らかにし，職務評価によってその相互間の相対的価値を評定し，組織的に分類して秩序づけ，これと賃金を結びつける制度」と定義づけられている（大宮五郎・辻英雄編著『体系賃金事典』労務行政研究所，1966 年，p.418)。本文では簡略化して示した。

(11) 日経連職務分析センター編『職能給の導入と運用』（1983 年）によれば，「職能」とは「職務の遂行を通じ，発揮することが要求され期待される能力」であり，「職能給」とは「職能資格に対応して設定された賃金」または「職能資格制度を基礎とする賃金」である（p.27)。あるいは「職能給がもつべき共通要件を要約すれば，『個々人の賃金の主要な部分を各人の職務遂行上，発揮することが要求され，期待される能力段階をメルクマールとして決定する賃金』」であるとされている（p.108)。本文では，この定義を簡略化して表現した。

(12) 日本経済団体連合会編『2010 年版　経営労働政策委員会報告』（日本経済団体連合会，2010 年）p.56。

(13) 日本経営者団体連盟労使関係特別委員会『成果主義時代の賃金システムのあり方―多立型賃金体系に向けて―』（日本経営者団体連盟，2002 年）p.15。

(14) 戦後直後の電産型賃金体系は年齢給である「本人給」の占める比重が大きかったが，間もなく消滅しており，電産型賃金体系により年功賃金が確立したとは言い難いように思われる。

(15) 新日本製鐵では成立直後，ホワイトカラー・ブルーカラー共通の職能資格を設定し，職能資格は担当補，担当，主担当，主事，総括主事という区分が設けられた。例えば主事の場合，「工長またはＢ分類の職務を遂行するに必要な経験，能力を有する者」とされている。定期昇給制度は図表５－５の「昇給区分」の部分が上記の資格に変更され，職能資格別の定昇テーブルとなっている。また，1972 年のホワイトカラーの賃金は基本給（47.9％），職能給（50.1％），諸手当（2.0％）から構成されている（日経連職務分析センター編『職務・職能管理の方向と実際』日本経営者団体連盟弘報部，1973年，pp.95-120)。

(16) 日本経済団体連合会編『2009 年版　経営労働政策委員会報告』（日本経済団体連合会，2009 年）p.30。

(17) 欧米の労使関係の歴史と現状については，戸塚秀夫・徳永重良編『現代労働問題』（有斐閣，1977 年），戸塚秀夫・兵藤　釗・菊池光造・石田光男『現代イギリスの労使関係

（上）（下）』（東京大学出版会，1987 年・1988 年），小野塚知二『クラフト的規制の起源―19 世紀イギリス機械産業』（有斐閣，2001 年）等の著作がある。

(18) この節は，兵藤　釗『日本における労資関係の展開』（東京大学出版会，1971 年），同『労働の戦後史（上）（下）』（東京大学出版会，1997 年），佐口和郎『日本における産業民主主義の前提』（東京大学出版会，1991 年）等の文献を参照した。

(19) 畑　隆「B 自動車の賃金制度と労使交渉（1）（2）」『山口経済学雑誌』第 44 巻第 1・2 号（1995 年 9 月），第 44 巻第 3・4 号（1996 年 1 月），同「戦後日本の自動車産業」現代社会研究会・畑　隆編『日本社会の現状と諸問題―経済・経営・法の総合的研究―』（山口大学経済学会，1996 年）。なお近年，春闘でのトヨタの役割に変化が見られる。

【勉強を深めるために参考となる文献】

奥林康司・上林憲雄・平野光俊編著『入門　人的資源管理（第 2 版）』中央経済社，2010 年。

日本経営協会監修，経営能力開発センター編『経営学検定試験公式テキスト 5　人的資源管理／経営法務（第 5 版）』中央経済社，2018 年。

佐口和郎『雇用システム論』有斐閣，2018 年。

笹島芳雄『賃金決定の手引』日本経済新聞社，1995 年。

佐藤博樹・藤村博之・八代充史『新しい人事労務管理（第 6 版）』有斐閣，2019 年。

高橋伸夫『虚妄の成果主義―日本型年功制復活のススメ』日経 BP 社，2004 年（筑摩書房，2010 年）。

【Coffee Break】

日本的経営とドラッカー

　ドラッカーは日本企業の人的資源管理の優れている点に注目していた海外の学者のひとりである。『マネジメント』の中でも，日本での成功事例の特徴が列挙されており，その一部を掲げると以下の通りである。

① あらゆる人間が退職するまで研鑽を日常の課題とする。

② 終身雇用制を持つ。少なくとも大企業では，ひとたび雇われれば職場が保証される。

③ 若者の育成をマネジメントの第一の責任とする。

④ 組織のあらゆる階層において，組織全体のために責任を果たす観

点から考えることが期待される。意思決定を考えることへの参加であり，責任による参加である。

1971 年のマッキンゼー賞受賞論文「日本の経営から学ぶもの」（What We Can Learn from Japanese Management）では，さらに詳しく日本の経営について論じている。

ドラッカーはこの論文でも終身雇用に言及するが，日本が終身雇用の下でも「労働コストと労働人口の点で並外れた柔軟性を持っている」ことを指摘する。そして，「日本では，技術と工程が次々に変わることを従業員が喜んで受け入れ」ており，「これが日本経済の最も重要な『秘訣』かもしれない。」と述べる。

この言葉からは，ドラッカーがすでに 1971 年の時点で，日本的経営の高いフレキシビリティ（柔軟性）に注目していたことが読みとれる。日本のフレキシブルな生産方式が世界的に有名になったのは 1980 年代であるから，それよりもはるかに早い時期からドラッカーは日本的経営の重要な特徴を把握していたのである。

さらにドラッカーは日本の労働者が「変化への抵抗」をほとんど示さないことが，日本人の「継続的訓練」に由来しているかもしれないと述べる。そして，欧米の訓練との相違点を指摘する。欧米では学習者が基準水準に達するまで訓練するが，その後は横ばいにとどまる。だが日本では，学習曲線は欧米人が恒久的と考える横ばいの水準を抜いて上昇していくという。ここで指摘された「継続的訓練」は，『マネジメント』における日常の課題としての研鑽と重なっている。

そのことと関連して，日本人は企業と産業に自分達の「終身訓練」の伝統を適用しているとドラッカーが述べていることも興味深い。日本の「サムライ」が持っていた技術，剣道と書道には，「終身訓練」が求められていた。名人とて訓練を続けなければその技術は低下するからであ

る。

　このようなドラッカーの日本についての理解は，我々日本人にとって，自己認識を深めることにつながるのではなかろうか。ドラッカーによる欧米との比較を通して，日本の経営の「強み」や「弱み」を知ることができるのである。

　ドラッカーは『マネジメント【エッセンシャル版】』の「日本の読者へ」の中で，次のように書いている。

　「私は，21世紀の日本が，私と本書に多くのものを教えてくれた40年前，50年前の，あの革新的で創造的な勇気あるリーダーたちに匹敵する人たちを再び輩出していくことを祈ってやまない。」

　このドラッカーの日本に贈る言葉は，さまざまな困難に直面してきている日本人へのエールともいえるであろう。

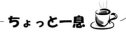

第6章▶生産管理

【*Key word*】

- ▶Q（品質）C（コスト）D（納期）
- ▶5S（整理・整頓・清掃・清潔・躾）
- ▶科学的管理法
- ▶大量生産方式
- ▶サプライチェーン・マネジメント
- ▶スマート工場

注目！

1. 生産とは？

（1）生産の重要性

　生産とは，材料，人（労働力），機械などを使って製品やサービスを生み出す活動である。この生産という活動によって，企業は新たな価値を生み出し，それを販売することで利益を得ているのである。

　一般的に，企業が競争相手より価格が同等でより良い品質の製品を作れば，製品の売上高は増加する。そのうえ，その製品を競争相手より安い費用で作ることができれば，利益は大きく増えるだろう。つまり，他の企業より優れた生産の仕組みを持っている企業は，競争上優位な地位に立てるのである。

　このように，企業がどのような生産活動を行っているかは，企業の業績や競争力に影響を与える重要な要因のひとつだということをまずは頭に入れておこう[1]。

（2）生産の流れ

　生産活動は，おもに「企画 → 設計 → 部品調達 → 加工・組立 → 在庫 → 出荷」というプロセスを経る。参考までに，自動車の生産工程についてみてみよう（図表6-1）。

　まず，企画・デザイン段階では，世の中のさまざまな情報やトレンドを参考にして生産する自動車のコンセプトを固め，それを具体的なデザインに落とし込む。つぎに，設計・試験評価段階では，図面やコンピューター・システムによって車両の基本性能を確認するとともに，実際に試験車両を製造し，強度や安全性などの評価を行う。そして，生産準備段階では，安全性や作業のしやすさなどの観点から具体的な生産工程を検討する。このようなプロセスを経て，ようやく工場での生産に取りかかるのである。なお，工場での具体的な生産工程は，プレス → ボデー溶接 → 塗装 → 樹脂成型 → 組立などの工程にわかれている。

図表6-1　自動車生産の流れ

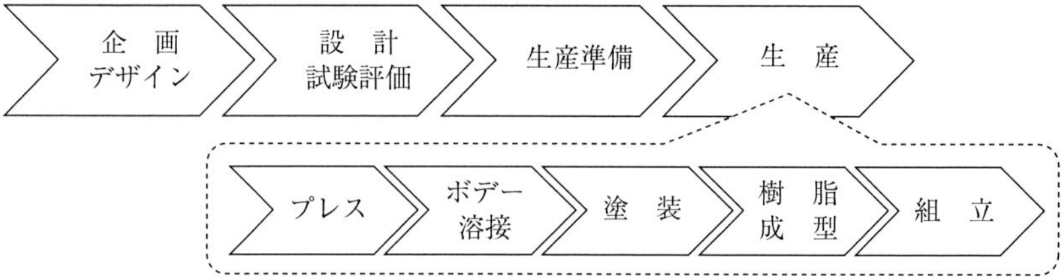

出所：トヨタ車体ホームページを参考に作成，URL：https://www.toyota-body.co.jp

　ここで理解しておきたいことは，良質な製品を生み出すには，工場での生産活動だけでなく，その前段階である企画・設計・生産準備などを含めた全体的な管理が重要になるということである。

（3）生産の種類

　生産活動は，生産時期，生産量，生産方法などによって，いくつかに分類す

ることができる。

（a）生産時期による分類（受注生産・見込み生産）

　これは，いつ生産を行うかによる分類である。注文を受けてから生産を開始するのが「受注生産」，注文を受ける前に（売れる数量の見込みを立てたうえで）生産するのが「見込み生産」である。受注生産の場合は，基本的には在庫リスク（在庫が余ったり不足したりする可能性）がなくなるが，製品の納期が長くなるというデメリットがある。

（b）品種と生産量による分類（少品種多量生産・多品種少量生産）

　少ない品種の製品をそれぞれ多量に生産するのが「少品種多量生産」，多くの品種を少量ずつ生産するのが「多品種少量生産」である。顧客ニーズが多様化するにつれて多品種少量生産の重要性が高まるが，原材料や生産方法の異なる多くの製品を少量ずつ生産するために，（少品種多量生産に比べて）生産管理がより複雑なものになるという課題がある。

（c）生産方法による分類（個別生産・ロット生産・連続生産）

　個々の注文に応じて，その都度1回限りの生産を行うのが「個別生産」，品種ごとに一定の数量をまとめて（"ロットをまとめる"という），それらを交互に生産するのが「ロット生産」，同一の製品を継続して生産するのが「連続生産」である。連続生産の場合は，段取り替え（品種や工程が変わる際に生じる作業）が不要になるが，それ以外の生産方法では，その段取り替えをどう効率的に行うかが課題となる。

　このように，生産活動は，生産時期，生産量，生産方法などによって分類することができる。そして，これらの関連性についてまとめたものが図表6－2である。

　「受注生産」は「個別生産」や「多品種少量生産」と関連が強く，「見込み生産」は「連続生産」や「少品種多量生産」と関連が強い。なお，「ロット生産」

図表6－2　生産活動の分類

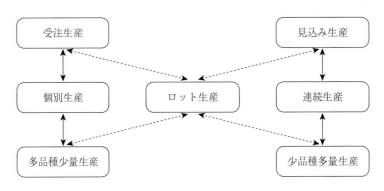

は，これらの中間的な性格を持った生産方法である（これを「中品種中量生産」と考えることもできる）。

2. 生産管理思想の変化

　ここでは，これまで生産管理がどのような思想（考え方）のもとに発展してきたかを簡単にふり返っておこう。生産活動というと，工場で決められた作業をくり返し行うだけという無機質なイメージを持つ人もいるようである。しかし，生産管理思想の移り変わりをみると，生産活動をより人間的なものにしようとする取り組みが続けられてきたことがわかる。

（1）テイラーの科学的管理法
　F．テイラー（1856 – 1915）は，実際に工場に勤務しながら生産管理のあり方を研究し，のちに「科学的管理法」と呼ばれる管理手法を編み出した。
　彼は，すぐれた作業者の仕事を観察して，どのような動作を行っているのか，それぞれの動作にどれくらいの時間をかけているのかを分析する「時間動作研究」を行い，それに基づいて1日に必要な標準的な作業量（課業）を計算した。

　つぎに，テイラーは，設定された課業を作業者に達成してもらうために，「差率出来高賃金」といわれる仕組みを考えた。それは，課業を達成した場合には高い賃金を支払い，そうでない場合には低い賃金を支払うというものである。

　テイラーによるこれらの取り組みは「課業管理」と呼ばれている。それは，生産活動をより合理的なものにし，能率を向上させようとするものであった。しかし，その一方で，すぐれた人材の作業量を標準とすることから，訓練に時間をかけないと，労働強化につながるリスクをはらむものであった。

（2）フォード・システム

　H. フォード（1863 - 1947）は，1903 年にフォード自動車会社を設立し，一般の消費者向けに安く，品質の良い「T 型フォード」といわれる自動車を開発し成功をおさめた。その基礎となった生産方法が「大量生産方式」である。

　大量生産方式では，「3S」といわれる工夫が行われた。これは，単純化（Simplification），標準化（Specialization），専門化（Standardization）の英語の頭文字をとったものである。単純化とは，製品の種類や形を限定することで，作業者の仕事の内容を簡単なものにすること，専門化とは仕事の内容を特定の業務に限定すること，そして標準化とは，製品や部品，作業内容などを一定の基準のもとに統一することである。このような工夫によって，1 個当たりの製品価格を引き下げることができたのである。

　しかし，このフォード・システム（大量生産方式）も，顧客の多様なニーズに対応することができない，作業が（単純化・専門化されているために）単調なものになり，作業者が働く意欲を失う場合があるなどの問題が発生するようになった。

（3）労働の人間化

　生産活動を合理的なものにするほど，人間性が犠牲になることがある。そこで，1960 年頃から「労働の人間化」といわれる動きがみられるようになっ

た[2]。これは，より人間的な生産活動を行おうとするもので，そこでは，ただ単純な作業を行うのではなく，自ら考える部分を増やしたり，仕事の範囲を広げたり，あるいはチーム単位で仕事を行うなどの方向性が目指されたのである。

　例えば，「セル生産方式」と呼ばれる生産方法がとられるようになった。セル（cell）とは細胞，小さな部屋という意味であり，1人または少数の作業者がチームを組み，製品の完成までを担当するものである。それまでの生産方式と比べて，作業者が受け持つ範囲が広いところがこの方式の特徴である（図表6－3）。

　その他にも，チーム作業を推進するために，作業者の「多能工化」（1人の作業者が多くの業務を担当できるようになること），「自由裁量余地の拡大」（作業者が自

図表6－3　セル生産方式（2人での分割方式）

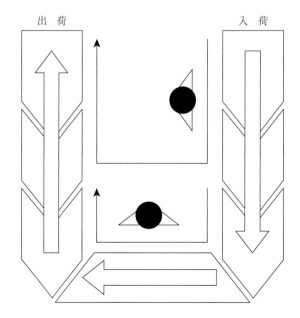

分たちの判断で作業方法や手順を決められること），「業績目標の共有」（チームとして協力して達成すべき目標を定めること）などが考えられ，いまでは作業効率と人間性の両立が重要視されるようになっている。

（4）トヨタ生産方式

　ここでは，ここまで紹介したような生産管理思想の変化をふまえ，生産効率と人間性を両立させた生産方式として「トヨタ生産方式」についてみておこう。

　トヨタ生産方式とは，「『お客様にご注文いただいたクルマを，より早くお届けするために，最も短い時間で効率的に造る』ことを目的とし，長い年月の改善を積み重ねて確立された生産管理システム」で[3]，その2本柱は，「自働化」と「ジャスト・イン・タイム」（Just in time）である。

　「自働化」（自動化ではないことに注意）とは，「異常が発生したら機械がただちに停止して，不良品を造らない」[4]という仕組みである。このような仕組みを構築するために，トヨタでは「手作業」の重要性を強調している。「手作業を通じてモノづくりの原理原則を知り，現場で応用することを積み上げていくと，それが『匠の技能』となります。この匠の技能に磨きをかけ続け，同時にその匠ならではのカン・コツを機械に織り込む新技術・新技法にチャレンジし続ける」[5]ことが「自働化」であり，このような継続的な工夫や取り組みを通じて，磨き上げた技能を機械やロボットに移植していこうというのである。

　「ジャスト・イン・タイム」は，「各工程が必要なものだけを。流れるように停滞なく生産する考え方」[6]である。そのために，（1）注文を受けたらなるべく早く生産ラインに生産指示を出す，（2）組み立てラインは，どのような注文にも対応できるよう，すべての部品を少しずつ取りそろえておく，（3）組み立てラインは，使用した部品を使用した分だけ，部品を作る工程（前工程）に引き取りに行く，（4）前工程では（すべての部品を少しずつ取りそろえておくとともに）後工程に引き取られた分だけを生産する，という取り組みが行われている[7]。このような取り組みを通じて，生産現場の効率化を図っているのである。

　この他にも，トヨタ生産方式では，「1個流し」（工程間に仕掛品―生産途中の製品―を作らず，1個ずつ加工する方式），「多工程持ち」（作業者が複数の工程を担当すること）などの仕組みを採用したり，現場の知恵や提案を引き出す環境づくりを行ったりすることで，生産効率と人間性の両立を図ってきたのである。

3．生産管理のポイント

（1）3M

　生産のために不可欠な要素は人（Man），機械（Machine），材料（Material）の3つである。これらを英語の頭文字をとって「3M」という。これらは生産活動への「投入要素」であり，良い製品を生み出すには，それぞれに対するふだんからの管理が重要となる。

　「人」には管理者や作業者が含まれる。それぞれの知識や技術を高め，働きやすい環境を整えることが必要である。「機械」には，安定して高い性能を発揮することが求められる。そこで，日頃からの保全活動（機械の能力を十分に発揮できるような状態に保つこと）を行う必要がある。生産に使用する「材料」は，品質や価格が重要である。サプライヤーの評価や選定などを行う購買管理といわれる活動を通じて，つねに自社の生産活動に適した材料を選別・購入することが必要となる。

（2）QCD

　QCDとは，品質（Quality），コスト（Cost），納期（Delivery）の英語の頭文字をとったものであり，「生産の3条件」ともいわれる。生産活動にとって最も重要な管理目標である。ここでは，それぞれの管理上のポイントについて確認していこう。

（a）品質の管理

品質には，設計品質と製造品質との2種類がある。「設計品質」とは，製品や工程の設計段階で意図された製品の機能や外観などである。つまり，「ねらいの品質」である。一方，「製造品質」とは，顧客がその製品を購入したり使用したりするときに現れる品質のことである。これは「できばえの品質」である[8]。品質を維持・向上させるためには，これら2つの品質に対して適切な管理を行っていく必要がある（図表6−4）。

図表6−4　品質の管理

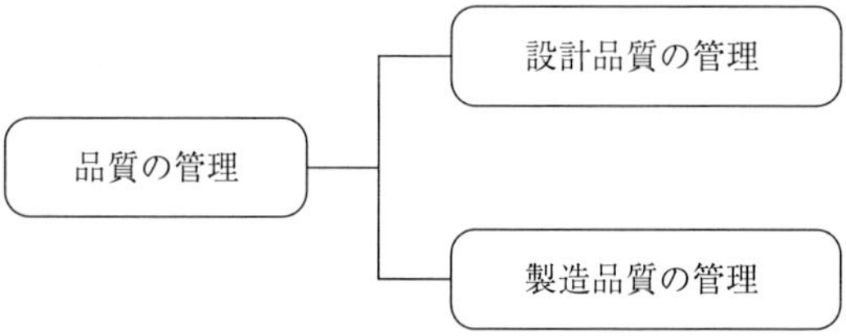

```
                          ┌─────────────────┐
                          │  設計品質の管理  │
        ┌─────────────┐   └─────────────────┘
        │ 品質の管理  │──┤
        └─────────────┘   ┌─────────────────┐
                          │  製造品質の管理  │
                          └─────────────────┘
```

まず，設計品質を向上させるためには，顧客のニーズを適切につかむとともに，そのニーズを製品の仕様（形態・内容）や設計にうまく落とし込むことが必要である。また，この段階では，顧客ニーズを反映するとともに，製品の作りやすさやコストを抑える工夫についても考えておく必要がある。

つぎに，製造品質を向上させるためには，製造段階での加工精度や工程能力を高めることが必要である。「工程能力」とは，製造品質に関するその工程の能力を示すものである[9]。工程能力が高ければ，製造能力が安定していて，不良品を出す確率が低くなる。工程能力を高めるためには，作業者の技術をより高いレベルで標準化したり，設備や工具の継続的な改善を図ったりするような取り組みが必要になる。

ところで，品質管理の代表的な活動としては，1960年代頃から1970年代にかけてQC（Quality Control—品質管理）活動が多く展開された。これは，現場での自主的な小集団活動を通じて，生産に関するさまざまな問題を解決し，品質

を向上させていこうとするものである。

　そして，このQC活動をさらに発展させたのが，TQC（Total Quality Control ─全社的品質管理）であり，これは，品質管理活動が製造現場から全社的な活動へと拡大されたものである。このTQCは，1980年代頃から多くみられるようになり，工場における品質管理の考え方や手法をさまざまな部門に適用することで，全社的な業務改善を図ることが目指された。このような全員参加型の活動は，集団主義的な行動が多く，従業員の勤労意欲の高い日本企業によくマッチしたものといわれ，当時の日本の製造業の強さを世界的に示す取り組みとして注目された。

　なお，品質管理は，（1回限りの取り組みでなく）継続的な取り組みであることから，「PDCAサイクル」（Plan-Do-Check-Action）とよばれる管理サイクルにしたがって，計画 → 実行 → 結果確認 → 修正措置という管理行動を繰り返し行っていくことが重要である（図表6 - 5）。この「PDCAサイクル」は，日本における品質管理運動を指導したW.デミングにより紹介されたものである。

図表6 - 5　PDCAサイクル

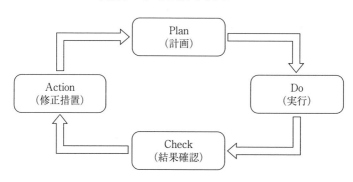

（b）コストの管理

　コストとは，「製造原価」（製品を１単位生産するために必要な費用）のことである。生産に必要なコストは，（材料，人員，設備などの）製造に必要な要素の価格とその必要量との掛け算で求められる。例えば，原材料が 1kg 当たり 1,000 円であり，ある製品を作るためにそれが 100kg 必要であれば，コストは 1,000 円× 100kg で 100,000 円となる。

　したがって，コストを削減しようとすれば，要素価格そのものを引き下げるか，あるいはその必要量を減らすかのどちらかが必要になる。そして，後者のような対応を取ることを「生産性を高める」という（図表 6 − 6）。

図表 6 − 6　コストの管理

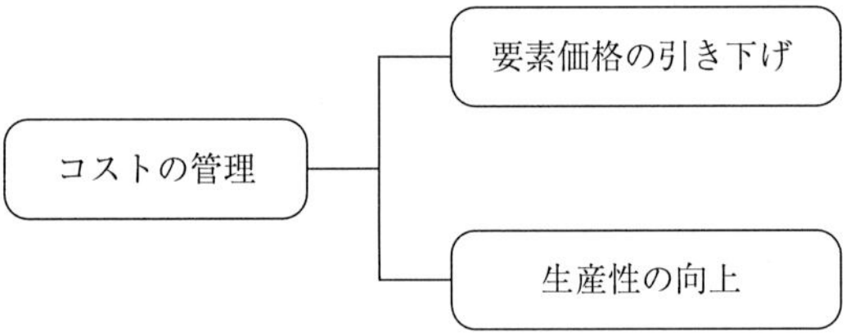

　まず，要素価格を引き下げるためには，設備や材料の一括購入（量をまとめる）を通じて購入価格を引き下げたり，購買業務を特定の組織に集中して購入に必要な管理コストを引き下げたりするなどの対応が必要となる。

　また，生産性を高めるためには，最も一般的な「労働生産性」を例にとれば[10]，（より少ない労働力でより多くの製品を生み出すために）作業工程や設備の見直しを行ったり，作業者に学習や経験を積み重ねてもらうことで能率を向上させたりするなどの工夫が必要になる。

　なお，作業工程を見直すときには，現在行われている作業を 5W1H ─誰が（Who），何を（What），いつ（When），どこで（Where），なぜ（Why），どうやって（How）─に基づいて細かく分解してみるとよい。そのうえで，ムリ（無理な計画や作業），ムダ（不要な作業），ムラ（工程に影響を与える作業の変動）を省くこ

とができれば，作業工程は改善されることになる。

（c）納期の管理

　納期とは，顧客にとっては製品を注文してから入手するまでの期間である。納期は正確に守られることが必要であり，また，一般的に短ければより望ましい。

　納期を管理するためには，材料から製品にいたるまでの全体のプロセスを適切に計画・管理することが必要である。したがって，納期を管理することを「納期管理」といわず，「工程管理」ということが多い。

　工程管理の基本は，「生産計画」と「生産統制」である（図表6−7）。

図表6−7　納期の管理—工程管理

　生産計画のうち最も基本となるのは日程計画であり，これは「大日程計画」，「中日程計画」，「小日程計画」に分けて考えられることが多い。大日程計画は6カ月〜1年半程度，中日程計画は1カ月〜3カ月程度，そして小日程計画は1日〜10日程度の期間が対象となる。それぞれの計画単位や計画対象などは図表6−8のとおりである。

図表6－8　日程計画の種類

計画のタイプ	計画期間	日程の単位	計画修正頻度	製品カテゴリー	計画対象
大日程計画	6カ月～1年半	月～週	毎月	製品グループ別	全工場
中日程計画	1～3カ月	旬～日	毎月～2週間毎～毎旬	仕様別（大分類）	部門（工程）
小日程計画	1～10日	日～分	毎旬～毎日	仕様別（細分類）	各ステーション（作業者）

出所：藤本隆宏『生産マネジメント入門Ⅰ』日本経済新聞出版社，2001年，p.178を一部修正。

「生産統制」には，計画の実行前に材料や作業の準備を行う活動（作業準備，作業指示など）と，計画の実行後に計画通りに生産活動が行われているかを確認し，もし計画通りに行われていない場合には必要な対策を取る活動（作業統制）の両方が含まれる[11]。もし生産活動が計画どおりに行われていないことがわかれば，作業のスピードアップや残業などの対応がとられることになる。

（3）5S

Q（品質），C（コスト），D（納期）の管理を適切に行うためにも，その基礎となる「5S」に注意する必要がある。5Sとは，整理，整頓，清掃，清潔，躾（しつけ）のそれぞれのローマ字表記の頭文字（S）をとったもので，これらがしっかりと保たれていることが生産管理の最低条件である。

「整理」とは不要なものを分別して取り除くこと，「整頓」とは，工具などを整然と保ち，いつでも使用できるようにすること，「清掃」は，ごみや異物などを職場から取り除くこと，「清潔」は，整理・整頓・清掃のよい状態を保つこと，そして，「躾」はそれぞれのメンバーが責任感のある規律ある職場を実現することである[12]。QCDを高い水準で管理するためにも，これらの「5S」が生産管理の基礎となっていることを忘れてはならない。

4. サプライチェーン・マネジメント

（1）生産管理とサプライチェーン・マネジメント（SCM）

　顧客のニーズが多様化し，製品のライフサイクル（製品の導入から衰退までのプロセス）が短くなると，多様な製品をすばやく市場に提供することが必要になる。しかし，そのためには，顧客のニーズを迅速につかんだり，生産活動に必要な原材料をタイムリーに入手したり，製品をすばやく配送したりするなどの取り組みが必要になる。つまり，変化の激しい時代には，自社内で生産管理を徹底するだけでなく，原材料や部品の手配から顧客への販売にいたるまでの全体の流れをうまく設計することが重要になってくるのである。

　このような背景から，原材料や部品の供給業者から製造業者，そして製品の販売業者までが連携し，お互いに情報を共有しながら，適切に生産，販売活動を行っていこうとするのがサプライチェーン・マネジメント（Supply Chain Management—SCM，供給連鎖）とよばれる活動である。生産管理は基本的には特定の企業による（社内的な）取り組みが中心であるのに対し，サプライチェーン・マネジメントは複数の企業同士の取り組みを重視するところに特徴がある（図表6-9）。

図表 6 - 9　生産管理と SCM

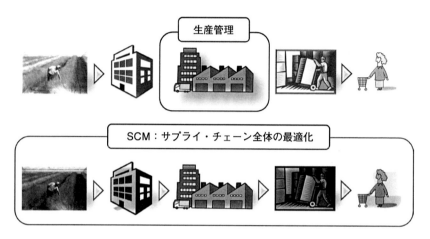

（2）サプライチェーン・マネジメントの流れ

　サプライチェーン・マネジメントがうまく行われると，顧客のニーズを的確につかむことができ，また原材料や部品も効率的に使用されることから，部品や製品に関する「不良在庫」（使用されない在庫，売れない在庫）や「機会損失」を削減することが可能になる[13]。機会損失とは，顧客が求めているものを提供していなかったり，顧客が求めている製品を開発していても，その在庫が不足しているために販売の機会を逃したりしてしまうことである。

　サプライチェーン・マネジメントがうまく行われれば，このような事態を避けることができる。ここでは，サプライチェーン・マネジメントの流れについてみていこう（図表 6 - 10）。

図表 6 - 10　サプライチェーン・マネジメントの流れ

出所：藤野直明『サプライチェーン経営入門』日本経済新聞出版社，1999 年，pp.24-29 を
　　　参考に作成。

（a）市場動向の把握

サプライチェーンをうまく働かせるためには，その製品を必要とする顧客や最終使用者（消費者）のニーズを的確に把握しておくことが必要である。顧客は，消費財（家電製品・衣料・食品など）メーカーであれば流通業者（卸売業者や小売業者）であり，生産財（原材料・部品など）メーカーであれば製造業者になる。

　製品の最終使用者である消費者のニーズをつかむにはインターネットによるアンケート調査などが行われることが多いが，企業のニーズをつかむためには，その企業の戦略や生産計画などについて日頃から情報を収集しておくことが不可欠である。

（b）生産計画の策定

顧客ニーズに基づき製品化を行い，生産計画を策定する。計画の策定にあたっては，3.（2）（C）で学んだように，計画期間の異なる日程計画（大日程計画，中日程計画，小日程計画）を立てることが基本である。

（c）情報の伝達・共有化

生産計画を策定したあとは，それをサプライチェーンを構成する各企業に伝達し，共有化する。共有化された生産計画にしたがって，資材・部品の供給業者は必要な資材等の購入・生産計画を策定し，その製品の販売業者は販売計画を策定する。また，サプライチェーンにおけるさまざまな活動をムダなく行うために，工場や配送センターにおける在庫状況を共有化しておくことも必要である。

　このように，生産計画や在庫状況を共有化しておけば，ブルウィップ効果（bullwhip，牛を追う鞭の意味）といわれる，販売業者からメーカー，資材・部品の供給業者へとさかのぼるにつれて，生産・在庫数量が多めに見込まれてしまうという弊害を避けることもできる。

　なお，サプライチェーンにおける情報の伝達・共有化にあたっては，情報通信技術（ICT‐Information and Communication Technology）の活用が重要となることはいうまでもない。

(d) 計画の実行

　サプライチェーンを構成する各社において計画が策定されたら，現場への実行指示を行い，計画を実行する。サプライチェーンを構成するそれぞれの企業で計画が確実に実行されなければ，情報の共有化による不良在庫や機会損失の削減も絵に描いた餅になってしまう。

(e) 計画の修正（再伝達・再実行）

　計画の実行後も，製品の販売動向や予想外の市場変動などによって，計画を修正しなければならないことがある。そのような場合は，状況をサプライチェーンを構成する各企業にすばやく伝達し，各社の計画を修正してもらうことが必要になる。サプライチェーン・マネジメントを成功させるカギは，このような迅速な情報共有とそれに基づく計画修正にあるのである。

（3）優れたサプライチェーンの条件

　すぐれたサプライチェーンの条件として，ハウ・L・リー（米国スタンフォード大学大学院教授）は，「俊敏性」，「適応力」，「利害の一致」の3つをあげている[14]（図表6-11）。

図表6-11　優れたサプライチェーンの条件

	目　標	具体策
俊　敏　性	・短期的な市場変化にすばやく対応する ・外的な要因による混乱を円滑に処理する	・供給業者などに積極的に情報を流す ・各社と協力関係を築く ・「後ろ倒し」の原則で設計する ・危機管理計画を立てておく
適　応　力	・市場の構造的な変化，事業戦略などに合わせてサプライチェーンを調整する	・新たな調達先や販売先を見つけておく ・最終消費者のニーズを考える ・製品の設計に柔軟性を与えておく
利害の一致	・サプライチェーン全体の効果が高まるようなインセンティブを組み立てる	・企業間で情報を惜しまず交換する ・各社の役割分担を具体化する ・コスト，利益を公平に配分する

出所：ハウ・L・リー「トリプルAのサプライチェーン」『サプライチェーンの経営学』ダイヤモンド社，2006年，p.9を一部修正。

　「俊敏性」とは，顧客ニーズや市場の短期的な変化にすばやく対応できる能力である。サプライチェーンの俊敏性を高めるには，先にも述べたように，サプライチェーンを構成する企業同士で積極的に情報を交換したり，日頃から協力関係を築いたりしておくことが必要になる。

　また，俊敏性を高めるために「後ろ倒し」といわれる対応を取る企業もある。例えば，イタリアの衣料品メーカーの「ベネトン」は，すばやい変化対応が求められる衣料品の生産工程において，染色作業を後ろ倒しする（後回しにする）という対応を取った。はじめに染色前の（白い）製品を数多く生産しておき，流行の色が明らかになったあとで，その色に染色して販売するというものである。このような工夫を行うことによって，市場の変化への対応力，すなわち俊敏性を高めることができるのである。

　「適応力」とは，市場の構造変化（消費者や産業の中・長期的な変化）を予想して，それに合わせてサプライチェーンを調整していく能力である。適応力を高めるには，つねに最終使用者（消費者）や競争相手の動きを気にかけておいたり，ふだんから資材や部品の新たな調達先を探しておいたりして，必要に応じてサプライチェーンを組み替えられるようにしておくことが必要となる。

　「利害の一致」は，サプライチェーンを構成する企業同士の協力体制が継続するように，各社のインセンティブ（スキルの向上や相互協力のための動機づけ，誘因）が高まるような工夫を行うことである。そのためには，各社の行動が疑心暗鬼にならないように適切に情報を交換したり，メンバーそれぞれのコスト負担や利益配分を公平なものにしたりするなどの対応が必要となる。

　これらの3つの条件が満たされると，変化にも対応可能で，継続性のある優れたサプライチェーンの構築や運営が可能になるとされている。

　ちなみに，日本には，自動車産業などにみられるような「系列」という企業同士の関係がある。これは，取引を安定的に行うために，資本関係（株式の所有）などを通じて，例えば完成品メーカーが部品メーカーを支配下におくなどのことをいう。一度このような取引関係が作られると，他の企業がなかなか入り込むことができないため，系列関係は閉鎖的だという批判を受けることがあ

る。しかし，特定の企業を中心とするいくつかの企業が，お互いに協力しなが
ら，品質，コスト，納期などを改善し続けていると考えれば，系列も優れたサ
プライチェーン・マネジメントのあり方だという見方も可能になる[15]。

　市場の変化が加速する時代には，ここで説明したようなサプライチェーン・
マネジメントの考え方がより重要になってくるのである。

5．スマート工場への取り組み

　ICT（情報通信技術）の発展はいうに及ばず，5Gといわれる第5世代移動通信
方式の導入，あらゆるものがインターネットにつながる「IoT」（Internet of
Things）の進展，人工知能（AI：Artificial Intelligence）の進化などにともない，生
産管理の現場でも，それらの活用を通じて生産活動の効率化を図ろうとする
「スマート工場」への取り組みがみられるようになった。

　図表6-12は，ある航空エンジン工場におけるスマート工場化への取り組
みである。

図表6-12　スマート工場化への取り組み

取り組み		効果
• 作業員がタブレットを活用し，段取り替えのタイミングを把握	➡	ムリ・ムダ・ムラの削減により作業効率が向上
• IoTにより，設備の稼働状況を監視	➡	設備の故障を予測し，生産工程の稼働率を維持
• 重要な工程へのロボットの導入	➡	省人化による効率化とともに納期が安定
• 3次元計測装置を導入し，生産工程のバラつきを監視	➡	不良品の発生を防止し，品質が安定
• クラウドコンピューティングを活用し，部品の供給会社と情報を共有	➡	サプライチェーン全体の効率が向上

出所：日経産業新聞，2017年9月22日号11面を修正。

　日本企業の生産活動は，これまで「カイゼン（改善）」とよばれる現場での品質や作業の見直し活動に強みを持っていた。このような現場における地道な取り組みに加え，スマート工場化にみられるような高度な技術・システム活用が進めば，生産管理やサプライチェーン・マネジメントのあり方もより進化していくものと思われる。

【*Review exercise*】

1．自分の身の回りにある製品をひとつ取り上げ，それがどのような生産方法で作られたものか考えなさい。
2．「大量生産方式」の長所と短所について説明しなさい。
3．サプライチェーン・マネジメントが優れていると思われる企業を1社取り上げ，その仕組みについて調べなさい。

考えてみよう！

【注】

（1）生産活動だけでなく，製品開発や購買などの活動も含めた全体的な仕組みを「もの造り」ととらえ，その全体に企業の競争力の源泉を見出していこうとする視点もあるが（藤本隆宏『生産マネジメント入門』日本経済新聞出版社，2001年，p.11），本章では生産活動に重点をおいた説明を行っている。
（2）上林憲雄他「生産管理」『経験から学ぶ経営学入門』有斐閣，2007年，pp.168-174。
（3）トヨタ自動車ホームページ（http://www.toyota.co.jp）より。
（4）トヨタ自動車ホームページ。
（5）トヨタ自動車ホームページ。
（6）トヨタ自動車ホームページ。
（7）トヨタ自動車ホームページ。
（8）田島　悟『すぐに役立つ生産管理の基本としくみ』アニモ出版，2010年，pp.62-63。
（9）藤本隆宏『生産マネジメント入門』日本経済新聞出版社，2001年，p.255。
（10）生産性には，「労働生産性」の他に「材料生産性」，「設備生産性」などがある。

(11) 藤本隆宏，前掲書，p.176。

(12) 藤本隆宏，前掲書，p.272。

(13) 藤野直明『サプライチェーン経営入門』日本経済新聞出版社，1999 年，p.22。

(14) ハウ・L・リー「トリプル A のサプライチェーン」『サプライチェーンの経営学』（DIAMOND ハーバード・ビジネス・レビュー編），ダイヤモンド社，2006 年。

(15) ジェフリー・K・ライカー，トーマス・Y・チェ「『KEIRETSU』マネジメント」『サプライチェーンの経営学』（DIAMOND ハーバード・ビジネス・レビュー編），ダイヤモンド社，2006 年。

【勉強を深めるための参考文献】

藤本隆宏『生産マネジメント入門Ⅰ』日本経済新聞社，2001 年。

藤本隆宏『生産マネジメント入門Ⅱ』日本経済新聞社，2001 年。

上林憲雄他「生産管理」『経験から学ぶ経営学入門』有斐閣，2007 年。

大野耐一『トヨタ生産方式』ダイヤモンド社，1978 年。

富野貴弘『この 1 冊ですべてわかる　生産管理の基本』日本実業出版社，2017 年。

F.テイラー（有賀裕子訳）『新訳　科学的管理法』ダイヤモンド社，2009 年。

【Coffee Break】

学習曲線

「3．生産管理のポイント」において，コスト管理のためには生産性を高めることが必要であり，そのためには作業者の学習や経験を積み重ねることも重要だと述べた。それに関連して，ここでは，「学習曲線」（学習効果）という考え方を紹介しておこう。

学習曲線は，ある作業や工程について熟練してくると，製品 1 個あたりの製造に必要となる「直接労働時間」が少なくなるというものである。例えば，半導体産業では，累積生産量（製造開始からの総生産量）が 2 倍になると，工数が 80％になるといわれている。つまり，製品 1 個を生み出すのに必要な手間が 20％も減ることになり，その分だけ製造コストが安くなるわけである。

　このような効果が出るのは，作業者個人と作業者の所属する組織の両方において「学習」が行われるからだといわれている。個人レベルでは，作業を積み重ねるにつれて技能や作業効率が向上するという学習効果がある。また組織のレベルでも，特定の学習成果を工場全体に広めたり，生産量の増加にあわせて作業設計の改善を行ったりするなどの学習効果が得られるのである。

　この学習曲線と似た考え方に「経験曲線」（経験効果）というものもある。これは，累積生産量と製品1個あたりの「総コスト」に同様の右肩下がりの関係があるというものである。累積生産量が増えるにつれて「直接労働時間」が減少すると考える学習曲線とは少し異なる考え方だが，生産に関する時間や経験の積み重ねが製造コストに影響を与えると考えるところは同じである。

　ただし，どちらの考え方をとるにしても，製造コストの下がり方は，産業，製品，企業，地域などによって異なると考えられている。したがって，削減可能なコストを見積もるときなどには注意が必要である。

（藤本隆宏『生産マネジメント入門Ⅰ』日本経済新聞出版社，2001年，pp.135-143）

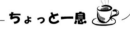
ちょっと一息

第7章▶販売と流通

```
┌─【Key word】────────────
│
│ ▶流通　商流　物流
│ ▶小売り　卸売り
│ ▶物流センター
│ ▶製造小売り（SPA）
│ ▶中抜き
│ ▶業種　業態
└────────────────注目！
```

1.　商品の流れ，流通

（1）流通と商流，物流

　私達は誰でも日常生活品を購入するために小売店に買い物に行く。ここでは私達は消費者として小売店に足を運ぶ。

　小売店には，さまざまな商品が陳列されているが，それらは，生産者（メーカー）から消費者の手に届けられるまで，生産者から卸売りへ，卸売りから小売りへ，小売りから消費者へ，という商取引（売買）と，その途中でトラックや鉄道，船，飛行機による輸送や倉庫での保管など，さまざまな過程を経る。これらのシステムを総称して，流通と呼ぶ。

　流通は，商品の所有権を移転させる商的流通（商流）と，商品を輸送したり保管したりする物的流通（物流）に分けられる。このうち一方の商流を担うのは，卸売業と小売業であり，これらを狭義の流通業という。

（2）商流と卸売り，小売り

　図表7－1は，生産から販売までの商品の流れを表しているが，生産者から，卸売り，小売りを経て，消費者にわたる。商品の流れるルートを流通経路（流通チャネル）と呼ぶ。

　卸売業者は生産者と小売業者の仲立ちをし，多数の生産者（もしくは他の卸売業者）から商品を集荷し小売業者に分配する役割と在庫を調整する役割を担っている（集荷分配機能，在庫調整機能）。

　卸売りは，業種や商品によっては，1次卸（元卸），そこから仕入れる2次卸（中間卸），2次卸から仕入れる3次卸（最終卸）がある。商品の代価は（現金か他の決済手段かは別として）その都度支払われ，商品の所有権はその都度移転する。

　なお，時には生産者や卸売業者が小売店に販売を委託する委託販売もあるが，この場合には，商品の所有権は委託した生産者や卸売業者が持っている。

図表7－1　生産から販売までの商品の流れ①

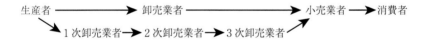

（3）物流と輸送業，倉庫業

　他方の物流を担うのは，輸送業と倉庫業である（輸送業と倉庫業は関連しているので両者を兼ねている企業も多い）。輸送業と倉庫業は，消費者が実際に買い物に行く小売店（小売業）に比べると目立たない業種であるが，これらなしには商品は消費者の手元に届かない。

　東名・新東名高速道路をはじめ主たる高速道路では昼夜間，たくさんのトラックが走っているし，天災や人災でこれらの高速道路が数日不通になった場合の大混乱を考えるだけでもその重要性は容易に認識できる。

　後述する中抜きの場合でも，物流は不可欠である。

　生産者（メーカー）の立場であれ，卸売りや小売りの立場であれ，いかに廉

価に安全に効率よく時間通りに配送できるかは大きな関心事となる。自社にとって最適な物流業者に委託できるかどうかは，その企業の盛衰にも関わる。

　単に商品を倉庫に保管し，トラック等で輸配送することを指して狭義の物流という。

　商品を運ぶ「輸配送」，積み込み積み下ろしをする「荷役」，汚れや破損を避けるための「包装や梱包」，商品を倉庫に保存する「保管」，検査や検品，値札付け，セット組などを行う「流通加工」，さらにコンピュータやITを活用して商品の種類や数と所在（在庫），配送先までを一括管理する「情報管理システム」等――今日では，これらを総称して物流（広義の物流）と呼んでおり，ますます重要度を増している。物流は裏方にあっても，「物流を制する企業は流通を制する」といわれるゆえんである[1]。

　輸送業や倉庫業が中心となって大規模な物流センターを作る例は珍しくない。

　物流センターとは単なる倉庫ではなく，倉庫＋配送センターの役割を担っている。

　その最新の事例としては，平成25年に竣工したヤマトホールディングスの総合物流ターミナル・羽田クロノゲートである。同社では「常に物が流れ続けるスピード輸送」，「物が流れる過程で新たな価値を付加する」ことを目指している。

　また今日では，生産者（メーカー）や卸売り，小売り自身が，単独もしくは共同で，効率の良い自前の物流センターや物流システムを積極的に構築している。

　ブリヂストン（タイヤメーカー）の物流センター，国分（酒類・食品の卸売り，専門商社）の八潮流通センター，ヤマダ電機の物流センター，セブン－イレブンジャパンの物流システム（温度帯別共同配送システム，図表7－2）などはその一例である。

図表7－2　セブンーイレブン・ジャパンの物流システム

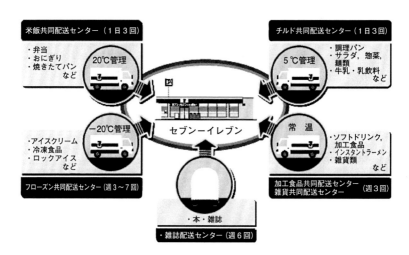

出所：セブンーイレブン・ジャパンの Web サイト（http://www.sej.co.jp/company/
aboutsej/distribution.html）による。

（4）卸売業と中抜き，直販

図表7－3　生産から販売までの商品の流れ②

　図表7－1のように，商品は，生産者（メーカー）から卸売業者の手を経て
小売業者に渡っていく。本来は卸売りが仲立ちした方が，良質の商品がスムー
ズに，より安く消費者の手に渡るはずであるが，他面，古い商慣行の残る分野
では特に，中間業者が介在すればするほど，最終消費者の商品価格は高止まり
する傾向がみられた。

　図表7−3のように，小売店同士で同種商品の販売競争が高まれば高まるほど，また，最終消費者が豊かな商品情報を持ち商品価格に敏感になればなるほど，あるいは内外価格差の大きい商品であればあるほど，一方の小売業者は，中間流通コスト削減を企図し，生産者（メーカー）から直接仕入れ同業者よりも安く販売しようとするようになり，他方の生産者も，自社（もしくは自社の販売会社）から，大量販売の実績や見込みのある小売店（大規模スーパーや大規模量販店）に，より安く売り渡すようになる[2][3]。

　同じく図表7−3のように，生産者は消費者に直接販売することもある。これを直販という。直販は，昔から農産物が農家の庭先で行われてきたが，昨今はインターネットの普及でいっそう増えている。

　直販で有名な企業には，コンピュータ本体やその周辺機器を販売しているデル（Dell）やヒューレットパッカード（HP）があり，たびたび新聞にも全面広告を掲載している。

　このように，卸売りを飛ばしてしまうこと，あるいは卸売りと小売りを飛ばしてしまうことを中抜きといい，狭義の流通業が不要になることをディスインターミディエーション（disintermediation）という。

（5）卸売りの役割と変化

　図表7−4は，卸売業の役割を考えるときにしばしば利用される図である。Ｐは生産者，Ｗは卸売り業者，Ｒは小売り業者を意味している。生産者が多くいればいるほど，また小売業者も多くいればいるほど，仲介業者が介在することにより取引が簡素化されることがわかる。

　卸売業者は，上述した集荷分配機能と在庫調整機能のほかに，生産者からも小売店からもさまざまな商品関連情報が集積されるので，情報機能も，また，小売店からの支払いを代金後払い（掛け売り）にする場合には，金融機能も担う。

　しかし，生産者（メーカー）も小売り業者も規模が大きくなり，数が限られてくればくるほど，仲介業者（卸売り）の存在意義は薄まる。大手家電メー

カー各社（販社）が直接，大規模家電量販店と取引しているのはその一例であるし，この場合，販社は卸売りの役割を担っている。

　卸売業も歴史的に必要があって生まれ発展してきた業種であり，東京のかっぱ橋問屋街（道具類）や名古屋の長者町問屋街（繊維製品）をはじめ，全国に問屋街として栄えてきた町も多いが，最近では衰退している卸売りや問屋街も多く見受けられる。

　もちろん卸売業であっても上述の国分（酒類・食品卸売り，元卸）のように，今や食品流通の中核をなしている企業もある。食品関係の場合には，生産者と商品の数があまりにも膨大で卸売りなしには流通（商流）が機能しないからであり，一部で直販がなされても極めて限定的にならざるを得ないからである。

　経済産業省『平成 19 年商業統計調査』によれば，平成 19 年調査における全

図表 7 − 4　卸売業の役割

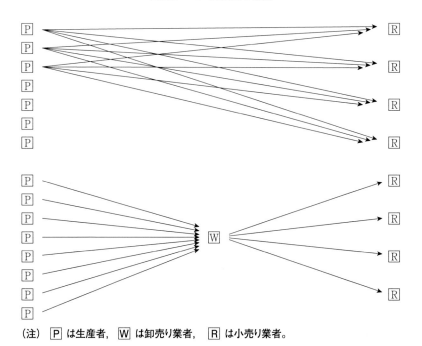

（注）　Ｐ は生産者，　Ｗ は卸売り業者，　Ｒ は小売り業者。

国の商業事業所数は，147 万 2,658 事業所（前回平成 16 年比，8.7%減），このうち，22.7%を占める卸売業の事業所数は，33 万 4,799 事業所，前回比，10.8%減と，平成 6 年調査以降減少が続いている。

業種別では，食料・飲料卸売業（3 万 8,000 事業所，構成比 11.4%），建築材料卸売業（3 万 8,000 事業所，同 11.4%），農畜産物・水産物卸売業（3 万 8,000 事業所，同 11.3%），一般機械器具卸売業（2 万 9,000 事業所，同 8.6%）がそれぞれ 2 万事業所を超えており，これら上位 4 業種で卸売業全体の 4 割強を占めている。以下，衣服・身の回り品卸売業（2 万事業所，同 5.9%），電気機械器具卸売業（1 万 9,000 事業所，同 5.6%），自動車卸売業（1 万 8,000 業所，同 5.3%），・・・となっている。

いずれにしても，卸売業は，総合商社も含めて今やその役割が大きく変わり，変化の途上にあることは確かである。

（6）製造小売り（SPA）

第 1 章でも若干ふれたが，企画，開発，素材の選定，製造，流通，販売を一貫して行う製造小売り（SPA = Specialty store retailer of Private label Apparel）の形態でも，卸売業は，介在しない。SPA はもともとアメリカのカジュアル衣料大手の GAP が手がけたビジネスモデルである[4]。

図表 7 − 5 は，「中国製衣料の流通ルート」（『日経ビジネス』2001 年 4 月 16 日号）であるが，左図のユニクロ（ファーストリテイリング）の場合，中国の委託工場に，原材料の生地を確保したうえで，自社が企画した製品を直接発注し，発注した製品はすべて買い取り，返品はしないで自店舗で売り切る（信用状の発行代行などのため商社を経由することもあるが，企画はあくまでもユニクロ）。

このユニクロモデルこそユニクロが急成長した秘密であるが，このモデルには，中国での生産の優位性，特に，極めて安価で豊富な若年労働力の存在が不可欠であった。昨今の中国の高度経済成長＝中国国内の人件費等の急上昇で，委託工場の，ベトナムやバングラデシュ，インドネシアなど他の東南アジアへのシフトが広がっている。ユニクロの店頭で製品についている表示タグで生産国を確認してみよう。Made in China 以外の国名が増えているのに気がつくで

図表7－5　中国製衣料の流通ルート

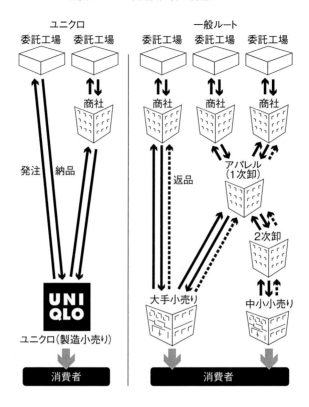

出所：『日経ビジネス』2001年4月16日号による。

あろう。

2. 小売りの現状

（1）小売業，業種と業態

　コストコ（Costco Wholesale Corporation）に買い物に行ったことがあるだろうか。入荷したままのパレットに乗っている商品を，大型の倉庫に並べて販売す

る会員制倉庫型店舗である。同社は，1976年にアメリカ，カリフォルニア州
にある飛行機の格納庫を改造して作られた「プライスクラブ」という名前の倉
庫店であった。日本では，平成11年の1号店（福岡県の久山倉庫店）のほか，平
成27年1月現在で19の倉庫店がある（世界では約650）。

　ホールセールクラブでは，他にアメリカウォルマートのサムズクラブ
（Sam's Club）が知られているが，日本にはまだ未上陸である。

図表 7 − 6　各地に相次いで出店される大型店舗

出所：イオンモール浜松市野店で筆者撮影。　　出所：コストコ中部空港倉庫店で筆者撮影。

　コストコのみならず，ここ20〜30年ほどを振り返ってみても，今までにな
かった業態の小売店がいろいろ現れているのがわかる。中にはすでに飽和状態
になっている業態もある。

① 　ホールセールクラブ（会員制のディスカウント店。コストコなど）
② 　アウトレットショップ（ブランド品の過剰在庫や旧モデルの在庫品を格安で売
　　る。軽井沢プリンスショッピングプラザ，御殿場プレミアムアウトレット，三井ア
　　ウトレットパーク木更津など）
③ 　カテゴリーキラー（特定の商品を豊富に揃えている。トイザらス，ユニクロ，マ
　　ツモトキヨシ，ビックカメラ，ニトリ，青山商事など）
④ 　ワンプライスショップ（全商品を均一価格で販売する。キャンドゥ，ダイソー，

SHOP99 など)

⑤　スーパーセンター（ワンフロアの広大な売り場に衣食住の生活必需品を豊富に取り揃える。ベイシア＋カインズホーム，イオンスーパーセンターなど）

　ところで，昔からある呼び名として，肉屋，魚屋，八百屋等がある。肉を売っているから肉屋，魚を売っているから魚屋・・・，というように，何（絞り込んだ種類の商品）を販売しているかで分類したのが業種である。漫画のサザエさん（昭和21〜49年）に登場する小売店はほとんどがこの名称である。

　他方，どのような売り方（セルフ方式である等）をするかで分けたのが業態である。

　上述の経済産業省『平成19年商業統計調査』によれば，平成19年調査における全国の商業事業所数は，147万2,658事業所（前回平成16年比，8.7％減），このうち，77.3％を占める小売業の事業所数は，113万7,859事業所，前回比，8.1％の減少となっている。

　小売業の事業所数は，昭和57年（172万14,65事業所）をピークに減少が続いており，昭和27年（107万9,728事業所）以来の低い水準となっている。肉屋，魚屋といった零細小売店がなくなり，シャッター通りが増えていることを数字が表しているといってよい。

　業種別にみると，飲食料品小売業（39万事業所，構成比34.3％）が最も多く，織物・衣服・身の回り品小売業（16万7,000事業所，同14.7％），家具・什器・機械器具小売業（9万9,000事業所，同8.7％），医薬品・化粧品小売業（8万4,000事業所，同7.4％），自動車・自転車小売業（8万3,000事業所，同7.3％），燃料小売業（5万8,000事業所，同5.1％），・・・となっている。

　次に，経済産業省では，小売業の業態を次のように定義している。

①　百貨店：「衣」「食」「住」にわたる各種商品を小売りし，そのいずれも小売販売額の10％以上70％未満の範囲内にあり，従業者が50人以上の

事業所で非セルフ方式。

② 総合スーパー：「衣」「食」「住」にわたる各種商品を小売りし，そのいずれも小売販売額の10％以上70％未満の範囲内にあり，従業者が50人以上の事業所でセルフ方式。

③ 専門スーパー：衣料品専門スーパー，食料品専門スーパー，住関連専門スーパーに分類されており，売り場面積が250㎡以上で「衣」「食」「住」の商品割合がそれぞれ70％以上のセルフ店。

④ 専門店：衣料品，食料品，住関連のセルフ方式を採用していない小売店で，「衣」「食」「住」の商品割合がそれぞれ90％以上の店。

⑤ 中心店：衣料品，食料品，住関連のセルフ方式を採用していない小売店で，「衣」「食」「住」の商品割合がそれぞれ50％以上の店。

⑥ コンビニエンスストア：売り場面積が30㎡以上250㎡未満の飲食料品を扱っているセルフ店で，14時間以上営業している小売店。

⑦ ドラッグストア：医薬品を扱っている小売店。

⑧ その他のスーパー：総合スーパー，専門スーパー，コンビニエンスストア，ドラッグストア以外のセルフ店。

　経済産業省の統計（『平成19年商業統計表』）によると，平成19年小売事業所数113万7,859事業所，業態別では，専門店が69万5,000事業所（小売業全体の61.0％），中心店が29万2,000事業所（同25.7％），中小規模の対面販売を主体とするこれら2業態で小売業全体の9割近くを占めている。

　内訳をみると，専門店では，住関連専門店が42万3,000事業所（同37.2％），食料品専門店が17万7,000事業所（同15.5％），衣料品専門店が9万5,000事業所（同8.3％），中心店では，住関連中心店が13万4,000事業所（同11.8％），食料品中心店が9万9,000事業所（同8.7％），衣料品中心店が5万9,000事業所（同5.2％）となっており，小売業全体の49.0％が住関連店である。

　以下，その他のスーパーが5万6,000事業所（同4.9％），コンビニエンスストアが4万4,000事業所（同3.8％），専門スーパーが3万6,000事業所（同3.1％），

ドラッグストアが 1 万 3,000 事業所（同 1.1%），であり，百貨店（271 事業所），
総合スーパー（1,585 事業所）の構成比はごくわずかである（図表 7 - 7）。

　業態店の違いを実感するためには，それぞれの店舗に足を運んでみるのが最
良である。なお，近年，ドラッグストアの売り場に薬以外の品揃えが豊富に
なっていたり，改正薬事法施行後，一部のコンビニやスーパー，家電量販店が
医薬品販売に参入するなど，業態の垣根がきわめて低くなっている。

図表 7 - 7　業態別事業所数の構成比

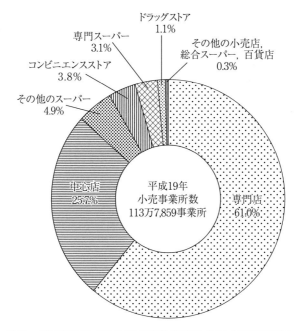

出所：経済産業省『平成 19 年商業統計表（二次加工統計表）』
《業態別統計編（小売業）》による。

（2）通信販売

　今日では，私たちは近くの小売店に買い物に行くのと同様の感覚で通販を利
用している。通販は，無店舗型小売業に分類される。通販には，インターネッ

ト通販，テレビ通販，ラジオ通販，カタログ通販などがあるが，カタログ通販
の落ち込みの反面，インターネット通販（ネット商店街）の伸びが著しい。

　通信販売を行っている企業には，ジャパネットたかたやディノス・セシール
のような専業企業と，ファンケルのような店頭小売と兼業する企業がある。
もっとも昨今では，店頭小売りを主としつつも通信販売に参入する企業も増え
ている。

　公益財団法人日本通信販売協会（正会員498社）によれば，平成25年度の通
信販売市場売上高は，推計で5兆8,600億円，前年度の5兆4,100億円に比べ
て，4,500億円の増加であり，調査開始以来の最高額となっているという。

　また，会員社の売上高の合計は3兆4,500億円で，前年度の3兆3,400億円
に比べて，1,100億円の増加となっている（図表7 - 8）。

図表7 - 8　通信販売売上高の推移

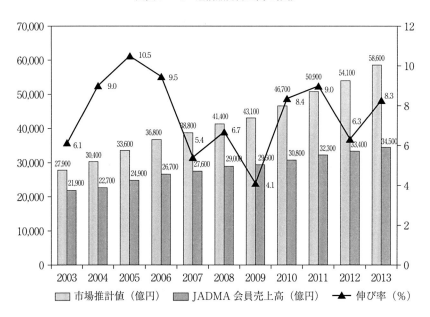

出所：公益社団法人日本通信販売協会 Web サイト（http://www.jadma.org/）による。

（3）流通関連企業とグローバル化

　海外で採掘された原材料を日本に輸入する，あるいは日本で作られた製品を海外に輸出する，その場合には船舶を利用したり（海運），航空機を利用したり（空運），鉄道やトラックを利用したり（陸運），あるいはその組み合わせなどとさまざまある。このようなことは昔から行われてきたことであるが，昨今では冷凍・冷蔵技術の飛躍的進歩により，野菜や肉，魚といった生鮮品の輸入がいっそう増えている。

　そのため，遠方から荷物を日本に輸入する，その逆に日本から輸出するという業務がますます重要度を増しており，輸送・倉庫業のグローバル化がいっそう進むということになる。

　ちなみに，国際間のモノの流れを国際物流といい，国際的な商取引の流れが貿易（国際商流）と呼ばれる。国際物流の機能は，基本的にはすでに述べた物流の機能（輸配送，荷役，包装や梱包，保管，流通加工，情報管理システム）と変わらないが，サプライチェーン（原材料・部品の調達から，製造，在庫管理，販売，配送までの全体的な流れ）の距離が長くなれば，それにあわせて国際輸送のリードタイム（発注から注文品到着までの期間）も長く，複雑になる。

　複雑である理由の1つは，通関前の輸出，輸入の許可を受けていない貨物は保税地域の中に蔵置されることである。保税とは，輸入された貨物が通関を済ませていない状態のことであり，保税地域にある倉庫のことを保税倉庫という。

　えてして重複在庫を抱えてしまうことになるが，それを避けるために情報管理システムがいっそう重要となる。

　他方，小売業の国際化は製造業に比べると遅れている。その理由は1つの店舗の商圏範囲が狭く，消費者のニーズや習慣を充分に把握しにくいということにある。

　とはいえ，すでに取り上げたコストコは年々店舗数と売り上げを伸ばしている。

　イケア（スウェーデンの家具販売店）も同様であるが，カルフール（フランスの

スーパーマーケット）はすでに撤退している。

　また西友は，もともと旧西武グループ・西武百貨店の系列であったが平成14（2002）年に世界最大のスーパーマーケットチェーンであるアメリカのウォルマート・ストアーズと包括的業務・資本提携，平成21（2009）年には日本事業を統括するウォルマート・ジャパン・ホールディングス合同会社の完全子会社になり，その後，合同会社に変更している（組織の変更）。

　日本の小売業が海外に事業展開する事例も増えており，ユニクロやセブン－イレブンはその一例である。製造業に比べると遅れている感がある小売業の分野でもますます内へも外へも国際化が進むと思われる。

　なお，図表7－9は，『会社四季報　業界地図（2015年版）』を利用して，流通関連の「総合商社」，「電子商取引（eコマース）」，「スーパー」，「コンビニエンスストア」，「陸運」，「倉庫」，「海運」，「家電量販店」の各売上高または営業利益上位3社（平成25年）を列挙したものである。

　また，図表7－10は，『フォーチュン・グローバル500，2014年（世界編）』の上位30位までを表にまとめたものである。

　これらの表を見ながら，流通業の重要性とともに今後のますますのグローバル化について認識を新たにするとともに，世界的に比較した場合の日本企業の意外な小ささについても理解しておきたい。

図表 7 － 9　流通関連企業の国内ランキング（平成 25 年）

業界順位	総合商社	（売上高）	電子商取引（e コマース）	（売上高）
1	三菱商事	21 兆 9,501 億円	アマゾン（米国）	7 兆 5,941 億円
2	伊藤忠商事	14 兆 5,668 億円	楽天	5,185 億円
3	丸　紅	13 兆 6,335 億円	ヤフージャパン	3,862 億円

業界順位	スーパー	（売上高）	コンビニエンスストア	（チェーン全店売上高）
1	イオン	6 兆 3,951 億円	セブン-イレブン・ジャパン	3 兆 7,812 億円
2	セブン＆アイ HD	5 兆 6,318 億円	ローソン	1 兆 9,453 億円
3	ユニーグループ HD	1 兆　321 億円	ファミリーマート	1 兆 7,219 億円

業界順位	陸運	（営業利益）	倉庫	（売上高）
1	ヤマト HD	630 億円	三菱倉庫	1,981 億円
2	SGHD（佐川）	433 億円	住友倉庫	1,649 億円
3	日本通運	408 億円	三井倉庫	1,615 億円

業界順位	海運	（売上高）	家電量販店	（売上高）
1	日本郵船	2 兆 2,372 億円	ヤマダ電機	1 兆 8,939 億円
2	商船三井	1 兆 7,294 億円	ビックカメラ	8,053 億円
3	川崎汽船	1 兆 2,241 億円	エディオン	7,666 億円

出所：『会社四季報　業界地図（2015 年版）』東洋経済新報社による。

188 ─────○

図表 7 − 10 『フォーチュン・グローバル 500，2014 年（世界編）』上位 30 社

順位	企業名	売上高 （百万ドル）	国　名
1	WAL-MART STORES	476,294	米　国
2	ROYAL DUTCH SHELL	459,599	オランダ
3	SINOPEC GROUP	457,201	中　国
4	CHINA NATIONAL PETROLEUM	432,008	中　国
5	EXXON MOBIL	407,666	米　国
6	BP	396,217	英　国
7	STATE GRID	333,387	中　国
8	VOLKSWAGEN	261,539	ドイツ
9	TOYOTA MOTOR	256,455	日　本
10	GLENCORE	232,694	スイス
11	TOTAL	227,883	フランス
12	CHEVRON	220,356	米　国
13	SAMSUNG ELECTRONICS	208,938	韓　国
14	BERKSHIRE HATHAWAY	182,150	米　国
15	APPLE	170,910	米　国
16	AXA	165,894	フランス
17	GAZPROM	165,017	ロシア
18	E.ON	162,560	ドイツ
19	Phillips 66	161,175	米　国
20	DAIMLER	156,628	ドイツ
21	GENERAL MOTORS	155,427	米　国
22	ENI	154,109	イタリア
23	JAPAN POST HOLDINGS	152,126	日　本
24	EXOR GROUP	150,997	イタリア
25	INDUSTRIAL & COMMERCIAL BANK OF CHINA	148,803	中　国
26	FORD MOTOR	146,917	米　国
27	GENERAL ELECTRIC	146,231	米　国
28	PETROBRAS	141,462	ブラジル
29	MCKESSON	138,030	米　国
30	VALERO ENERGY	137,758	米　国

出所：“FORTUNE GLOBAL 500 2014”（http://fortune.com/global500/）による。

【*Review exercise*】

1. 日本の卸売業と小売業の歴史について調べなさい。
2. 問屋という言葉は一般的には卸売業とほぼ同様に使われている。しかし厳密には同義ではない。問屋の歴史を調べながらこの違いについて述べなさい。
3. 近くにある複数の業態店に行き，それらの特徴について調べなさい。

考えてみよう！

【注】

（1）宅配の全国翌日配達や時間指定配達，近郊の即日配達，あるいは商品の無料配達など，私たちの生活はますます便利になっている。しかしその反面で，トラック運転手の高齢化が進むとともに運転手不足は恒常化しており，近い将来，ドライバー不足による物流システムの限界が懸念されている。運送業界の適正な運賃体系の構築，賃金水準の引き上げ，不規則な労働時間の改善，いっそうの機械化と自動化，ロボット化が不可欠となっている。

（2）例えば家電の分野では，メーカー各社（販社）が直接，大規模家電量販店と取引しているが，その場合には数量に応じた卸値（大量になればなるほど低い卸値）で引き渡されるのみならず，実売実績に応じたリベート（割戻金，報奨金）が支払われている。

（3）とはいえ，中には，千疋屋総本店のように，生産地で果物の出来具合を調査しつつも，生産農家から直接仕入れないで，あえて卸売市場で最高品質の果物を買い付ける企業もある（高価格であるが最高品質の果物を販売するという経営戦略）。

（4）低迷してきた百貨店業界のビジネスモデルが変化の兆しをみせている。百貨店最大手の三越伊勢丹ホールディングスが，衣料品や靴，雑貨などについて，製造小売り事業（SPA）に本格参入する。2019年3月期には，百貨店事業の売上高のうちSPAの割合を20〜25％に引き上げるという（『読売新聞』2015年1月8日付朝刊）。

190 ───○

勉強を深めるために参考になる文献

川嶋幸太郎『図解，ユニクロ』中経出版，2012年。

月泉　博『ユニクロ vs しまむら』日本経済新聞出版社，2009年。

角井亮一監修『図解，基本からよくわかる物流のしくみ』日本実業出版社，2014年。

鈴木邦成『図解，物流センターのしくみと実務』日刊工業新聞社，2014年。

信田洋二『セブン-イレブンの「物流」研究』商業界，2013年。

経済産業省『平成16年商業統計調査』2006年公表。

経済産業省『平成16年商業統計表（二次加工統計表)』2006年公表。

経済産業省『平成19年商業統計調査』2009年公表。

経済産業省『平成19年商業統計表（二次加工統計表)』2009年公表。

『会社四季報　業界地図（2015年版)』東洋経済新報社，2014年。

『日経ビジネス』日経BP社。

『週刊ダイヤモンド』ダイヤモンド社。

【*Coffee Break*】

宅急便の生みの親，小倉昌男氏

　インターネットで「クロネコ」と検索すると，最上位に「ヤマト運輸」や「クロネコヤマト宅急便」が表示される。もちろんわざわざ検索しなくても，クロネコや宅急便は私たちによく知られている。

　意外に知られていないが，宅急便とはヤマト運輸の宅配便サービスの商標であり，小さな荷物を各戸へ配送する輸送便は「宅配便」といわれる。同様の宅配便サービスは他社も行っているが，郵便局ではゆうパック，佐川急便では飛脚宅配便という。

　今日の宅配便サービスは，日常生活にごく当たり前のサービスとして定着しているが，それを始めるには小倉昌男氏の誰も考えなかった発想と実行力があり，実現までの長年にわたる努力の賜物であった。

　現在のヤマトホールディングス（ヤマトグループの統括会社）は，元は大和運輸といい大正8年創立の中小の運送会社であった。

　昭和46年に父親・康臣氏の跡を継いで社長に就任した小倉昌男氏は，

「小口の荷物をたくさん取り扱えば会社の収入は多くなるはずだ」と確信したという。当時は，個人が荷物を送るには郵便局の小包か鉄道による手荷物輸送（チッキ）だけで極めて不便であった。

　国の規制が特に強かった分野だけに同氏の構想が実現するためには，旧運輸省や旧郵政省との粘り強い交渉が必要であった。そしてようやく昭和51年，「電話1本で集荷，1個でも家庭の戸口まで集荷，翌日に指定先に配達，運賃は安価で明瞭，荷造りが簡単」という「宅急便サービス」が始まり，平成9年の小笠原諸島での営業開始で離島を含む全国展開が完了した。

　同氏は，晩年はヤマト福祉財団理事長として障害者が自立して働く場所作りに精力的に取り組んだ（ヤマト福祉財団は平成5年9月に設立，平成23年4月から公益財団法人ヤマト福祉財団）。

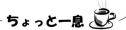
ちょっと一息

【Coffee Break】

The New York Times で賞賛された安藤百福氏

　カップヌードルを食べたことがあるだろうか。最もこういう質問は愚問であろう。今やカップヌードルは日本人の国民食であり，世界中で最も楽しまれているカップ麺である。

　即席麺を発明し日本と世界の食文化に大きな影響を与えたのは，安藤百福氏，日清食品の創業者である。昭和33年に，自宅の実験小屋で熱湯をかけるだけで食べられる世界初の即席麺の開発に成功，これが大ヒット商品「日清のチキンラーメン」として世に出る。その後，昭和46年にやはりみずから考案した初の即席カップ麺「カップヌードル」が発売された。そして今や年間売上高は日清食品グループで4,000億円余（平成25年度）の大企業に成長している。

　安藤氏は，平成19年1月5日急逝。日本の最も有名な創業者，起業家の1人であった。訃報は，日本の新聞各紙はもちろんのこと，外国紙でも大きく伝えられた。アメリカのニューヨークタイムズ紙は，同氏を悼み称える署名入り社説「Appreciacions Mr. Noodle」を掲載し，「魚を取ることを教えよ，その人を一生食わせられる。即席めんを与えよ，何も教えなくてすむ。」と結んでいる。

　日清食品のマーケティングには学ぶところが多い。同氏の最後となった年頭所感「大衆の声こそ神の声であり，天を動かすことができる」（平成19年）は，マーケティングの神髄を一言で表現した名言ではなかろうか。

ちょっと一息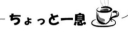

第8章▶マーケティング

【**Key word**】
▶マーケティング・コンセプト
▶STP
▶4 P
▶ブランド価値

注目！ ☞

1. マーケティング・コンセプト

（1）マーケティングとは

　毎年12月頃になると，その年の「ヒット商品番付」が発表される。その年に人気が出て，多くの人が購入した商品がランキング形式で発表されるものである。なぜ，このようなヒット商品が生まれるのだろうか。ヒット商品を生み出した企業は，どのような工夫を行ったのだろうか。

　消費者に新製品を手に取ってもらうには，おもに2つの方法がある。消費者に「何これ，初めてみた，面白そう！」と思ってもらうか，「そうそう，前からこういうモノが欲しかったのよね！」と思ってもらうかである。前者はいままでにない新たな需要を作り出すことであり，「市場創造」とよぶことができる。後者は現在の消費者の（まだ満たされていない）需要に応えることであり，「市場適応」とよぶことができる。ここでの「市場」とは，"消費者の集まり"という意味だが，これらの市場創造や市場適応という活動を通じて，企業は自社の製品やサービスを消費者に購入してもらっているのである。

　このような市場創造と市場適応のためのさまざまな取り組みが，マーケティングとよばれる活動に他ならない。ここでは，「市場創造と市場適応のための仕組みづくり」がマーケティングであると理解しておこう。

　（もちろん，自社の製品を一度買ってもらったからといって，消費者がそれを購入し続けてくれる保証はない。消費者のニーズ—Needs，欲求・要求—はつねに変化するからである。そこで，企業は必要に応じて自社の製品を見直して，消費者のニーズにあうように改良していく必要がある。このような製品の改良も「市場適応」という活動には含まれている）

（2）マーケティング・コンセプトの変化

　マーケティングという考え方は，20世紀初めの米国で現れた。工業の発展により生産力が高まった企業は，生産した製品を消費者により多く購入してもらうために，製品の特徴の明確化や広告など，現在ではマーケティングとよばれる活動に取り組んだのである。一方，日本でマーケティングが広まったのは，1960年代以降のことであった[1]。

　今日までの歴史の中で，マーケティングに取り組む意識や考え方（"マーケティング・コンセプト"という）も変化してきている。経済の高度成長期には，作り手の発想を中心とした「製品志向」とよばれる考え方が強かった。製品を"作れば売れる"という考え方である。

　しかし，多くの企業が生産体制を整え，製品の供給量が増えてくると，今度は"作ったものをがんばって売り込もう"という考え方が強まった。「販売志向」とよばれる考え方である。しかし，作れば売れるという発想で生み出された製品は売り込むのにも限界がある。消費者のニーズに対する配慮や理解が少ないからである。

　そこで，「消費者志向」とよばれる考え方が広まることになった。この消費者志向，つまり消費者ニーズにあった製品を開発することが重要なのだという考え方が，現代の代表的なマーケティング・コンセプトになっている。つまり，消費者ニーズにあった製品を開発すれば，（売り込まなくても）しぜんとその製品は売れていくはずだという考え方である。このような考え方は，ドラッ

カーの「マーケティングの理想は販売を不要にすること」[2]という言葉にも表れている。

その後，1990年代に入ってからは，「ソーシャル（社会）志向」という考え方が注目されるようになった。CSR（Corporate Social Responsibility，企業の社会的責任）や企業市民（Corporate citizenship）などの言葉に代表されるように，現在の企業は，ただ製品を製造して販売するだけでなく，社会問題への対応が求められている。そこで，マーケティングを行う場合にも，社会への配慮を組み込む必要があるというのがソーシャル（社会）志向の考え方である。これも新たな時代の重要なマーケティング・コンセプトであり[3]，今後は，消費者志向と社会志向の両方を意識したマーケティング活動を行っていくことが重要になってくる。

（3）マーケティングの種類

マーケティングは，有形のモノを消費者に販売するものとして考えられることが多い。しかし，販売されるものは有形のモノだけではない。形のない「サービス」（医療，教育，理美容など）も取引の対象となる。また，製品やサービスの買い手も消費者だけとは限らない。原材料や部品などの場合には，その買い手は消費者ではなく「企業」なのである。

ここでは，販売するもの（商品）と購入者（買い手）の組み合わせによって，マーケティングの種類について整理しておこう（図表8-1）。

まず，モノを消費者に販売する「伝統的マーケティング」がある。これまでのマーケティングは，多くの場合，モノを消費者に対して販売するという前提で考えられてきた。

つぎに，「サービス」を消費者や企業に対して販売する「サービス・マーケティング」がある。ここでは，形のないサービスを取引の対象とすることから，（モノの取引とは異なり）在庫ができない，品質が安定しづらいなど，サービス特有の問題への対応を考える必要がある。

そして，「ビジネス・マーケティング」がある。ここでは，買い手が「企業」

図表8－1　マーケティングの種類

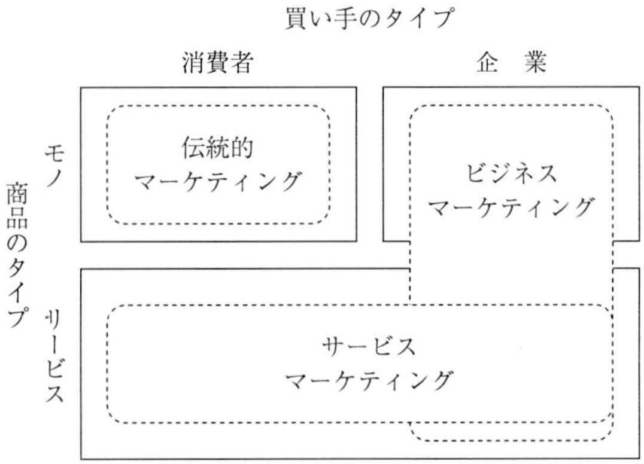
買い手のタイプ
消費者
企　業
商品のタイプ
モノ
サービス
伝統的
マーケティング
ビジネス
マーケティング
サービス
マーケティング

出所：矢作敏行「流通・マーケティング研究の境界を越えて」『RIRI 流通産業』1998年4月号，p.19を一部修正。

であることから，購入するかどうかが（個人でなく）組織として決定される，取引が高額で継続的なものになる等の点を考慮した対応が求められることになる。

このように，マーケティングにはいくつかの種類がある。しかし，一般的に取り上げられるのは「伝統的マーケティング」である。したがって，本章でも，基本的にはモノを消費者に販売するという前提で説明を行っていく。

2．マーケティングの基本体系

ここでは，マーケティング活動の基本的な内容について説明しよう。ここでのキーワードは，「STP」と「4P」である。マーケティングとは，「市場創造と市場適応のための仕組みづくり」だと述べたが，その活動はこれらの「STP」と「4P」を基本として行われるのである。

（1）STP

「STP」とは，Segmentation（セグメンテーション），Targeting（ターゲティング），Positioning（ポジショニング）の頭文字を表したものである。

現在では，（モノの行き渡っていない時代とは違って）考え方や好みの異なる多様な消費者がみられることから，効果的なマーケティングを行うには，どのような消費者を狙って製品を提供していくかという「ターゲティング（ターゲット消費者の設定）」が重要になる。そして，そのために必要なプロセスが「セグメンテーション（市場細分化）」である。

セグメンテーションとは，市場（＝消費者）をいくつかの部分に分割することである。分割する基準には，性別や年令などの人口統計的基準，住んでいる地域や気候などの地理的基準，社会階層やライフスタイル（生活・行動のしかた）などの心理的基準，購買動機や使用頻度などの行動的基準などがある。しかし，日本は比較的同質的な社会であることから，基本的には性別や年齢などの人口統計的基準で市場を分割したうえで，ターゲット消費者が設定されることが多い[4]（例えば，20歳代の男性をターゲットに商品を開発する，40歳代の女性をターゲットにしたサービスを考えるなど）。

市場細分化を通じてターゲット消費者を設定したあとは，その消費者に対してこれから開発しようとする製品をどのような製品として位置づけるか（ポジショニングするか）を考えなければならない。このような，他の製品との違いを際立たせるための特徴やイメージを決めることが「ポジショニング」である。例えば，同じ自動車でも，ベンツ，ポルシェ，プリウスでは，消費者が頭の中に抱くイメージがそれぞれ異なるのではないだろうか。

このように，セグメンテーション（市場細分化）によって市場をいくつかに分割し，ターゲティング（ターゲット消費者の設定）を通じてその中のどの部分を狙うかを決め，そのうえで自社の製品に（他の製品との違いを際立たせるために）どのようなイメージを持たせるべきかを考えるポジショニングという作業を行っていくことが「STP」と呼ばれるものである。

（2）4P

　STPというプロセスにおいてターゲット消費者と製品のポジショニングが明確になったあとは，それをどのように提供していくかの具体策を決める必要がある。この具体策を決めるときの基本的な考え方が「4P」（"マーケティング・ミックス"ともよばれる）である。「4P」とは，Product（製品），Price（価格），Promotion（プロモーション），Place（販売チャネル）の頭文字をとったものである。つまり，どのような製品を，いくらで，どのような広告や販売促進策を使って，どのような店舗で販売していくかを考える枠組みである。

　4Pのうちでは，Product（製品）とPrice（価格）が消費者に提供する価値を作り出すこと，Promotion（プロモーション）とPlace（販売チャネル）がその価値をいかに実現するかに関するものである（図表8-2）。以下，それぞれの基本的な考え方や手法について説明しよう。

図表8-2　マーケティング活動の進め方

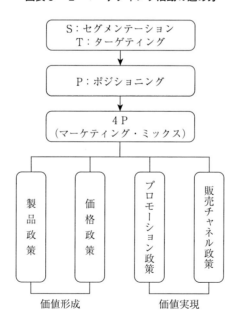

（a）製品政策（Product）

　製品開発にあたっては，まず消費者に提供する便益（具体的な価値）を明らか
にすることが必要である。製品の便益とは，第4章の事業ドメインの部分で米
国の鉄道会社を例にあげて述べたように，消費者に提供できるコト（機能的な
価値）のことである。電動ドリルを購入した顧客が欲しかったものは，電動ド
リル自体ではなく，それがもたらす「穴」だというのは有名なたとえ話であ
る。このように，製品開発にあたっては，その製品が消費者に対して実際にど
のような価値をもたらすのかという視点を持つことが重要である。

　製品の便益を明確にしたあとは，それを具体的な製品として設計していくこ
とになる。そこで考慮すべき点は，素材，形態，パッケージ，容量，色，ネー
ミングなどさまざまである。このように，製品開発の基本的な流れは，便益の
明確化 → 製品化 → 市場導入というプロセスを経るが，正式な市場導入の前に
販売テストが行われる場合もある。

　ちなみに，日本において販売テストがよく行われる地域は，札幌，仙台，静
岡，広島，福岡などだといわれている。これらの地域は，ある程度の市場規模
があり，標準的な所得水準を持ち，また近隣の地域からの影響が少ないなどの
特徴を持っているからである[5]。

　ところで，製品政策は，製品を開発したらそれで終わりというものではな
い。製品には「製品ライフサイクル」とよばれる成長から衰退にいたるプロセ
スがあるからである（図表8－3）。

　製品ライフサイクルは，製品が発売されて間もなくまだ売上高の小さい「導
入期」，製品への需要が拡大して売上高が急激に上昇する「成長期」，製品がひ
ととおり行き渡って売上の伸びが鈍くなる「成熟期」，需要が縮小して売上高
が減少していく「衰退期」の4つの期間に分けることができる。

　このサイクルにしたがえば，製品は発売後何もしなければ，しぜんと衰退へ
の道をたどることになる。そこで，定期的に製品の売上高をチェックして，売
上が低下傾向にあると思われたときは，製品をリニューアル（製品の成分・組成
の変更，パッケージの改良など）したり，広告量を増やしたり，あるいは価格を引

図表 8 − 3　製品ライフサイクル

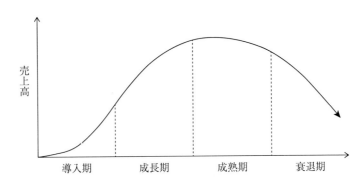

き下げたりするなどの対応をとる必要が出てくるのである。このような対応を
とることにより，製品のライフサイクルをより長くすることができる。

　しかし，近年は製品ライフサイクルが非常に短くなっている（急に売れ始めて
急に売れなくなる）といわれている。そこで，企業も，新製品の開発プロセスを
スピードアップさせたり，複数の製品開発プロジェクトを同時進行させたりす
るなどの対応が求められるようになっている。

　(b)　価格政策（Price）
　価格はその製品の価値を表したものである。しかし，作り手の独りよがりに
ならず，消費者にも支持される価格設定を行うには，「値ごろ感」をよく考え
ることが必要である。

　値ごろ感とは，機能やデザインなどからみて，消費者がこの製品はこのくら
いの価格であろうと考える，製品の価値と価格に関する納得感のことである
（これを式で表せば「値頃感＝製品の価値÷価格」となる[6]）。消費者がある製品に対
し，このような値ごろ感を持ったとき，その製品はより購入されやすくなると
いえる。

　消費者の値ごろ感を重視して価格設定を行うこのような方式は，「需要志向
型」といわれる。この他にも，その製品を製造したり販売したりするために必

要なコストを考えて（それを上回る）価格を設定する方式を「コスト志向型」，
競合製品の販売価格を参考にして（競争に負けないような）価格を設定する方式
を「競合志向型」とよぶ。製品の価値や消費者の納得感を重視するのはいうま
でもないが，企業としては，コストや競合相手の動きも考慮して製品の販売価
格を決定することが必要なのである。

　また，実際に価格を設定するときには，消費者の心理的側面を利用すること
も多い。例えば，スーパーマーケットなどでよくみられる価格設定に"398
円"や"1,990円"などがある。これらは400円や2,000円と比較すれば，実
際には"2円"や"10円"しか違わない。しかし，私たちにその価格差以上の
安さを感じさせる価格設定になっている。少しだけの価格差を利用して安さを
訴えかけるこのような方式は，「端数価格」とよばれている。

　一方，これとは逆に，あえて高い価格を設定することで製品の価値を高めよ
うとする場合もある。例えば，宝飾品やブランド物のバッグなどは価格が高い
ほど，より高級なイメージがある。これは，価格には製品の価値を感じさせる
はたらきがあるからである。そこで，これを利用して高価格設定を行う方式を
「威光価格」（または「威信価格」）という。このように，製品の価格設定にあたっ
ては，消費者の心理的な側面を考えた対応がとられることも多いのである。

　ところで，価格政策も，一度価格が設定されればそれで終わりというわけで
はない。販売価格の管理という問題がある。ここで，重要なのが「価格弾力
性」という考え方である。

　「価格弾力性」とは，販売価格を変化させることによって，売上がどのくら
い増加するのかを示す指標である。販売価格を引き下げたときに売上高が大き
く増加すれば，その製品は"価格弾力性が高い"といわれる。反対に，価格を
引き下げても売上高があまり増加しなければ，その製品は"価格弾力性が低
い"といわれる（図表8－4）。

　企業は，製品の売上高が低下してきたとき（製品ライフサイクルでいえば，成熟
期に入ったとき），製品の価格を引き下げて売上高を回復させようとすることが
ある。つまり，価格弾力性を利用しようとするわけである。

図表 8 − 4　価格弾力性

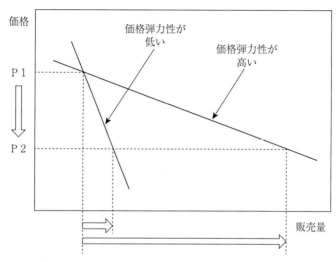

出所：石井淳蔵他『ゼミナール マーケティング入門　第 2 版』日本経済新
聞出版社，2013 年，p.75 を一部修正

　しかし，販売価格は一度引き下げてしまうと，消費者の参照価格（この製品
はこのくらいの価格であろうという消費者の感覚）が下がってしまうために，再び値
上げしたときに以前と同じ程度の売上高が得られなくなってしまう場合が多
い。価格弾力性の高低は，値下げの頻度とも関係してくることに注意しておく
べきである。

　競争が激しく，イオンやセブン＆アイグループのような大手小売チェーンの
価格交渉力も強まっている現在では，価格政策だけで製品の売上高を維持して
いくことには限界がある。価格は，その製品の価値を表すものだという原点に
立って，消費者に対して独自の便益を提供できる製品を開発し，そのうえで消
費者の値ごろ感を考慮した価格設定を行っていくことがより重要になっている
といえる。

（c）プロモーション政策（Promotion）

　消費者に製品の存在や価値を知らせたり，その製品への関心を高めたりする活動が「プロモーション」といわれるものである。プロモーションには，（図表8－5）に示されるような4つの種類がある。

図表8－5　プロモーションの種類

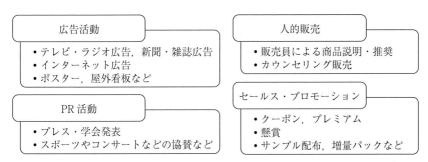

出所：石井淳蔵他『ゼミナール マーケティング入門　第2版』日本経済新聞出版社，2013年，p.108 を一部修正。

　広告活動は，テレビ・ラジオなどの電波媒体，新聞・雑誌などの印刷媒体，あるいは屋外看板などを使って，積極的に多くの消費者に製品の情報を伝えようとするものである。近年では，スマートフォンの普及にともない，消費者とインターネットとの接点が増加していることから，インターネット広告の重要性が高まっている。

　PR活動は，製品の発売時やイベントの実施時などに報道関係者を対象とした発表会や展示会を行い，新聞，雑誌，テレビなどに記事として取り上げてもらう活動である。また，スポーツの試合や音楽コンサートなどへの協賛を行って，間接的に電波媒体や印刷媒体への露出を図る活動も含まれる。

　人的販売とは，営業担当者や販売員が小売業者や消費者と直接的な接点を持ち，製品の情報を直接アピールしていく活動である。営業担当者が小売業者に対して直接新製品の紹介を行ったり，百貨店で化粧品のカウンセリング販売やワインの試飲販売を行ったりすることなどがあてはまる。小売業者や消費者に

対して直接情報を伝えられることから，コミュニケーション効果は高くなる。

　セールス・プロモーションは，割引クーポン，サンプル（試供品），懸賞（例：1名様に自動車をプレゼント）などの手段を使って，製品に対する関心を高めようとする活動である。近年では，SNS（Social Networking Service）を通じてクーポンを配布したり，ホームページで懸賞への応募を受け付けたりすることも増えてきている。

　プロモーション活動には以上のような種類があるが，製品の価値をうまく伝えるために，これらの手段をどう組み合わせていくかを考えることがプロモーション政策の基本である。しかし，インターネットの普及とともに，これまでのマスメディア（テレビ，ラジオ，新聞，雑誌）を中心としたプロモーション活動ではなく，インターネット・メディアに重点をおいた新たなプロモーション政策のあり方が提唱されている。

　それが「トリプル・メディア」[7]という考え方である。「トリプル・メディア」（3つのメディア・媒体）とは，ペイド（paid＝金銭を支払う）メディア，オウンド（owned＝自社で所有する）メディア，アーンド（earned＝獲得された）メディアのことである。

　「ペイド・メディア」とは，自社で金銭を支払って利用するメディアのことで，テレビ広告，インターネット広告，サンプル配布，懸賞など，これまでに説明したようなプロモーション活動のほとんどが含まれる。「オウンド・メディア」は，自社で所有・展開しているメディアのことで，自社の会員組織，自社のウェブサイト，ブログ，SNSのアカウントなどが含まれる。また，「アーンド・メディア」は，自社がこれまでに獲得した（自社に対する）世の中の評価が示されるもので，マスメディアでの報道，消費者のクチコミ，SNSへの投稿などが代表的なものである。

　これらを比較してみると，企業として最も管理しやすいのはオウンド・メディアである。しかし，消費者の立場からすれば，企業や製品に関して最も信頼性の高い情報を提供してくれるのはアーンド・メディアである。そこで，現在では，多くの消費者がアーンド・メディアの情報を活用してさまざまな製品

の評価を行うようになっている。

　このような動きを受け，企業も，自社で管理することのできないアーンド・メディアにおいて，どのようにして良好な評価を得ていくか（あるいは悪い評価を得ないようにするか）を考えなければいけなくなっている。プロモーション政策はより多様化し，より難しい対応が求められるようになっているのである。

　(d) チャネル政策 (Place)

　よい製品を開発し，適切な価格が設定され，その製品の情報がうまく消費者に伝えられても，それだけで製品の売上高が増えるわけではない。その製品を購入してもらうためのチャネル（販売経路）をうまく整えておかないと，消費者が製品を購入しにくかったり，製品のイメージを維持できなかったりするからである。

　そこで，4つめのPとして，販売チャネルの設計という問題が重要になる。具体的には，製品を消費者に向けて販売してくれる流通業者（卸売業者や小売業者）をどう組み合わせるかを考えるのである。そのような販売チャネルの設計については，製品の種類や販売方法によって3つの基本的なパターンがある。「開放的チャネル」，「選択的チャネル」，「排他的チャネル」の3つである。

　「開放的チャネル」は，できるだけ多くの小売業者で製品を販売していこうとするものである。「最寄品」（もよりひん）とよばれる，購入頻度が高く，購入時にあまり時間をかけない製品（一般食品や日用品など）が対象になることが多い。この開放的チャネルでは，スーパーマーケットやコンビニエンス・ストアなどできるだけ多くの小売業者で製品を販売しようとするため，多くの卸売業者が活用されることになる。

　「選択的チャネル」は，おもに「買回品」（かいまわりひん）といわれる，購買頻度が低く，品質や価格をよく比較して買う製品（衣料品，家電製品，家具など）が対象になる。これは，開放的チャネル設計とは異なり，販売する小売業者を制限することによって，製品のイメージを維持したり，販売時に詳しい説明を加えたりしていこうとするチャネル設計のあり方である。

206————○

図表 8 − 6 　チャネル設計の基本パターン

	開放的チャネル	選択的チャネル	排他的チャネル
対象製品例	・最寄品 （一般食品，日用品等）	・買回品 （衣料品・家電・家具等）	・専門品 （自動車，ブランド品，宝飾品等）
流通業者数	多い	中程度	少ない
長所	・販売機会が多い	・消費者に説明が可能 ・製品イメージや価格の管理が可能	・消費者に詳しい説明が可能 ・製品イメージや価格の管理が容易
短所	・製品イメージや価格の管理が困難	・販売機会が少ない	・販売機会が少ない ・製造業者の負担が大きい

出所：小川孔輔『マーケティング入門』日本経済新聞出版社，2009 年，p.562 を修正。

　「排他的チャネル」は，「専門品」といわれる高価で独自の価値や特徴を持った製品（自動車，ブランド品，宝飾品など）が対象になる。販売する小売業者を厳しく限定して（あるいは小売店舗も自社で展開して），選択的チャネルよりもさらに製品イメージや接客体制を強化していこうとするものである。

　チャネル設計には，基本的にこれら３つのパターンがある（図表 8 − 6）。製品の特性や販売方法をふまえたうえで，流通業者の組み合わせを考えていく必要があるのである。

　しかし，チャネル設計がすめば，それで終わりというわけではない。自社の製品を販売してくれる流通業者に影響を及ぼして，自社の製品を（できれば優先的に）より多く販売してもらうことが必要になるからである。このチャネル管理の問題は，流通業者に対して，「パワー」とよばれる影響力を行使することで可能になると考えられている。

　「パワー」には，「経済パワー」，「情報パワー」，「組織パワー」の３種類がある[8]。「経済パワー」とは，流通業者に報酬を与えることで影響力を強めるものである。例えば，計画通りの販売量が達成できたときに追加で報酬を支払うなどのことが行われる。「情報パワー」は，流通業者が持っていない，製品に関する専門的な知識や情報からもたらされる。製品に関するくわしい情報がな

ければ，流通業者は製品をうまく販売することができないからである。「組織
パワー」は，事前に流通業者との間で結ばれた契約から生まれるものである。
一度契約を結べば，その内容を守ろうという動機がはたらき，協力して行動し
ようという思いが強まることになる。

　このように，チャネルの管理にあたっては，パワーの行使が重要だとされ
る。しかし，流通業者からの協力体制を引き出すには，パワーではなく，かれ
らとの間に"信頼関係"を築くことが重要だという主張もある。現在では，流
通業者の大規模化もあって，流通業者を単に取引相手とみるのではなく，お互
いの利益を考えた「パートナー」とみなす姿勢がより重要になってきているよ
うである。

　また，最近では，インターネット販売が急成長をとげている。製造業者
（メーカー）が，流通業者を活用しなくても，製品を消費者に直接販売できる環
境が整っているのである。しかし，製造業者がインターネットを使って直接消
費者への販売を行えば，これまで取引を行ってきた流通業者の売上高は減少し
てしまう。そうなると，その流通業者からはもはや協力が得られなくなってし
まう可能性がある。インターネット販売に取り組む場合には，現在の取引相手
に与える影響も考える必要があるといえる。

　以上のように，マーケティング活動の基本は，「STP」によってターゲット
消費者と製品のポジショニングを明確にし，「4P」によって，それをどう提供
するかの具体策を決めるというものである。しかし，ここで注意したいこと
は，ターゲット消費者と4Pとの整合性，そして4Pそれぞれの整合性，これ
らの2点である。

　ターゲット消費者と4Pとの整合性とは，ターゲット消費者を設定したら，
その人たちに合った製品，価格，プロモーション，チャネルを考えていかなけ
ればならないということである。20歳代の女性をターゲット消費者に設定し
たら，彼女たちが関心を示しそうな製品を開発し，彼女たちが買いやすい価格
を設定し，彼女たちが好みそうな広告メッセージを作り，かつ彼女たちがよく

立ち寄る小売店舗で販売しなければ効果が少ないということである。

　また，4Pどうしの整合性とは，製品，価格，プロモーション，チャネルの4つが無理なく結びついているかということである。高品質な製品を開発し，相当な高価格で販売することにしたにもかかわらず，それをスーパーマーケットやコンビニエンス・ストアで販売することは適切でないだろう。また，低価格で多くの消費者に購入してもらおうと考える製品を，販売員を通じてくわしい説明を加えながら販売していくような方法もふさわしくない（この場合は，テレビなどマスメディアによる広告を利用するほうがよい）。

　このように，「STP」と「4P」を組み立てるときには，それぞれの要素を別個に考えるのではなく，ターゲット消費者と4Pとの関係や4Pどうしの関係をよく考える必要があるのである。

3． ブランド価値

　ここまで，マーケティングの基本体系として「STP」と「4P」についての説明を行ってきた。ここでは，1990年頃から大きく注目されるようになった「ブランド価値」について考えてみよう。

　ブランド品は，それぞれ独特のイメージを持っている。それを身につけていると（車ならそれに乗っていると，食品ならそれを食べると），自尊心がくすぐられるような，少しうれしい気持ちになる。ブランド品がもたらすこのような価値とは，いったい何なのだろうか。また，そのような価値を生み出すためにはどうしたらよいのだろうか。

（1） ブランドとは

　ブランドとは，「ある売り手の製品を他の売り手のそれと識別するための名前，用語，デザイン，シンボルをはじめとする特徴及びそれらの組み合わせ」[9]とされる。つまり，人間の五感に訴えて他の製品との違いを識別させる

ものは，すべてブランドをかたち作る要素になるのである。

　また，ふだん私たちがよく目にするブランドには，「企業ブランド」と「製品ブランド」がある。トヨタ，花王，日清（日清食品），アップルなどが企業ブランド，プリウス，アタック，カップヌードル，iPhone などが製品ブランドである。ブランドにはこのような階層性があるため，新たなブランドを開発するときには，企業ブランドと製品ブランドとの関係をよく考えた対応が必要になる。

　これまでは，ブランドを作り出すのは製造業者が中心だったが，最近では小売業者も独自ブランド商品の販売に力を入れており（セブン＆アイグループの〝セブンプレミアム〟やイオンの〝トップバリュ〟などが代表的なものである），現在では，製造業者と小売業者の両方がブランド価値の構築に向けた取り組みを行うようになっている。ちなみに，製造業者が主体となって生み出すブランドを「ナショナル・ブランド（NB）」といい，小売業者や卸売業者が独自に開発するブランドを「プライベート・ブランド（PB）」という。

（2）ブランド価値とそのマネジメント

　ブランドがもたらす価値，つまりブランド価値とは，「品質や機能を超えた付加価値」のことである。同じようなはたらきをする製品がいくつかある中で，あるブランドだけに感じる，わくわく感や楽しさ，特別な思いなどがブランド価値なのである。企業がこのようなブランド価値を作り出すことができれば，他社の製品に対する競争優位を築くことができる。「ブランド資産」[10]といわれるように，ブランド価値は企業にとっての重要な差別化の手段になるのである。

　そのようなブランド価値について，よりくわしく理解するための枠組みが図表8－7の「製品価値の構造」である。

　図表8－7には，4つの製品価値が示されている。製品の「基本価値」とは，時計が時を示したり，自動車が人を移動させたりするような，その製品が存在するうえでの基本的な価値である。「便宜価値」とは，取り扱いが簡単だった

図表 8 - 7 製品価値の構造

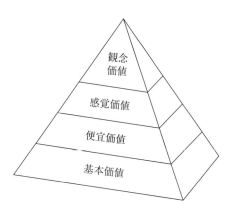

観念
価値

感覚価値

便宜価値

基本価値

出所：和田充夫他『マーケティング戦略 第 4 版』有斐閣，2013 年，p.349。

り，パッケージが持ちやすかったりするような，製品の便利さに関する価値である。また，「感覚価値」は，その製品の持つ楽しさや美しさ，魅力などに関する価値である。この感覚価値は，おもにパッケージのデザイン，色，絵柄や広告メッセージなどから生み出されるといわれている。そして，「観念価値」とは，製品の持つ主張や理念，物語性などから生み出されるもので，消費者の共感や思い入れを呼び起こすようなより高いレベルの価値である。この 4 つの価値のうち，「感覚価値」と「観念価値」が品質や機能を超えた付加価値の部分，すなわち製品のブランド価値となるのである[11]。

　製品にはこれらの 4 つの価値があることを考えると，ブランド価値を生み出すための基本的な方向性を理解することができる。

　すなわち，ブランド価値を生み出すためには，まず製品の基本的な価値を確立することである。正確性や安全性といった価値が中途半端だと，ブランド価値以前に製品としての価値自体が損なわれてしまうからである。つぎに，そこに便宜価値を付け加えていく必要がある。消費者が製品を使用するときに使いやすさや便利さを感じれば，その製品に対する好意的な気持ちを強めることになるからである。そして，これらの品質や機能に関する価値を確実なものにし

たうえで，製品のデザインや色，広告メッセージなどによって，感覚価値を高める工夫を行っていくことが必要になる。

　しかし，そこに，さらに観念価値をもたらすことは簡単ではない。観念価値とは，（消費者のそのブランドに対する共感や思い入れなどの）消費者とそのブランドとの強い結びつきそのものだからである。このようなブランドとの強い結びつきを生み出すには，長い時間をかけた企業と消費者とのかかわり合いが必要になる。企業としては，インターネットや小売店舗を介して製品の持つストーリーを紹介したり，消費者との対話を促進したりして，長期的な視点から消費者の共感を呼び起こすような双方向の取り組みを続けていくことが必要なのである[12]。

【*Review exercise*】

1．現在人気のある製品を1つ取り上げ，その製品のマーケティング戦略を「STP」と「4P」の視点から分析しなさい。

2．あなたが「ブランド価値」があると考える製品を1つ取り上げ，そのブランド価値は何か，また，そのブランド価値を高めたり，維持したりするためにどのような工夫が行われているかを考えなさい。

3．サービスのマーケティングは，モノのマーケティングとどのようなところが違うのか考えなさい。

── 考えてみよう！

【注】

（1）戸田裕美子「アメリカにおけるマーケティングの発祥」『現代マーケティングの基礎知識』創成社，2013 年，pp.30-41。

（2）P.F. ドラッカー『エッセンシャル版マネジメント』ダイヤモンド社，2001 年，p.17。

（3）代表的なマーケティング学者である P. コトラーは，マーケティングの目的は消費者を満足させることから，世界をよりよい場所にすることになったと述べている（P. コトラー他『コトラーのマーケティング 3.0』朝日新聞出版，2010 年）。

（4）小川孔輔『マーケティング入門』日本経済新聞出版社，2009 年，pp.24-27。

（5）小川孔輔『マーケティング入門』日本経済新聞出版社，2009 年，p.325。

（6）徳田賢二『おまけより値引きしてほしい―値ごろ感の経済心理学』ちくま新書，2006 年，p.51。

（7）トリプル・メディアという用語は，T. レベリヒトが 2009 年に IT 情報サイトに発表したレポートがきっかけで広がり始めたとされる（恩蔵直人他『R3 コミュニケーション』宣伝会議，2011 年，p.45）。

（8）小川孔輔『マーケティング入門』日本経済新聞出版社，2009 年，pp.567-569，矢作敏行，『現代流通』有斐閣，1996 年，pp246-248。

（9）和田充夫・日本マーケティング協会編『マーケティング用語辞典』日本経済新聞社，2005 年，p.191。

（10）D.A. アーカー『ブランド・エクイティ戦略』ダイヤモンド社，1994 年。

（11）和田充夫『関係性マーケティングの構図』有斐閣，1998 年，pp.208-213。

（12）和田充夫他『マーケティング戦略 第 4 版』有斐閣，2013 年，pp.348-354。

【勉強を深めるための参考文献】

石井淳蔵・栗木　契・嶋口充輝・余田拓郎『ゼミナール マーケティング入門 第 2 版』日本経済新聞出版社，2013 年。

小川孔輔『マーケティング入門』日本経済新聞出版社，2009 年。

徳田賢二『おまけより値引きしてほしい―値ごろ感の経済心理学』ちくま新書，2006 年。

和田充夫・日本マーケティング協会編『マーケティング用語辞典』日本経済新聞社，2005 年。

和田充夫・恩蔵直人・三浦俊彦『マーケティング戦略 第 6 版』有斐閣，2022 年。

【*Coffee Break*】

地域ブランド

　「地域」にもブランド価値を生み出そうという動きがある。「地域ブランド」構築への取り組みである。この背景には，人口の減少，産業の衰退，財政の危機などに見舞われる地方をもう一度活性化していこうという思いがある。

　しかし，ひと口に地域ブランドといっても，何をブランド化していくのかについては，いくつかの考え方がある。例えば，地域の"名産品"をより有名にしていこうという考え方がある。また，地域の"観光地"をより有名にして，多くの観光客に来てもらおうという考え方もある。あるいは，地域をより魅力的なものにして，多くの人にとって"住みたい街"にしていこうという考え方もある。

　ここでは，これまでの研究に基づいて，地域の名産品をブランド化するために必要なこと，地域を住みたい街にしていくために求められることについて紹介しよう。

　全国の389種類の特産品に関するデータを分析した田村（2011）によれば，それらの特産品は，消費者との結びつきをもとにグループ化すると，発展段階のもの，発展途上のもの，そして未発展のものという3つに分けられる。発展段階にあるものは，消費者によく知られているうえに，よく購入されるものである。夕張メロン，青森りんご，愛媛みかん（果物），あるいは白い恋人，萩の月，うなぎパイ，安倍川もち（菓子）などが代表的なものである。

　そして，このようにすでに発展段階にある特産品は，ブランド化を目指してその商品の常用者をさらに増やしていくことが必要であり，そのためには産地の気候や風土との結びつきを強めたり，贅沢感を高めたりする取り組みが必要になるという。一方，未発展の特産品の場合は，とにかく知名度を上げてより多くの消費者に知ってもらうことが第一の課

題になるということである。

　一方，地域を人々にとってより“住みたい街”にするためには，どのような取り組みが必要になるだろうか。この点について研究した電通・和田他（2009）によると，まず，自然，歴史，文化，伝統などからもたらされる「地域らしさ」を打ち出すことが大切だという。そして，そのような取り組みを行う中で，自分の成長や目標の達成を感じられるような「自己実現価値」，精神的なゆとりや安心感をもたらす「ゆとり価値」などの要素を付け加えていくことが，住みたい街としての魅力づくりにつながるということである。

　このような地域ブランドに関する研究成果をみても，ブランド価値を生み出そうとする取り組みには，戦略的な発想とともに，長期にわたるたゆまぬ努力が必要なことがわかる。

（参考文献：田村正紀『ブランドの誕生』千倉書房，2011年，電通 abic project 編・和田充夫他『地域ブランド・マネジメント』有斐閣，2009年）

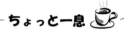
ちょっと一息

第9章▶財務戦略と経営分析

1. 貸借対照表

　企業財務についての知識を深める第一歩は，貸借対照表（Balance Sheet：B／S）の仕組みを正確に理解することから始まる。通常，貸借対照表とは企業の一時点における財政状態を明らかにするものであると説明される。ここで注目すべきは「一時点」という言葉であり，それは貸借対照表がストック概念であることを意味している。ストックとは企業の経済状況をある特定の日の静止画でとらえたようなものであり，個人の家計にたとえるならば，ある日の財布（あるいは金庫や銀行）のなかにお金がいくら入っているのかを表す概念である。

　貸借対照表は「資産」「負債」，そして「資本」から構成され，さらに企業のストックの状態を，資金の調達源泉ならびに資金の運用形態という2つの側面から把握するところに大きな特徴がある。

図表 9 − 1　貸借対照表

貸借対照表

資金の運用形態〈　　　　　　　　〉資金の調達源泉

　貸借対照表の右側（貸方）は資金をどこから調達したかを示す場所であり，銀行など他人から借入れた場合は負債に，株主によって払い込まれた資金は資本に記入される。一方，左側（借方）は，調達した資金をどのように運用しているかを示す場所であり，現金，商品，建物など運用している資産で示される。例えば，銀行から 2,000 円借入れ，株主からの出資が 1,000 円という場合，その資金の合計 3,000 円のうち 2,000 円で商品を仕入れ，残りを現金のまま保持しているケースの貸借対照表は図表 9 − 2 のようになる。

図表 9 − 2　調達と運用

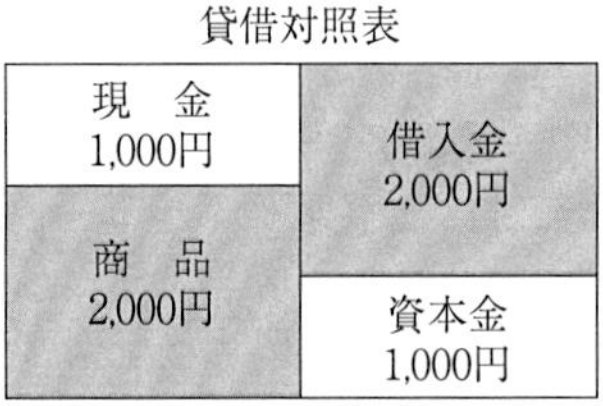

貸借対照表

現　金 1,000円	借入金 2,000円
商　品 2,000円	資本金 1,000円

　貸借対照表の仕組みを，資金の調達源泉と運用形態という観点から理解する方法は，企業財務を学ぶ上での基礎となる。ここでさらに資産と負債を「流動」と「固定」に区分する。1 年基準（ワンイヤールール）は 1 年以内に現金化されるか返済期限が来るかどうかで流動，固定に分類する基準である。正常営業循環基準は，商品の仕入から販売という営業循環内にある仕入債務，売上債権，棚卸資産を流動項目とする基準である。元来これらの区分は流動性配列法という会計制度上の表示基準の問題であるが，これらはさらに図表 9 − 3 のよ

うに貸借対照表を３つの領域に分類し，キャッシュフロー計算とも深く関わる
企業財務の詳細な構造を浮き彫りにさせる。なおここで，資本は株主持分を強
調する「株主資本」（あるいは自己資本）とする。

図表９－３　流動と固定の区分

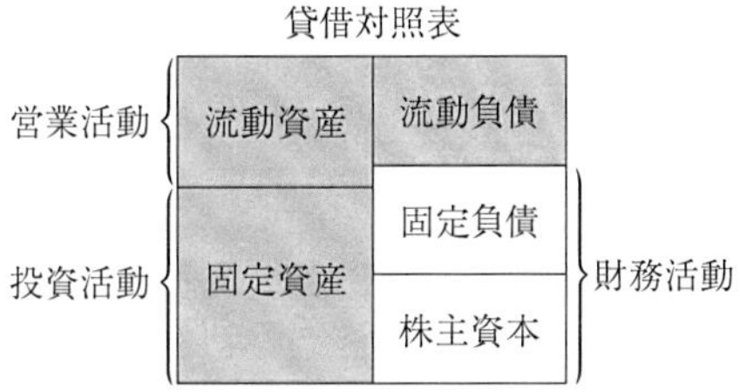

貸借対照表

営業活動	流動資産	流動負債
投資活動	固定資産	固定負債
		株主資本

（右側：財務活動）

出所：西山茂『戦略財務会計』ダイヤモンド社，
2001 年，49 頁を参考にして作成。

　流動資産，流動負債の領域は，主として現金，売上債権，棚卸資産，仕入債
務など，いわゆる運転資本を構成しており，ここに営業活動に関わる短期資金
の回転を見ることができる。固定負債（社債や長期借入金），株主資本は長期の
資金調達，すなわち財務活動を示す領域であり，固定資産はその長期の資金が
どのような設備に投下され運用されているかを示す，投資活動の領域である。
こうした貸借対照表を３領域に区分して分析する方法は，次節でみるキャッ
シュフロー計算書を理解する基礎となる。

２．　利益とキャッシュフロー

（１）損益計算

　企業のストックである資産は，企業価値の源泉となる。しかし，守銭奴のよ
うにただ資産を静的に保持しているだけでは企業価値は形成されない。資産を
動的に運用しフローを生み出すことによって初めて，企業価値は認識されるの

図表 9 - 4　損益計算書

損益計算書

である。

　ストックが時点概念であったのに対し，フローは期間概念である。例えば今現在，財布のなかに 50,000 円入っているというのはストック概念であるが，今週 1 週間アルバイトで 10,000 円稼いだというのはフロー概念である。企業財務の理解をさらに深めていくためには，このストックとフローの関係をしっかり押さえておく必要がある。財務会計上フローには，「利益」と「キャッシュフロー」の 2 つがあるが，ここではまず利益から見ていくことにする。

　利益（マイナスは損失）は，収益－費用という計算式で算出され，この関係を表したものが損益計算書（Profit and Loss Statement：P／L）である。通常，損益計算書は，企業の「一期間」の経営成績を明らかにするものであると説明されるが，ここでは貸借対照表との関係を具体例を用いて探ることにより，財務会計におけるストック・フロー計算の仕組みを明らかにしていくことにしよう。

【例 1 】①株主による払込 30,000 円，銀行からの借入れ 50,000 円（いずれも現金）により事業開始。そして商品 20,000 円を現金で仕入れ，さらに建物 50,000 円を現金で購入する。

②商品 15,000 円を 30,000 円で売上げ現金で受け取る。建物の取得原価の 10 分の 1 を減価償却費として計上する。

　これは①の状態で事業を開始し，②の取引をへて期末を迎えた 1 会計期間の事例である。その他の取引は一切ないと仮定すると貸借対照表と損益計算書の

図表9−5　貸借対照表と損益計算書の関係

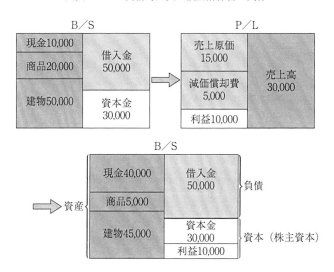

関係は図表9−5のようになる。

　この流れをよりわかりやすい形に図式化すると次のようになる。

図表9−6　資産の費用化

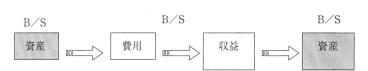

　資産のうち商品15,000円，建物5,000円を費用化し，収益として売上高30,000円のリターンを現金で回収したということである。つまり，資産20,000円を活用して，収益30,000円−費用20,000円＝利益10,000円のフローを生み出したのである。ここで費用化とは収益30,000円をもたらすのにかかった価値の犠牲である。

　この費用化をイメージできるかどうかが損益計算を正確に理解できるかどうかの鍵となる。「現実」がそうだからなのではなく，貸借対照表や損益計算書

などの財務諸表が逆にそうした「現実」を合理的に作り出すのである。こうした理屈を体系化したものが会計理論であり，制度化し，規則化したものが会計基準である。

　費用配分の原則は損益計算の根本原理である。例えば，建物や機械などの固定資産の取得原価は，定額法や定率法などの規則的な方法により，耐用年数にわたり減価償却費として徐々に費用化するのである。この減価償却こそが費用配分の典型的例であるが，その目的はあくまで適正な期間損益計算，すなわち収益・費用を正確に各会計期間に帰属させ，期間ごとの収益力（利益というフローを生み出す力）をリアルに表現することにある。ちなみに商品や建物のような費用化する資産のことを費用性資産，これから費用性資産に投下されるもの，あるいは収益として回収済みの現金などを貨幣性資産という。これらの用語を使って費用化の図式をより一般化して示すと次のようになる。

　　貨幣性資産 ⇒ 費用性資産 ⇒ 費用 ⇒ 収益 ⇒ 貨幣性資産 ⇒（繰り返す）

　これがいわゆる資本の回転であり，資本（資産）を回転させながら利益というフローを生み出すさまを明らかにするのが損益計算である。後に詳しく見るROA や ROE などの資産利益率は，資産を効率的に用いて利益を生み出しているかを端的に表現するものであり，財務管理上欠くことができない経営分析指標となる。

（2）キャッシュフロー

　損益計算は，収益・費用という尺度で，リアルな企業業績のダイナミズムを測定しようとする。例えば，営業所の家賃はそれを現金で支払った時点ではなく，部屋の提供というサービスを受けている時間の経過とともに費用となるのである。このような現金の収支ではなく，経済的事実の発生という視点から企業活動を認識しようとする考え方を「発生主義」もしくは「発生主義会計」という。

　しかし，こうした発生主義の計算方法が普及しだした19世紀の末から20世紀の初頭にかけて，当時のイギリスやアメリカの経営者たちを奇妙な現象で悩ますようになった。それは利益が出ているにもかかわらず，手許に現金がないという現象であった。損益計算上黒字なのに，配当や税金を支払うために，銀行から借入れをする羽目になったのである。なかにはこの現象で倒産する企業も出てきた。これがいわゆる「黒字倒産」である。黒字倒産は，20世紀の発生主義会計が生み出した象徴的な問題であった。そこでこうした問題に対処すべく，貸借対照表でも損益計算書でもない，第3の財務諸表としての資金計算書探求の歴史が始まるのである。

　発生主義会計の欠点は，現金の動きを見えにくくした点にある。現金収支では十分に把握できない企業活動のダイナミズムを，発生という概念でとらえようとした結果，現金の動きを背後に押しやってしまったのである。そこで現金の動きを探るべく資金計算書の議論が始まったが，当初「資金」という概念は，「総資本」ととらえられたり，「運転資本」と定義されたりして，あいまいであった。しかし，その後対象を「現金」に限定した「キャッシュフロー」という概念が考えだされ，1980年代には「キャッシュフロー計算書」がアメリカで制度化されたのである。

　キャッシュフロー会計の持つ意味は，資金繰り計算にとどまるものではない。キャッシュフローという概念が生み出された背景には，黒字倒産以外に，損益計算の「恣意性」という問題があった。費用配分という考え方には，客観的事実が必ずしもそこにあるわけではなく，経営者の判断が入る余地が生じる。これに対して現金の流れは紛れもない客観的事実である。つまり，キャッシュフローとは，恣意性がある利益概念に対して，客観性という点からリアリティを補完するもう1つのフロー概念なのである。以下，具体例を用いて説明していくことにしよう。

【例2】商品 50,000 円を掛で売上げたが未回収。売上原価を含めた諸費用は 30,000 円で 10,000 円は現金で支払い済み。

　こうしたケースで，損益計算とキャッシュフロー計算の結果はそれぞれつぎのようになる。

〔損益計算〕　　　　　50,000円−30,000円＝20,000円
　　　　　　　　　　　　売上高　　　営業費用　　　利　益

〔キャッシュフロー計算〕　　0円　　−10,000円＝−10,000円
　　　　　　　　　　　　現金収入　　営業支出　キャッシュフロー

　損益計算では，商品を引き渡した時点で売上収益を計上する。この計上基準を「実現主義」というが，これによれば売上高が現金で回収されない売上債権（売掛金，受取手形）の状態でも，売上収益を認識することになる。また，売上原価については，仕入商品の原価をその商品が販売された時点で計上する。この際，仕入原価が現金で支払済みであるか，仕入債務（買掛金，支払手形）の状態であるかは関係ない。その他の営業費用は現金支出時に費用として認識する。

　一方，キャッシュフロー計算では，売上代金は現金でまだ回収されていないので現金収入は0円，仕入代金は10,000円支払ったので現金支出は10,000円，その結果マイナス10,000円のキャッシュフローとなる。結局損益計算ベースでは20,000円の黒字であるのに対してキャッシュフロー計算ベースでは，マイナス10,000円の赤字となるのである。ここに黒字倒産の可能性が出てくるのであるが，その主な原因は売上債権の回収などいわゆる運転資本の管理にあることがあげられる。

　キャッシュフローを正確に理解するためには図表9−7のような簿記における現金勘定を利用するのが一番わかりやすいといえる。

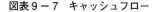

図表9－7　キャッシュフロー

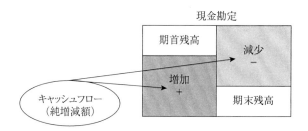

　ここでキャッシュフローは現金勘定の左側（借方）の増加と右側（貸方）の減少との差額の純増減額を意味する。あくまでフローであり，期末残高を意味するものではないことに注意を要する。キャッシュフロー計算書では，この現金の純増減額を営業活動，投資活動，財務活動の３つの活動に概念的に分類して把握する。

図表9－8　キャッシュフロー計算書

キャッシュフロー計算書
営業活動によるキャッシュフロー
±投資活動によるキャッシュフロー
±財務活動によるキャッシュフロー
＝　　　　現金の純増減額
＋　　　　現金の期首残高
＝　　　　現金の期末残高

　図表9－8のようにキャッシュフロー計算書はその基本的構造においては現金勘定となんら変わるところはない。ただキャッシュフロー計算書の理解を初学者に困難ならしめているのは「営業活動によるキャッシュフロー」の計算方法の特殊性にある。営業活動によるキャッシュフローは，営業収入－営業支出（直接法）で求めることができるが，通常は収益・費用のフロー計算である損益計算から逆算で算出する。その理由は今日の会計がそもそも損益計算をベース

に帳簿が組み立てられており，キャッシュフローのための帳簿が存在しないことにある。それは発生主義にもとづく収益－費用＝利益を，現金収入－現金支出＝キャッシュフローに変換する作業を意味する。その方法を間接法というが計算式は次のようになる。

営業活動によるキャッシュフロー＝当期純利益＋減価償却費－運転資本の増加額

この式は，損益計算とキャッシュフロー計算の違いを理解するための基本式でもある。そこでつぎのような具体的なケースを使ってこの式の意味を説明することにしよう。

【例3】損益計算とキャッシュフロー計算に次のようなズレがあったと仮定する。

〔損益計算〕　　　　　1,000円 － 800円 ＝ 200円
　　　　　　　　　　　　売上高　　諸費用　当期純利益　　　　　　　　ズレ

〔キャッシュフロー計算〕　700円 － 200円 ＝500円
　　　　　　　　　　　営業収入　営業支出　営業活動によるキャッシュフロー

ズレの原因に関する資料は次のようであった。

〔修正項目〕

諸費用の内訳：		運転資本の変化：	
売 上 原 価	500	売掛金の増加	300
減価償却費	200	商 品 の 減 少	100
人件費支出	100	買掛金の増加	300

ここで当期純利益200円から出発して，修正項目を加減することにより営業活動によるキャッシュフロー500円を算出してみよう。ポイントは，まず減価償却費のようなノンキャッシュの費用は現金支出がないので加算（収益の場合は減算）する。つぎに，売上債権の回収と仕入債務の支払いのタイムラグにより

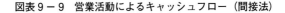

図表9－9　営業活動によるキャッシュフロー（間接法）

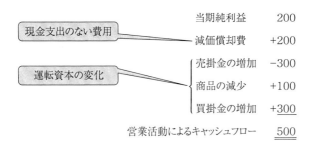

必要となる，「つなぎ資金」としての運転資本の増加を減算（減少は加算）することである。その結果は，図表9－9のようになる。

　当期純利益に比べて営業活動によるキャッシュフローの方が大きくなる原因としては，近年実施された巨額な設備投資の減価償却費が考えられるし，反対にキャッシュフローが少ない原因としては，運転資本の管理がうまくいっていないことが考えられる。なお，投資活動によるキャッシュフローは，設備投資や有価証券投資にかかわるキャッシュフロー，財務活動によるキャッシュフローは，資金調達にかかわるキャッシュフローで，それぞれ収入－支出（直接法）で算出される。

3.　運転資本

　資金計算書の歴史は，19世紀末のイギリスにおける比較貸借対照表から始まった。それは損益計算の背後に隠された現金の動きを貸借対照表の各項目の変化のなかから探そうとするものであった。このことはキャッシュフロー計算書にもあてはまる。図表9－3をもう一度見ていただきたい。営業活動によるキャッシュフローは，貸借対照表における流動資産・流動負債の部，そして損益計算書，投資活動によるキャッシュフローは，固定資産の部，財務活動によ

るキャッシュフローは固定負債と株主資本の部，における現金の動きとほぼ対
応する。

　運転資本は，商品の仕入，販売という営業循環を維持していくために必要な
資金であり，常に仕入代金の支払いより，売上代金の回収の方が時間的に早け
れば０円となる。それは現金以外の流動資産と流動負債の差額として定義さ
れ，営業活動のキャッシュフロー増減の原因を理解するための鍵となる。以
下，具体例を使って説明しよう。

【例４】①商品 10,000 円を掛で仕入れる。

　　　　②商品 5,000 円を 6,000 円で売上げ掛とする。

　　　　③買掛金 10,000 円の支払期限が近づいてきたため銀行より現金
　　　　　10,000 円の短期借入れを行う。

　　　　①から③の流れを貸借対照表の流動資産・流動負債の部で表すと，次
　　　　のようになる。

図表 9 − 10　運転資本の計算例

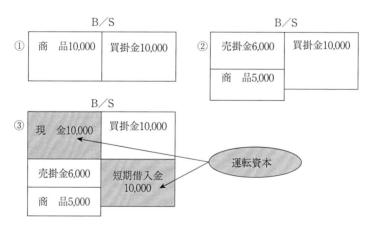

　ここで③において，銀行より借入れた現金 10,000 円が運転資本である。企
業内部に余裕資金があれば必ずしも借入れる必要はない。ただ，売掛金 6,000

円と商品 5,000 円が販売され，かつ現金で回収されていれば，不要な資金となる。運転資本が，営業活動を継続していくための「つなぎ資金」といわれる理由はここにある。

　このように運転資本とは，商品の仕入，販売という営業循環に投下される必要資金のことをいい，その大きさは，損益計算には影響を与えないものの，キャッシュフロー計算，ひいては企業価値の側面からは，できるだけ圧縮することが望ましい。それは，売掛金と受取手形からなる売上債権を早く回収し，在庫は可能な限り保有しないという財務戦略が企業価値を創造することを意味している。この視点からは，仕入債務の支払期限は遅ければ遅いほど有利となる。したがって，狭義には，運転資本は次のように定義される。

$$運転資本＝売上債権＋棚卸資産－仕入債務$$

　これにさらに，前払金，未払金などのその他の流動資産，流動負債を含めると次のような式となる。この際，キャッシュフロー会計では，有価証券は投資活動として，短期借入金は財務活動として扱うので，控除する。

$$運転資本＝（流動資産－現金－有価証券）－（流動負債－短期借入金）$$

　営業活動におけるキャッシュフローの間接法による計算では，この式が用いられている。

4. フリー・キャッシュフローと企業価値評価

　営業活動におけるキャッシュフローからさらに設備投資に必要な現金純支出額を差し引いたものを「フリー・キャッシュフロー」という。それは営業ならびに設備投資という，いわゆる事業活動に必要な現金を除いたキャッシュフ

ローであり，資金提供者や経営者にとって完全に自由になるキャッシュフロー
を意味する。

フリー・キャッシュフロー＝当期純利益＋減価償却費－運転資本の増加額－
　　　　　　　　設備投資純支出額

　コーポレート・ファイナンスの企業価値評価論で用いられるキャッシュフ
ローは通常この概念を意味し，金融市場において利益以上に重要な意味を持つ
指標となってきている。損益計算の目的が一定期間にどれほど利益を稼ぎ出す
ことができるかという収益力を明らかにすることにあるのに対して，キャッ
シュフロー計算の目的は，一定期間にフリー・キャッシュフローをどれだけ作
り出すことができるかという「現金創出力」を明らかにすることにあり，単な
る資金繰り計算でない。それは現金の動きというものは常に客観的事実であ
り，実体のない概念的な損益計算に対して補完的にリアリティを与えるものと
なる。

　このように今日の財務会計は，損益計算とキャッシュフロー計算という2つ
の「フロー」で企業活動をとらえ，金融市場における透明性を制度的に担保す
ることに主眼を置いている。一方，コーポレート・ファイナンスにおいては，
企業価値とは「フリー・キャッシュフローを生み出す力」と定義される。効率
的市場仮説によれば，その値は常に投資家の期待を表す株式時価総額と一致す
ることになる。これはあくまで理論上の話であるが，通常企業価値は，将来に
おける期待キャッシュフローをその企業のリスク（不確実性）を反映した資本
コストで割り引いた現在価値として計算する。この計算方法をDCF法
(Discounted Cash Flow) という。

　ここでは貸借対照表を使って，企業価値の意味を考えてみよう。これまで見
てきた会計制度上の貸借対照表は取得原価で評価されており，それは「企業の
簿価」となる。これに対して企業価値とは，その企業が将来にわたって生み出
すであろうと投資家に期待されるキャッシュフローの流列の割引現在価値であ

図表9－11　企業価値と貸借対照表

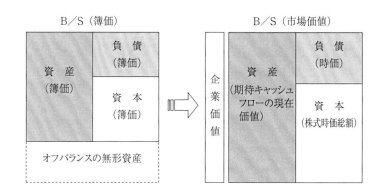

　り，それは「企業の市場価値」となる。

　企業の市場価値を貸借対照表で表すと図表9－11のようになる。簿価としての貸借対照表の場合，資産は取得原価で評価されることになるが，市場価値の貸借対照表では，その企業が保有する事業から期待される将来キャッシュフローを，割引率（資本コスト）で割り引いた現在価値を資産の評価額とする。そして，理論上，この評価額は負債（社債）と株式の時価総額に一致すると考えられるのである。つまり，負債の部分を除けば，企業価値は株価の理論値を示すことになる。

　貸借対照表の簿価と市場価値との差額には，ビジネスモデル，技術，販売網などのオフバランス化した無形資産が存在していることが想定される。したがって企業価値向上を目標とする財務戦略の主眼は，会計制度上の貸借対照表をスリムにしながら，こうした企業価値評価上認識される無形資産をいかに増大させるかに置かれることになる。

【例5】ABC航空は，新規の国際路線を開発し，今後5年間毎年1,000億円のフリー・キャッシュフローが生み出されることが予測された。なお，資金調達に要する資本コストは10%と計算された。負債による

資金調達はないものとする。

割引率を資本コストの 10% とし，ABC 航空の企業価値を割引現在価値法で計算すると次のようになる。

$$企業価値 = \frac{1,000}{1+0.1} + \frac{1,000}{(1+0.1)^2} + \frac{1,000}{(1+0.1)^3} + \frac{1,000}{(1+0.1)^4} + \frac{1,000}{(1+0.1)^5}$$

$$≒3,791 \ 億円$$

もし，ここで簿価の資産が 2,000 億円程度であったとしたら，オンバランスされない無形の資産が 1,800 億円程度存在することが考えられる。なお，資本コストとは，企業側から見た概念であり，投資家の側から見れば，配当ならびに株価の値上がり益からなる「期待収益率」である。それはいわゆる投資に対するリターンであり，その企業のリスクが高まれば期待収益率は上がり，企業価値は下がることになる。ここでリスクとは不確実性（株価の変動性）の度合を意味する。

5．財務諸表の分析

ストックとしての資産のフローを生み出す力が企業価値を決める。それを端的に表す財務指標が資産利益率である。資産利益率には ROA（return on assets：総資産利益率）と ROE（return on equity：株主資本利益率）が代表的であるが，ここでは ROA を用いて，事例分析を行ってみよう。

【例 6】 X 社と Y 社における過去 3 年間の財務データの推移は下記のとおりであった。なお，売上高以外の収益項目はなかったものとする。

図表 9 - 12　財務諸表の分析

（単位：千円）

	年　度	X 社			Y 社		
		2003	2004	2005	2003	2004	2005
B/S	資　産	2,000	2,200	2,200	1,500	1,600	1,700
	負　債	1,810	2,040	1,950	1.350	1.390	1,350
	資　本	190	160	250	150	210	350
P/L	売上高	2,000	1,900	2,100	1,200	1,300	1,400
	諸費用	1,989	1,895	2,070	1,177	1,274	1,373
	当期純利益	11	5	30	23	26	27
C/F	営業活動 CF	150	70	135	90	150	130
指標	ROA（%）	0.6%	0.2%	1.4%	1.5%	1.6%	1.6%
	売上高利益率（%）	0.6%	0.3%	1.4%	1.9%	2.0%	1.9%
	資産回転率（回）	1.0	0.9	1.0	0.8	0.8	0.8
	CFマージン（%）	7.5%	3.7%	6.4%	7.5%	11.5%	9.3%

　ここで ROA は総資産を使用して，どれほど効率的に利益を生み出しているかを示す指標であり，その式は，ROA ＝当期純利益÷総資産と表されるが，さらに次にように分解できる。

$$\frac{当期純利益}{総資産} = \frac{当期純利益}{売上高} \times \frac{売上高}{総資産}$$
$$\text{(ROA)} \quad\quad \text{（売上高利益率）} \quad \text{（資産回転率）}$$

　このように，ROA は売上高利益率と資産回転率を乗じたものとなる。売上高利益率は収益力を示す指標であり，資産回転率は，売上高をあげるのにどの程度資産を効率的に用いているのかを示す指標である。利益率を上げれば，通常，販売量が減少することから，両者はトレードオフの関係にあるとされる。以下，この式を適用して，事例を見ていくことにする。

　まず，ストックとしての資産を規模で比較すると，X 社の方が常に大きく推

移している。これに対してフローとしての当期純利益は，2005年は若干逆転しているものの，全体的にはY社の方が大きく推移していることがわかる。Y社は，少ないストックで，より多くのフローを生み出しているのであり，このことがROAに端的に現れている。X社のROAがこの3年間で平均約0.7％程度であるのに対して，Y社のそれは平均約1.6％に達しており，Y社の方が資産の効率性が高いことを示している。

この原因を，ROAの分解式を使って調べてみよう。資産の回転率は，それほど変わらないが，多少X社の方が高い。これに対して，利益率は，X社が平均約0.8％であるのに対して，Y社のそれは，平均約1.9％であり，明確にその違いが現れている。営業活動におけるキャッシュフローで見ても，金額そのものは平均するとそれほど変わらないものの，キャッシュフロー・マージン（＝営業活動におけるキャッシュフロー÷売上高）では，X社が平均5.9％であるのに対して，Y社のそれは9.4％とX社を大幅に上回っている。

これらのデータに限定して結論づけるならば，Y社の方が，資産を効率的に活用してリターンを生み出しているということができる。

近年の企業経営は，フローを生み出さないぜい肉資産を落とし，筋肉質になることが求められてきている。フローに変化がなければ，できる限り資産を圧縮することが効率的な経営と評価されるからである。そこで，資産を流動化する証券化などさまざまな金融技術が，財務戦略上の視点から注目されてきている。

こうしたなかでROAやROEなどの資産利益率指標の過去数年間の推移は，投資家が将来キャッシュフローを予測し，企業価値評価を実施するにあたり，企業のファンダメンタルズ（経済の基礎的条件）を示すのである。財務諸表分析の主たる目的は，こうした資産の収益性についての，ファンダメンタルズをつかむことにある。

【*Review exercise*】

1. 商品 5,000 円を仕入れ半分を現金で支払い残りを掛とした。この商品を 8,000 円で売上げ 6,000 円は現金で受取ったが，残りは掛となった。この場合における利益とキャッシュフローの金額をそれぞれ計算しなさい。（単位：円）

2. XYZ 社の X2 年度における損益計算と運転資本項目の増減は，下記のとおりであった。なお，この年における資本的支出（設備投資純現金支出額）は 28,000 円であり，ノンキャッシュの収益・費用項目は，減価償却費だけである。XYZ 社が X2 年度において生み出したフリー・キャッシュフローの金額を求めなさい。（単位：円）

損益計算書

減価償却費 10,000	収益 100,000
諸費用50,000	
利益40,000	

運転資本増減

	X1年B／S残高	X2年B／S残高
売掛金	25,000円	30,000円
商　品	23,000円	20,000円
買掛金	18,000円	10,000円

3. A社ならびにB社の X5 年度における財務内容は下記のとおりであった。両社の資産利益率を比較分析しなさい。この際 ROA を使い，さらに売上高利益率と資産回転率に分解すること。なお，収益は売上高しかないものとする。（単位：円）

A社B／S

資産 10,000	負債 7,000
	資本 3,000

A社P／L

諸費用 7,200	売上高 8,000
利益 800	

B社B／S

資産 3,000	負債 2,000
	資本 1,000

B社P／L

諸費用 3,500	売上高 4,000
利益 500	

考えてみよう！

【勉強を深めるために参考となる文献】

グロービス・マネジメント・インスティテュート『〔新版〕MBA アカウンティング』ダイヤ
　　モンド社，2004 年。

グロービス・マネジメント・インスティテュート『MBA ファイナンス』ダイヤモンド社，
　　1999 年。

中沢恵，池田和明『キャッシュフロー経営入門』日経文庫，1998 年。

マッキンゼー・アンド・カンパニー，本田桂子監訳『企業価値評価【第 4 版】（上・下）』ダ
　　イヤモンド社，2006 年。

ヒギンズ，R.C.，グロービス・マネジメント・インスティテュート訳『〔新版〕ファイナン
　　シャル・マネジメント』ダイヤモンド社，2002 年。

【Review exercise 解答】

1．利益計算：8,000 円 − 5,000 円 = 3,000 円

　　キャッシュフロー計算：6,000 円 − 2,500 円 = 3,500 円

2．期首の運転資本：25,000 円 + 23,000 円 − 18,000 円 = 30,000 円

　　期末の運転資本：30,000 円 + 20,000 円 − 10,000 円 = 40,000 円

　　運転資本の増加高：40,000 円 − 30,000 円 = 10,000 円

　　フリー・キャッシュフロー：40,000 円 + 10,000 円 − 10,000 円 − 28,000 円 = 12,000 円

3．A 社 ROA の計算：

$$\frac{800}{10,000} = \frac{800}{8,000} \times \frac{8,000}{10,000}$$
$$8\% = 10\% \times 0.8回$$

　　B 社 ROA の計算：

$$\frac{500}{3,000} = \frac{500}{4,000} \times \frac{4,000}{3,000}$$
$$16.7\% = 12.5\% \times 1.3回$$

［分析結果］

　B 社の方が，ROA が A 社の 2 倍ほどであり，資産の収益性が高い。その原因は B 社の方
が A 社より，利益率，回転率ともに勝っているからであるが，とくに回転率が 1.6 倍ほどあ
り差が著しいことによる。

【*Coffee Break*】

グッドウィルとゴーイング・コンサーン

　企業価値を創造する源泉は何であろうか。20 世紀の初頭，アメリカの経済学者 J. R. コモンズはそれを，グッドウィル（Goodwill）に求めた。コモンズは，企業を「モノ」としてではなく，未来に向けて休むことなく前進する事業体，すなわち「ゴーイング・コンサーン」（going concern）としてとらえた。つまり，企業価値とは，事業を継続可能にする力のことであり，それは予測される将来収益の割引現在価値として測定されることになる。ここでグッドウィルとは，建物や機械設備などのモノをゴーイング・コンサーンとして脈動させる，人間の意志なのである。今日，会計上無形資産として認識されるのは，まさにこのグッドウィルであり，特許権などの知的財産権はもとより，技術力，信用力，ブランド，そしてホスピタリティなど人間のさまざまな知的・精神活動を含む概念となってきている。企業の市場価値とは，このグッドウィルの価値にほかならないのである。

ちょっと一息

第10章▶経営と地球環境

【*Key word*】

▶地球環境問題
▶ISO14001
▶3R
▶EQCD

注目！

1. 公害問題と地球環境問題

　一口に環境問題といってもその内容は多種多様である。すなわち地球規模で認識される現象もあれば身近な場所で起きている現象もある。また時間軸でみても50年後，100年後という時間のなかで認識される現象もあれば，リアルタイムで実感される現象も存在する。こうした複雑な環境問題を分類する基準として，公害問題と地球環境問題という分類基準がある。どちらも人間の経済活動によって引き起こされた人為的な環境汚染問題であるという点では共通しているが，汚染の範囲や加害者—被害者の特定という点では性格が異なる。おのおのの特徴について説明しておこう。

（1）公害問題

　公害問題とは，限定されたエリア内での環境汚染問題であり，汚染を引き起こした加害者とその被害者の特定が比較的容易に行えるという特徴を有する。ヨーロッパ，アメリカ，日本等の先進工業地域は，工業化を進める過程におい

て時間差はあったにせよ，いずれも公害問題を経験している。最も工業化が早かったイギリスではすでに19世紀の中頃，大気汚染や酸性雨等による深刻な公害問題が発生している。日本では，高度経済成長期の1960〜70年代前半にかけて公害問題が発生した。いわゆる4大公害病といわれる，熊本，新潟の水俣病，富山のイタイイタイ病，四日市ぜんそくである。水俣病は，熊本県のチッソ水俣工場と新潟県の昭和電工加瀬工場の排水に含まれていた有機水銀が原因となって引き起こされたものであり，地域に住む住民に異常知覚や精神障害などの症状を持つ患者が続出した。またイタイイタイ病は，三井金属神岡鉱業所がカドミウムなどの汚染物資を富山県の神通川に垂れ流したことに起因し，付近の住民に激しい痛みと病的骨折の症状を持つ患者が現れた。さらに四日市ぜんそくは，三重県の四日市市にある石油コンビナート各社の工場が排出する煤煙による大気汚染が原因で，地域住民にぜんそく患者が続出したというものである。いずれのケースも地域限定型の環境汚染問題であり，加害者―被害者の因果関係の構図が明瞭であるという特徴を有する。環境問題がこうした特徴を有する場合には，それに対する対策も迅速に実行しやすい。すなわち汚染を引き起こした企業の活動に規制を加えれば問題は解決する。実際，昭和42 (1967) 年に公害対策基本法が制定されたのを皮切りに，大気汚染防止法，水質汚濁防止法等，汚染対策法が立て続けに制定され，企業活動に規制が加えられたことでこうした公害問題は比較的短期間に収束した。現在，日本は公害対策先進国として公害問題に悩む発展途上国のモデルとして取り上げられるまでになっている（ただし，未だ多くの人々が公害病の患者として苦しんでいるという事実も忘れてはならない）。

（2）地球環境問題

　1980年代後半以降，環境問題は地球規模で認識されるべき問題としてとらえられるようになってきている。例えば，地球環境問題として取り上げられる現象として，「地球温暖化」「オゾン層破壊」「森林減少」「野生生物の減少」「砂漠化」等があるが，これらの現象はいずれも地球全体に深刻な影響をもた

らすものである。さらに，加害者—被害者の特定という因果関係の把握において
も，前出の公害問題とは性質を異にする。例えば，典型的な地球環境問題と
して取り上げられる地球温暖化のケースで考えてみよう。気温の上昇をもたら
す二酸化炭素等の温室効果ガスは特定の企業のみが排出しているわけではな
い。人々の日々の暮らしのなかで企業，個人を問わず皆，排出しているのであ
る。したがって特定の企業なり個人を温暖化の加害者に見立てることはできな
い。このように地球環境問題は，地球規模での環境悪化と加害者—被害者の因
果関係の特定が困難であるという特徴を有するが故に，解決に向けてのアプ
ローチ方法も公害問題の場合とは異なる。つまり，加害者を特定してその行動
に規制を加えるという公害問題型のアプローチでは地球環境問題は解決しない
ということである。ここでは2つのポイントを指摘しておこう。

　まず第1のポイントは，温暖化問題に象徴されるように地球環境問題とは地
球規模で進行している環境悪化の現象に関わる問題であり，その解決のために
は地球規模での対策が不可欠であるという点である。仮に日本が二酸化炭素の
排出量削減に努力し，一定の成果を挙げたとしても，隣国の中国が二酸化炭素
の排出量を大幅に増加させた場合，温暖化現象を食い止めることは困難であ
る。人類は皆「宇宙船地球号」の乗組員であり，運命共同体なのだという意識
を共有し，協力して対策を講じる必要がある。

　つぎに第2のポイントは，地球環境問題の場合，加害者—被害者という因果
関係の究明よりもむしろ社会経済システムの転換こそが重要であるという点で
ある。地球環境問題は，人間の経済活動の規模が巨大化し地球の許容範囲を超
えてしまった結果，もたらされた現象である。すなわち，科学技術の飛躍的な
発展が大量生産—大量消費の社会経済システムを可能にし，資源の浪費や汚染
の拡大を引き起こしたのである。こうしたことから，21世紀においては循環
型の社会経済システムを構築することが目指されている。有限な地球上の資源
を可能な限り無駄なく使用するために，リサイクルやリユースを推進し，生産
や消費の過程で環境負荷をできる限り減らすことを目指す社会経済システムで
ある。現在，日本でも循環型の社会経済システムを構築するためのさまざまな

図表 10 − 1

①大量生産―大量消費―大量廃棄型の社会経済システム

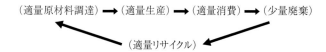

②循環型の社会経済システム

取り組みが進行中である。

2．　国際的な取り組み

　地球環境問題が国際的な関心事として注目を集めるようになるのは 1990 年代以降のことであるが，早くから工業化し環境汚染問題にもいち早く直面していた欧米諸国では，すでに 1960 年代から環境保全問題が議論されていた。アメリカのレイチェル・カーソンが化学物資，とりわけ農薬の使用による環境汚染に警鐘を鳴らした著書『沈黙の春』を出版したのが昭和 37（1962）年のことである。

　環境問題を協議する最初の大規模な国際会議は，昭和 47（1972）年にストックホルムで開催された。この会議は国連が主催したもので「国連人間環境会議」と呼ばれる。会議は酸性雨の被害が深刻な西ヨーロッパ諸国が主導する形で進められ，「人間環境宣言」（ストックホルム宣言）を採択し，国連環境計画（UNEP）の設立を決定した。しかしながらこの会議では発展途上国の間に，環境問題は豊かな先進工業国の問題であるとする空気が根強く存在し，また社会主義諸国も参加を見送ったため国際的な連帯の形成には程遠い状況であった。その後，1980 年代に地球環境の悪化を示す科学的なデータが次々と公表され，国際的な危機意識が高まるなかで，平成 4（1992）年にブラジルのリオデジャ

ネイロで「国連環境開発会議」（通称「地球サミット」）が開催される。この会議
は20年前のストックホルムでの会議とは異なり，183の国，地域，機関が参
加し，その内103カ国からは首脳が出席するという史上空前の規模の国際会議
となった。また世界各国から約8,000団体のNGOが集まり，会議の議論を
リードしたこともこの会議の大きな特徴であった。会議では「アジェンダ21」
を採択し，「気候変動枠組み条約」「生物の多様性保全条約」等の重要な条約が
調印されている。今日の地球環境保全の国際的な潮流は，この地球サミット以
降形成されたと見てよい。その後，国連は10年後の平成14（2002）年にも南
アフリカ共和国のヨハネスブルクで「持続可能な開発に関する世界サミット」
（ヨハネスブルクサミット）を開催している。

　また，ローマ・クラブが昭和46（1971）年に発表した『成長の限界』は世界
中で2,000万部以上の売り上げを記録し，その後の地球環境保全のための国際
的な世論形成に多大の影響を与えた。ローマ・クラブは，世界の科学者，経済
学者，経営者などをメンバーとして，世界的規模で経済成長と環境・資源問題
を研究，議論し，解決のための方策を提言することを目的として結成された団
体である。『成長の限界』は，人口，1人あたり食糧，工業生産，資源設備，
環境汚染の動態的な相関関係をコンピュータでシュミレーションしたもので，
資源の枯渇，汚染の拡大，人口過剰という破滅的なシナリオを提示した。『成
長の限界』が発表されてから35年後の現在，世界はまさにローマ・クラブが
予測した状況に近づいており，早急な対策が求められている。さらに，WCED
(World Commission on Environment and Development：環境と開発に関する世界委員会)
が昭和62（1987）年に発表した報告書 Our Common Future も重要である。報
告書は「将来の世代が自らのニーズを充足する能力を損なうことなく，現在の
世代のニーズを満たすような開発」を「持続可能な発展」(Sustainable Development)
と定義したが，この考え方は現在の地球環境保全運動の中核概念となってい
る。

　さらにもう1点，京都議定書の問題についても触れておこう。地球温暖化問
題は，多くの環境問題のなかで最重要課題に位置づけられる問題であるが，こ

の問題に対する国際的な取り組みは平成 4 (1992) 年の「地球サミット」以降，本格化した。すなわち平成 7 (1995) 年に気候変動枠組み条約第 1 回締約国会議（COP1）がドイツのベルリンで開催され，温室効果ガスの排出量削減問題が本格的に議論され，数値目標の導入が検討された。平成 9 (1997) 年には第 3 回の会議が京都で開催され，温室効果ガスの排出量削減に関して法的拘束力をともなった数値目標を盛り込んだ「京都議定書」（Kyoto Protocol）が採択された。それによると平成 20 (2008) 年から平成 24 (2012) 年の 5 年間で平成 2 (1990) 年を基準に先進国全体で 5 ％，EU 8 ％，アメリカ 7 ％，日本 6 ％の温室効果ガスの削減率が設定された。京都議定書ではその他にも，排出権取引やクリーン開発メカニズム等，経済的な手法を用いて温室効果ガスの削減に取り組むといういわゆる「京都メカニズム」の手法も盛り込まれており，この議定書が採択された意義は大きい。しかしながら，この「京都議定書」はその後，世界最大の二酸化炭素の排出国であるアメリカが議定書から離脱し，その成立が危ぶまれたが，平成 17 (2005) 年 2 月に紆余曲折の末，ようやく発効されるに至った。

　京都議定書は先進国に温室効果ガスの削減目標を課した初の国際条約であり，温暖化問題に対する国際的な取り組みを前進させたことは確かである。また「京都メカニズム」の手法も経済的なインセンティブを導入した点は画期的であり，今後の温暖化対策の 1 つのモデルを示した点は評価できる。しかしながら，その効果は極めて限定的であったといえる。なぜなら，EU や日本等，実際に温室効果ガスの排出量の削減義務を負った国々の排出量の合計は，世界全体の総排出量の 1/4 に満たない数字であったからである。2007 年にアメリカに代わって世界最大の二酸化炭素排出量大国となった中国をはじめ，同じく排出量大国であるインドも発展途上国であるという理由から京都議定書では削減義務を課せられなかった。そして前出のアメリカの議定書からの離脱である（2012 年にはカナダも議定書から離脱している）。こうした大国が議定書に参加しない状況では，京都議定書の効果も限定的にならざるを得なかったといえる。

　京都議定書は第 1 約束期間（2008 年～ 2012 年）が終了し，現在はこれを延長

する形で第2約束期間（2013年〜2020年）に入っている。実は，第1約束期間中に中国やインド等，すべての国々が参加した新たな枠組み作りを模索したのであるが，利害の対立が解けず，この試みは失敗した。第1約束期間の延長はやむを得ず取られた妥協措置なのである（日本はこの措置を批判し，第2約束期間への参加を拒んだため，現在は温室効果ガスの削減義務を負っていない）。現在，世界は2020年における新たな枠組み作りを目指して交渉を行っている。

　このように温暖化問題に対する国際的な取り組みは，先進国と途上国の利害対立が続く中，その歩みは遅々としているが，IPCC（Intergovernmental Panel on Climate Change：気候変動に関する政府間パネル）は2013年に第5次報告書を公表した。報告書は，温暖化の流れに歯止めがかかっておらず，このままでは今世紀末には海面は最大82センチ上昇し，平均気温も4.8度上がるとの予測値を示し，前回の報告書（2007年）よりもさらに強い調子で温暖化への警告を発している。

3．環境マネジメント

　企業活動と地球環境問題の関わりが議論され，環境に配慮した企業活動，すなわち環境経営の推進が求められるようになるのは1990年代に入ってからのことであるが，なかでも平成8（1996）年に発行されたISO14001の果たした役割が大きい。ISO（International Organization for Standardization：国際標準化機構）はスイスのジュネーブに本部を置く機関であり，工業製品の国際規格を手掛ける団体として知られている。ここではISO14001の作成プロセスとその内容について説明しておこう。

　平成4（1992）年の「地球サミット」を契機に，地球環境問題に対する国際的な関心が高まるなか，企業に環境への配慮を求めるために環境管理に関する国際規格を作ろうとする動きがISOを中心にして進められるようになる。平成5（1993）年2月のISO理事会においてTC207（環境管理に関する専門委員会）

の設置が決定され，6つの分科会が置かれて作業が進められることになった。各分科会の課題は以下のように設定された。

第1分科会：環境マネジメントシステムに関する規格

第2分科会：環境監査に関する規格

第3分科会：環境ラベルに関する規格

第4分科会：環境パフォーマンス評価に関する規格

第5分科会：ライフサイクルアセスメントに関する規格

第6分科会：用語と定義に関する規格

　さて，各分科会は1990年代後半以降，順次規格を発行させているが，そのなかでも最も重要な規格が，第1分科会が平成8（1996）年に発行した環境マネジメントシステムに関する国際規格であるISO14001である。ISO14001の特徴は，組織（ISO14001が対象とする組織は必ずしも企業のみではない）が環境保全の目標を自ら設定し，その目標を達成するための活動を継続的に推進していくことを促すことにある。そのための仕組みとしてPDCAサイクルと呼ばれる一連の活動が設定されている。PDCAサイクルとはPlan・Do・Check・Actionのおのおのの頭文字をとったものである。

図表10－2　PDCAサイクル

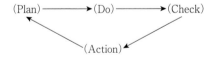

　組織がISO14001の認証を得ようとする場合，最初にすべきことは組織のトップ（企業であれば社長）が環境保全活動の方針を宣言し，その方針に沿って具体的な計画を立案することである。ここでは，計画を推進するための組織体制の確立や予算の確保等が明確になっている必要がある。このプロセスが「Plan」に当たる。つぎに，計画を実行に移す段階が「Do」である。さらに実施過程で生じた問題点を点検する「Check」，修正事項を最初の計画にフィー

ドバックする「Action」というプロセスを経てまた最初の「Plan」が実行されることになる。このように ISO14001 を認証取得するためには，この PDCA サイクルを途切れることなく継続的に実施していく必要がある。こうしたプロセスが効果的に実施されているかどうかが，認証を審査する外部審査機関によって審査されることになる。その際，とくに重要なポイントは「Check」と「Action」にあるといわれる。すなわち，計画を立案し実施しても，当初の思惑通りに進まないことはよくあることであり，その場合，原因の究明と適切な修正作業がなされる必要がある。こうした作業をきちんと実施していないと 3 年に 1 度行われる認証更新のための監査において，認証が取り消されることもある。つまり，ISO14001 が求めているものは，単なる目標の達成だけではなく，目標達成に向けてのプロセスをきちんと踏むことにあるのである。

　ISO14001 は，平成 8（1996）年の発行以来，世界中で認証取得する組織が増え続けており，今やすっかり環境マネジメントの代名詞になった感があるが，その一方で問題点も指摘されている。例えば，認証を審査する審査機関によって審査基準がまちまちである，認証取得のための費用が高額であり中小企業にとってはコスト負担が大きい，多くの企業は「紙」「ゴミ」「電気」に代表される省エネ対策のみの活動に終始し，本業と結びついた活動がなされていない等の点が指摘されている。ISO14001 は発行から 10 年を経た平成 18（2006）年に改訂版が出されており，そこではとくに本業と結びついた活動が展開されることが求められている。

4. グリーン調達

　地球環境問題が企業活動に及ぼす影響は広範囲にわたっているが，グリーン調達もまたそのなかの 1 つである。グリーン調達とは，企業間で資源や部材を取引する際に「環境配慮」の要素を取引基準に含めることを意味する。グリーン調達の影響が最も顕著にみられるのが自動車，電機といった製造業における

大企業と下請け中小企業の取引である。例えば自動車産業を例にとると，トヨタ自動車，ホンダ，日産自動車といった自動車メーカーは2万〜3万点といわれる1台の自動車を生産するのに必要な部品の大部分を外注，すなわち下請け企業に生産を委託している。下請け企業はそれぞれトヨタ系列，ホンダ系列，日産系列に分かれており，自動車メーカーを頂点にしてピラミッドのような階層構造を形成し，そのなかで取引が行われている。その際，取引の基準とされているのが「品質」（quality）「価格（原価）」（cost）「納期」（delivery）の3つである。つまり，自動車メーカーは自社が定める「品質」「価格（原価）」「納期」の基準をクリアできる下請け企業から部品を調達しているのである。グリーン調達は，この3つの基準に新たに「環境配慮」（environment）という4つ目の基準を加えたものといえる。

図表10－3 EQCDサイクル

「従来の調達基準」（QCD）
《品質》（Quality）＋《価格（原価）》（Cost）＋《納期》（Delivery）

「グリーン調達基準」（EQCD）
《品質》（Quality）＋《価格（原価）》（Cost）＋《納期》（Delivery）＋《環境》（Environment）

グリーン調達が拡大している背景には，厳しくなる一方の環境規制に対応するためという側面がある。例えばEUが平成18（2006）年7月から施行するRoHS指令は，電気電子機器に鉛，水銀，カドミウム，六価クロム等の有害物資の使用を禁止するという内容のもので，違反した場合には欧州での生産，販売活動ができなくなる。前記したように，大企業は部品の多くを下請け中小企業から購入しており，こうした規制に対応するためには下請け中小企業も巻き込んだ対策がとられる必要がある。グリーン調達は大手製造企業にとっては，法規制対応上，必要不可欠の取り組みになってきているのである。一方，下請け企業にとっては，調達基準が新たに1つ増えることで負担が増大している事

実は否めない。有害物資の使用禁止あるいは使用量の制限等の要求は，技術的に困難であったり，代替物資の開発に多くの費用を要する等の問題が考えられ，下請け企業のみの努力では限界がある場合も想定される。したがって，グリーン調達を実施している大企業の多くは，要求に応えられない下請け企業との取引を即，打ち切るという強硬手段をとるのではなく，下請け企業を援助しながら問題の解決にあたっている。

　グリーン調達の具体的な内容については企業間でまちまちであり，統一された基準は存在しないが，特定の領域に関しては業界で統一基準を作成しているところもある。例えば電機業界では使用禁止あるいは使用制限の対象となる有害物資のリストを作成しており，企業によって指定する有害物資が異なることのないように配慮している。ここでは，キヤノンが作成したグリーン調達基準を紹介しておこう。キヤノンのグリーン調達基準は，①環境への取り組みに関する基準，②部品・材料に関する商品基準，③購買品に関する商品基準の３部から成っている。第１部の環境への取り組みに関する基準はさらに，環境管理システムに関する要求事項と遵法およびリスク管理に関する要求事項に分類されている。前者では，環境管理システムの構築のための手順および責任を定め，それを文書化することが要求されている。一方，後者では法規制遵守の要求およびリスク管理の要求がなされており，具体的に使用禁止物資，削減対象物資，管理対象物資，土壌地下水汚染対策等について厳密に規定している。第２部の部品・材料に関する商品基準では，化学物資，環境配慮設計，梱包材，情報公開の４項目について規定がある。このうち化学物資については，部品・材料に使用禁止物資を含有していないこと，使用制限対象物資の含有量を削減していること，管理対象物資の含有量を把握していること等が求められている。また，環境配慮設計では商品の省資源，省エネに取り組んでいること，ライフサイクル・アセスメント（LCA）を導入もしくは試行していることが要求されている。さらに梱包材については使用量の削減およびリサイクル・廃棄に配慮した使用が求められ，また情報公開に関しては，商品に関する環境情報の公開が要求されている。第３部の購買品に関する商品基準ではとりわけ環境配

慮設計について詳細に規定がされており，再生部品を使用していること，再生
資源の有効利用をしていること，小型・軽量化等により使用資源の減量に努め
ていること，消費電力の低減に努めていること，リサイクルしやすいように設
計されていること，分別廃棄を可能にすることにより，廃棄時の負担が低減さ
れていること等，要求は広範囲にわたっている。

　このように現在，製造企業が他企業から部材を調達する際に実施しているグ
リーン調達はその内容が多岐にわたっており，要求水準も年々厳しくなってき
ている。とりわけ化学物資の取り扱いに関しては厳格な規定にもとづいた調達
が行われている。こうした状況は，下請け中小企業にとっては厳しい側面もあ
るが，反面，グリーン調達の広がりによって，これまで大企業に遅れをとって
きた中小企業の環境経営の水準が向上している点も指摘できる。

5. 3R

　3R とは，reduce，reuse，recycle の 3 つの R の頭文字をとって命名された
用語である。reduce とは資源の使用量や廃棄物の発生量の減少を意味し，
reuse は使用済み製品の製品としての再使用，recycle は使用済み製品の資源
としての再利用を意味する。循環型の社会経済システムを構築する上で欠くこ
とのできない概念として広く受け入れられている。ここで重要なことは，3 つ
の用語の順序は循環型社会を構築する上での優先順位を表しているという点で
ある。すなわち，循環型社会を構築するために，まずなすべきことが reduce
であり，次いで reuse，最後に recycle という順番であるということである。
この点は重要な意味を持つので，もう少し詳しく説明しておこう。読者のなか
には，循環型社会と聞いてすぐにリサイクル社会を思い浮かべる人も多いこと
だろう。実際，日本や欧米諸国ではさまざまな分野で使用済み製品の回収，リ
サイクルを製品製造企業に義務づける法律が施行されており，リサイクルは環
境保全の代名詞のように受け止められている。そのため，従来のように大量生

産・大量消費をしても大量廃棄ではなく大量リサイクルすれば資源の浪費には
ならず，環境保全に寄与することになるという誤った認識が一部においてみら
れる。しかしながら，大量生産・大量消費・大量リサイクルの社会は本当に環
境保全型の社会といえるであろうか。確かに使用済み製品を大量廃棄していた
時に比べればましかもしれないが，100％リサイクルできない限り，資源の浪
費は行われたことになるのであり，現実にはそのようなことは不可能である。
また資源を大量に使用する過程で，エネルギーの消費やさまざまな物資の大気
中への放出等がなされ，温暖化現象等をさらに加速させる可能性もある。した
がって，環境保全の循環型社会においてはまず，資源の使用量や廃棄物の発生
量を減少させることが最も重要視され，次いで製品寿命の長寿化や中古品とし
ての使用が求められ，最後にリサイクルがなされることになる。

図表 10 - 4　3R の優先順位

❶ Reduce ⇨ ❷ Reuse ⇨ ❸ Recycle

　さて，reduce を実行するためにはどのような方法が求められるであろうか。
ここで重要な考え方を 1 つ紹介しておこう。それは「資源生産性」という考え
方である。資源生産性とは製品付加価値を製品製造のために投入された資源・
エネルギー使用量で除した値であり，分母の値が小さく，分子の値が大きいほ
ど資源生産性は高くなる。この考え方は，「持続可能な発展のための世界経済
人会議」（WBCSD）が 1990 年代の初めに提唱したものであり，その後「ファク
ター 4」「ファクター 10」等の考え方が次々と提唱された。要するに，資源生
産性を高めるためにはより少ない資源で，より多くの付加価値を生み出す必要
があるわけであり，こうした指標を企業経営の現場に持ち込むことで技術革新
やイノベーションが誘発される可能性が指摘できる。例えば，キヤノンが
1990 年代の後半以降に進めた改革はまさにこれに該当する。すなわち，キヤ
ノンでは「資源生産性の最大化」をテーマに生産現場の改革を進め，国内外の
すべての工場からベルトコンベアを撤去し，セル生産方式に移行したことで大

幅なコスト削減と資源生産性の向上を達成している。

　次に reuse についてであるが，製品によっては reuse などという言葉が普及するかなり以前から使用済みになった製品を再使用することが実践されていた。その代表と目されるのが自動車である。自動車は新車以外に中古車の市場が存在し，人気車種については新車に引けをとらない値で取引がされており，また日本車についていえば日本国内で使用済みになった自動車が東南アジアやロシア，中東地域に中古車として輸出されたりもしている。その他にも，最近ではパソコンの中古品市場などが活況を呈している。このように reuse は，需要の多い分野ではすでにかなりの実績があるわけであるが，3R の考え方では，それを一部の製品だけではなくより広範囲な製品に拡大していこうとしている。reuse が普及していくためには，消費者の価値観が変わることが必要である。すなわち，中古品イコール劣悪品という従来の意識から脱却し，「古いものに価値を見出す」あるいは「ものを大事に長く使う」という考え方に変わっていかなければならない。その意味では最近，日本でよく聞かれるようになった「もったいない」という考え方は重要である。

　最後に recycle については現在，さまざまなリサイクル法が施行され，使用済み製品の回収・分別・リサイクルという流れができつつある。この流れを効率的に回していくためには，企業・行政・消費者間の連携が不可欠であるが，コスト負担の分担等をめぐって問題が生じているケースもある。とりわけ，企業のコスト負担は大きく，競争優位が損なわれるとの指摘もあるが，逆にこの分野で効率的なシステムを確立することができれば，それは企業にとって大きな競争優位の獲得につながるといえる。

6.　環境報告書

　環境問題に対する社会的な関心の高まりを受けて，自社の環境への取り組みを報告書という形で公表する企業が増えている。ただし，こうした報告書は有

価証券報告書などとは異なり義務化されたものではなく，あくまでも企業の自発性によるものである。環境報告書を発行する企業は 1990 年代の後半から増え始め，大企業を中心に急速な広がりを見せた。環境省の調べでは，平成 16 (2004) 年度には 750 社が発行している。

　各社が発行している環境報告書の内容を見ると，これまでにいくつかのターニング・ポイントがあったことがわかる。ここでは 3 つの段階に分けて説明しておこう。

（1）「第 1 段階」（1996 年～ 1998 年）

　この時期は，環境報告書を発行する企業は一部の大企業に限られており，環境報告書を出すこと自体に意義があるとみられていた。つまり，環境報告者を発行している企業イコール環境先進企業として評価されたわけである。報告書の内容については，統一されたフォーマットは確立されておらず，各社が独自の基準で作成していた。そのなかには，宝酒造の緑字決算のように，独自に開発した手法で環境に関する費用対効果の関係を定量化して表示するなど優れた環境報告書も存在したが，多くは自社の環境への取り組みを自画自賛する内容に終始しており，企業 PR のためのツールとして環境報告書をとらえていた傾向が強い。したがって，この時期に発行された環境報告書では汚染物資の排出量等，自社にとって都合の悪いデータの公表はあまりなされていない。

（2）「第 2 段階」（1999 年～ 2002 年）

　第 2 段階になると，環境報告書を発行する企業の裾野が拡大し，次第に環境報告書を発行しているという事実よりもどのような情報を公開しているかという報告書の中身が問われるようになっていく。つまり，公開している情報が企業にとって都合の良いものばかりではなく，汚染物資の排出量等，環境にとってきわめて重要な意味を持つデータはたとえ企業にとって都合が悪くても公表すべきであり，そうした情報が公開されている報告書の方が評価されるべきであるという意見が多数を占めるようになったのである。こうした変化の背景に

は，当時ヨーロッパで普及していた第3者評価の影響が大きい。第3者評価とは，環境報告書を単なる企業 PR のツールで終わらせないために，中立の立場にある第3者が報告書の内容を精査し，公表されているデータの客観性や妥当性を判断し，報告書の巻末に意見書を掲載するというものである。第3者評価を行ったのは，多くは監査法人や NPO であり，環境報告書の一般読者層はこれにより企業側から一方的に与えられる情報を鵜呑みにするだけではなく，違った角度から判断することが可能になった。ヨーロッパでは第3者評価のない環境報告書は正規の報告書とはみなされないという社会的なコンセンサスが形成されていく。日本でもトヨタ自動車のような一部の先進的な企業が第3者評価の先鞭をつけ，その後他の企業にも急速に広がっていくことになる。この時期に発行された環境報告書はしたがって，数量が増えただけではなく質的にも向上したといえる。また，NEC のように自社の環境報告書の作成に NPO の参加を求め，共同作業で報告書を作成するというようなユニークな試みがみられたのもこの時期の特徴である。

（3）「2003 年〜現在」

　環境報告書は平成 15（2003）年を契機に大きな変貌を遂げる。すなわち，これまでの環境情報に加えて新たに労働，安全・衛生，社会貢献などの情報も公開し，それによって報告書の名称も「環境報告書」から「CSR 報告書」あるいは「社会・環境報告書」「持続可能性報告書」に名称変更する企業が増えだした。こうした動きの背景には，言うまでもなく CSR の世界的な潮流がある。ここでは紙幅の制約から CSR の発展プロセスの詳細を述べることは避けるが，1990 年代の後半以降ヨーロッパを中心に普及した CSR はその後，日本を含む世界各国に拡大し現在に至っている。そのなかで，環境問題は CSR を構成する3つの要素，すなわち「経済」「環境」「社会」という，いわゆるトリプル・ボトム・ラインの1要素としてとらえられるようになり，環境問題は CSR のなかに組み込まれていく。ちなみに日本では，平成 15（2003）年が「CSR 元年」と呼ばれ，この年を境にして CSR への取り組みが急速な広がりを見せて

いくことになるのである。

　ところでこの時期にもう1つ重要な動きとして，ガイドラインにもとづいて報告書を作成する企業が増えたことがある。前記したように，環境報告書には有価証券報告書のような統一されたフォーマットが存在せず，各社が独自の基準で報告書を作成していたが，他社との比較を容易にし，評価を客観的に行うためには統一されたフォーマットが必要であるとの声が上がっていた。そこで国際的なNGOであるGRI（Global Reporting Initiative）が中心となって報告書のガイドライン作りを進め，平成12（2000）年に「GRIサスティナビリティ・リポーティング・ガイドライン」として公表した。GRIはその後，ガイドラインの改訂を重ねているが，このガイドラインの国際的な影響力は大きく，平成15（2003）年以降発行されたCSR報告書は，その多くがGRIのガイドラインに依拠した形で報告書を作成している。

7．環境会計

　環境会計とは，企業が事業活動を通じて環境対策に投じた費用と，その結果得られた効果を定量的に把握するために開発された会計手法のことである。環境会計が開発された背景には，環境対策にはコストがかかり企業収益の足を引っ張るという意識が企業関係者の間に根強く存在し，その効果について正確な認識を欠いていたため，費用対効果の関係を定量的に測定し，社員に自社の環境経営に対する正確な姿を浸透させる必要があった。実際，環境会計が導入される以前においては，多くの企業は環境対策による効果はおろか，投じたコストについても正確な金額を把握していない状況がみられたのである。環境会計を導入することにより費用対効果の関係を把握することができれば，自社の環境への取り組みの利点や問題点の把握につながり，環境経営を推進する上での社員のモティベーションも高まる。また，外部のステークホルダーに対しても情報を開示することで理解が得られやすくなり，投資を呼び込むことも可能

になる。

　環境会計は，環境経営の広がりと比例する形で 1990 年代の後半から普及し始め，平成 12 (2000) 年以降，急速に導入が進んだ。環境省の平成 15 (2003) 年度の調査によると，環境会計を導入している企業は 661 社で，上場企業の 3 割に及ぶ。これには，環境省が平成 14 (2002) 年に環境会計に関するガイドラインを公表したことが大きく影響している。すなわち，環境会計に関しても通常の財務諸表と同様に統一されたフォーマットが必要とされ，計上すべきコストや効果の項目が明示されたのである。環境省のガイドラインが公表される以前は，各社が独自に開発した手法で，費用対効果の測定，把握を行っていたが，とくに効果の測定，把握に関して解釈がまちまちであったため，比較が難しいという側面があった。平成 14 (2002) 年に環境省のガイドラインが公表されてからは，多くの企業がガイドラインに沿った形で環境会計の公表を行っているため，他社との比較がしやすくなっている。

　環境省が平成 14 (2002) 年に公表した環境会計に関するガイドラインでは，環境保全効果の測定，把握に関して貨幣価値と物量の 2 つのタイプが示されている。すなわち，環境保全効果には，環境保全対策にともなう経済効果と環境パフォーマンスがあり，前者の場合には例えば製品リサイクルによる経済効果等が考えられ，これらは貨幣価値で測定，把握することが可能である。それに対して，後者の場合には温室効果ガスや汚染物資の削減量等が該当し，これらは物量ベースで測定，把握される。このように環境会計のガイドラインでは，効果の測定，把握に関して通常の貨幣価値のみならず物量ベースでの測定，把握を認めたところに大きな特色がある。ただし，費用対効果の把握を容易に行うためには，測定値が統一されていた方が望ましいことは確かである。つまり，二酸化炭素の排出量を削減するために投じた費用に対してどれだけの効果があったかを把握する場合，一方は貨幣価値，もう一方は物量ベースでは理解するのが難しい。そのため，物量測定値を貨幣価値に換算する手法も一部では用いられているが，現在のところまだ統一された手法は確立されていない。さらに，効果の把握に関しては，実質的効果と見なし効果という 2 種類の効果が

設定されている。実質的効果とは，廃棄物削減や省エネ対策によるコスト削減等が該当し，貨幣価値もしくは物量で把握される。これに対して見なし効果とは，仮に企業が適切な汚染対策をとらず，土壌汚染等の汚染問題を引き起こしてしまった場合，修復のためにかかる費用を算定し，その分を効果に組み入れるというものである。つまり，見なし効果の場合はあくまでも仮定の効果ということになる。

環境省は平成 17（2005）年にガイドラインの改訂版を公表した。それによると①環境保全コストに応じた分類の提示，②環境パフォーマンス指標を参考にした環境保全効果の見直し，③環境保全対策にともなう経済効果の概念の再整理，④開示様式の体系化，⑤内部管理表の整理・見直し，⑥連結環境会計の取り扱いに関する考え方を提示等の見直しが実施された。環境会計は，通常の財務諸表に比べるとまだまだ発展途上の段階にあり，改良の余地が残されているといえる。

【*Review exercise*】

1．公害問題と地球環境問題の違いについて整理しなさい。
2．ISO14001 の仕組みおよび問題点について整理しなさい。
3．3R の意味するところを説明しなさい。

—— 考えてみよう！

【勉強を深めるために参考となる文献】

所　伸之『進化する環境経営』税務経理協会，2005 年。

鈴木幸毅編著『地球環境問題と各国・企業の環境対応』税務経理協会，2001 年。

髙橋由明・鈴木幸毅編著『環境問題の経営学』ミネルヴァ書房，2005 年。

堀内行蔵・向井常雄『実践　環境経営論』東洋経済新報社，2006 年

真船洋之助・石崎忠司編著『環境マネジメントハンドブック』日本工業新聞社，2004 年。

【*Coffee Break*】

　2011 年 3 月 11 日に起きた東日本大震災は，原子力発電に対する人々の意識を一変させた。東京電力の福島第 1 原子力発電所で起きた原発事故は，いったん，事故が起きると人間の力では制御できなくなる放射能の恐怖を改めて人々に植えつけたのである。福島の原発事故が起きるまで，原子力発電は発電時に二酸化炭素を排出しないクリーンなエネルギーとされ，温暖化対策を推進していく上で切り札とされていたのであるが，福島の事故を契機に状況は一変した。環境先進国といわれるドイツでは，政府がいち早く「脱原発」を宣言し，風力，太陽光等の再生可能エネルギーを一層普及させていく姿勢を鮮明にしている。一方，日本では，「脱原発」と「原発容認」の間で意見の対立が続いている。原発の「安全神話」が崩壊した今，原発の是非について改めて考えてみる必要がある。

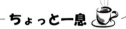
ちょっと一息

第11章▶経営の国際化

【Key word】

▶多国籍企業
▶海外現地生産
▶現地化
▶日本の生産方式の海外移転

—— 注目！

1．海外現地生産の理由

　企業は成長途上で，国境を越えて事業を展開するに至る。経営の国際化である。その際の海外直接投資は，製造業の場合，現地での工場設立を含めた海外現地生産を意味することが多い。海外現地生産の理由は，①市場の確保，②現地の低賃金の利用，③関税の影響の回避，④為替リスクの回避，⑤経済摩擦の解消，⑥輸出相手国への技術移転の発生等が挙げられる。これらの中でどの理由が主要になるかは状況による。

　日本の自動車企業の海外事業展開をみると，四輪車の米国現地生産の場合はまず①と⑤が大きな理由であり，1985年の円高により④も付け加わった。1980年代前半の米国自動車企業の労働者の賃金は日本よりも高く，②は米国現地生産の理由とはいえない。だがその後，東南アジアや東欧で現地生産を加速化した時期には②が主要な理由となった。

　ユニクロがSPA（製造小売業）のビジネスモデルにより急成長していく際には，②の観点から中国の低賃金を活用して低価格の商品を製造することが重要

なポイントであった。しかし近年は中国の各地の最低賃金が引き上げられ人件費が上昇してきているため，ユニクロは②が期待できるバングラディッシュ等へ生産拠点を移しつつある。

　①と関連することとして，現地での商品開発がある。現地に開発拠点を設けることにより，その地域の人々のニーズを的確に把握し，商品開発に反映することが可能となる。トヨタが米国（カリフォルニア州・ミシガン州・ワシントンD.C.等），欧州のベルギー・ドイツ・フランス，アジアのタイや中国（天津市・広東省・江蘇省）等に研究・開発拠点を設立しているのもその趣旨からである。江蘇省常熟市の拠点では HV 車を開発しており，中国の自然環境や素材等を考慮した HV の中国化を進めている。

　⑥に関しては，ヴァーノン（Raymond Vernon）により製品ライフ・サイクル理論（PLC モデル）が唱えられている。ヴァーノンは，海外に工場進出する企業行動を製品のライフ・サイクルに基づきながら次のように説明した。新製品はその導入期では国内市場に普及し，成長期に入ると技術的優位性のために輸出が増加する。だがやがて相手国に同業者が現れて技術移転が生じ当該製品の模倣が行われるようになる。それへの対抗策として現地生産が始まるのが成熟期である。やがて相手国でも優れた製品が生産されるようになり，当初の輸出国は国内生産する製品の優位性が失われ，輸入国へと転換する。

　この理論は新製品の社会的伝播と関連させながら企業行動を説明しており，1950 年代や 60 年代の米国企業の海外事業展開に適合する内容となっている。しかし，一般的に妥当するかどうかは疑問が残る[1]。

2．欧米企業の経営の国際化

（1）多国籍企業とグローバル化する経営

　世界の経営史をみると，企業が母国以外の国々に生産拠点を設立し始めたのは，19 世紀後半からである[2]。一般に，複数の国にまたがる組織を展開する

企業を多国籍企業（multinational enterprise）と呼ぶ。論者によって厳密な定義は異なるが，前述のヴァーノンは，6カ国以上に製造子会社を所有する企業としている。その特徴は，海外子会社の一元的支配とグループ企業全体の利益の増大を目的とした共通の戦略を有する点にある。米国企業の活動は，米国内から先進国の欧州へ，さらに発展途上国の中南米やアジアへと展開された。

米国企業の最も早い海外生産の事例は，コルト社による英国での銃の生産である。1851年に英国で開催された第一回万国博覧会では，米国の大量生産方式により製造されたコルト銃が来場者の注目を引き，同社は1853年からロンドンでコルト銃の生産を開始した。しかしその直後，新技術の出現によりこの銃は旧式化し，ロンドン工場は5年後に閉鎖されている。

本格的な海外生産を展開した米国企業として特筆されるのは，ミシンを製造・販売するシンガー社である。シンガーは，19世紀の米国においてミシンを開発・生産し急成長を遂げた企業である。その際，新商品であるミシンを米国市場に販売するためデモンストレーションも行いながらみずから販売に乗り出さざるをえなかった。すなわちダイレクト・マーケティングを手がける形の前方統合により大企業へと成長した。

南北戦争後，ドルの価値の回復により輸出が不利になり，国内の賃金も上昇し始めたため，1867年にイギリスでのミシン製造を決定し，翌年グラスゴーでミシンの組立を開始した。1872年には同地でミシンを一貫生産する新工場が完成している。1870年代にヨーロッパの広範囲で販売組織を拡大したことにより，グラスゴーの生産能力では不足するようになり，1885年にはグラスゴー西部にキルボウイ工場を完成させた。この工場は当時，週1万台のミシンを製造する能力を有し，5,000人以上の労働者を雇用する世界最大のミシン工場であり，ヨーロッパ大陸への輸出拠点となった。さらにシンガーはオーストリアにも工場を建設し，多国籍企業化していった。

ところで，20世紀の米国を代表する多国籍企業は自動車企業である。1903年に創立されたフォード社は，1911年には英国のマンチェスターでモデルTの組立生産を開始しており，その海外展開は急速に進み，1926年までに18カ

国 19 カ所にモデル T の組立工場を設立するに至った。ゼネラル・モーターズ社 (GM) も 1925 年に英国のヴォグゾールを買収し，1928 年までに 15 カ国 19 カ所の組立工場を有する多国籍企業となった。1931 年にはドイツのオペルを完全子会社化している。

　第二次大戦後，米国企業の海外直接投資は飛躍的に増大し，1980 年代以降，経営のグローバル化が進展している。例えばアジアでは 1997 年に中国で上海汽車との合弁企業・上海 GM が設立されており，GM は中国市場への浸透を図ってきている。インドのマハラシュトラ州のタリーガアン工場では，シボレーのコンパクトカー・ビートを生産しており，2015 年からはチリに向けて輸出されている。

　他方，欧州企業に目を向けると，歴史的にはユニリーバ社の成立が事例として挙げられる。日用品の世界的企業として日本でも知られるユニリーバは，国籍を異にする企業が国際的に合同することにより生まれた企業である。1920 年代後半，イギリスのリーバ社とオランダのユニ社は対抗関係にあった。前者は石鹸で優位に立ち，後者はマーガリンが優れていた。両社は競争の解消と経営多角化をめざして，1929 年に企業合同（トラスト）に合意し，翌年新組織が発足した。これによりイギリスとオランダの両国に本拠を置く多国籍企業としてユニリーバは誕生した。

　近年の欧州企業の経営の国際化で注目されるのは，ドイツのフォルクスワーゲン (VW) の動向である[3]。VW は欧州企業の中でも特にそのグローバルな事業展開が顕著であり，1985 年に中国で他の自動車企業より一早く組立生産拠点・上海 VW（上海大衆）を設立した。1990 年にはスペインのセアト (SEAT) を完全子会社化し，チェコのシュコダへ資本参加（70%）した。1991 年には中国・長春で一汽と合弁事業を開始し，スロバキアのブラチスラバにも生産拠点を設けた。その後，ポーランド，ブラジル，アルゼンチン等に生産拠点を続々と設立し，1998 年には英国のロールス・ロイス，イタリアのランボールギーニ，フランスのブガッティ・ブランドを買収した。2001 年にはシュコダを完全子会社化し，その工場でモジュール方式も実施している。

　中国の新車販売台数は2009年に1,364万台を記録して日本や米国を抜き，2013年には2,198万台となり2,000万台を突破しているが，この世界最大の自動車市場にVWは一層力を注いでいる。2012年に5カ所あった車両組立拠点は2015年には8カ所へと増加し，上海VWとして上海・寧波・儀征・南京・ウルムチで，一汽VWとして長春・成都・仏山で生産する。このような積極的な海外事業により，VWグループの世界生産台数は近年急速に増大してきており，2016年の生産台数はトヨタグループを抜いて世界第1位となっている。

（2）グローバルなM&Aと合弁事業

　企業活動の国際化に伴って，近年，国境を越えたM&Aが活発化している。前述のGMやVWがすでにみた事例であるが，自動車産業では1990年代末にダイムラー・クライスラーの誕生やルノーと日産の資本提携という大規模なM&Aが起きている。前者はやがて社内の不協和音から元の2社に分かれたが，後者はルノーの出資額が36.8％から43.4％へと引き上げられるとともに日産もルノーの株式を15％取得するという形で一層緊密な提携関係に進み，プラットフォームの共通化などの取り組みも成果を挙げている。

　その他，自動車産業では各国の企業の合従連衡が進展しており，中国企業と日米欧の企業との合弁企業も多数生まれている。中国の第一汽車はVW・GM・トヨタ等と，上海汽車はVW・GMと，東風汽車は日産・ホンダ・紀亜等と，長安汽車はスズキ・フォード等とそれぞれ合弁企業を設立している。

　鉄鋼業でもグローバルなM&Aが行われており，アルセロール・ミタルという巨大企業が誕生している。ミタルは株式交換の手法を用いながら買収を繰り返し，2006年にヨーロッパの代表的な鉄鋼企業アルセロールも買収して新日本製鐵の3倍を越える規模に巨大化した。2012年に新日鐵と住友金属工業が合併して新日鐵住金となったのもアルセロール・ミタルの買収を防ぐ狙いもあったのであろうと推測される。

3．日本企業の海外事業展開

（1）日本自動車企業の海外現地生産の推移

　日本の企業による海外現地生産は戦前から行われており，中国での在華紡に
よる事業展開が知られている。戦後，経営の国際化を顕著に進めている代表的
産業は自動車産業である。そこで，この節では，日本自動車企業の経営の国際
化について詳しく考察しよう。

　初めに，日系自動車企業の海外現地生産の推移をみてみると，図表 11 − 1
のように海外における四輪車生産台数は 1980 年代からめざましく増加してきて
おり，1994 年に輸出台数を越え，2007 年には日本国内の生産台数を陵駕した。

図表 11 − 1　日本自動車企業の生産・輸出の推移（四輪車）

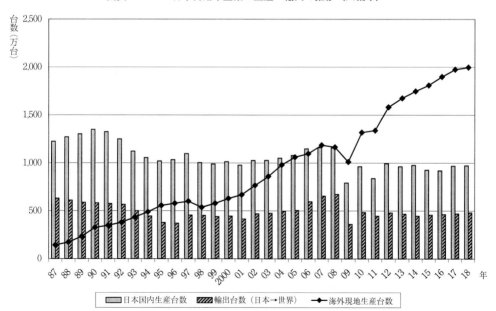

出所：日本自動車工業会『世界自動車統計年報』，同『日本の自動車工業』等より作成。

日系自動車工場の設立は世界各国に及び，1980年代に米国で本格的な四輪自動車の生産に着手して以降，東欧を含めた欧州各国，タイや中国，インド等のアジア諸国，中南米や南アフリカ，そしてロシア等に現地生産工場を設立し稼働させてきている。

　その海外生産の本格化の契機は，1970年代後半から80年代にかけての米国との自動車摩擦と1985年の円高である。1973年からの二度の石油ショックにより原油価格が高騰した状況下で，低価格・高品質であり燃費がよい日本車の米国での販売台数が急増し，苦境に陥ったビッグスリーと米国政府は日本がダンピング輸出をしている等の理由を挙げて対日圧力を強めた。これに対して日本企業は輸出自主規制を行うものの米国の批判は収まらず，日本車各社はついに米国現地生産に踏み切った。折から1985年のプラザ合意により引き起こされた円高が，対米輸出の条件を悪化させたことは，米国現地生産を促進させ

図表11－2　日系自動車企業の北米生産拠点

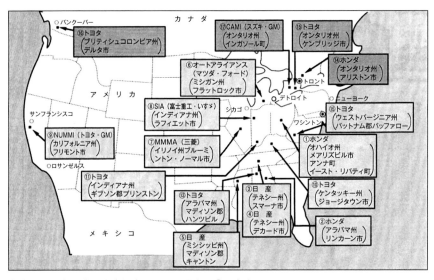

（注）2002年時点の生産拠点である。現在は⑨は存在しない。
出所：日本自動車工業会『2002年版　日本の自動車工業』2002年5月。

た。この米国現地生産の決定は，その後の日本車各社の海外戦略を大きく方向付けるものとなった。

　2002年時点での米国における日系自動車企業の生産拠点は，図表11－2の通りである。自動車工業都市として有名なデトロイトから離れている拠点が多いことが読みとれる。文字通りのグリーン・フィールドに工場を設立したのは，労働者の募集が容易であったこと，米国における伝統的な自動車産業の労使関係の影響を受けにくい地域であったこと等の理由による。

（2）ホンダの現地生産

　ところで，日本車各社の中で，米国現地生産にいち早く踏み出したのは本田技研工業（株）（ホンダ）である[4]。ホンダは1977年にオハイオ州メアリスビルでの二輪車工場の建設を発表し，翌年ホンダ・オブ・アメリカ・マニュファクチャリング社（HAM）を設立して，79年に二輪車の生産を開始した。矢継ぎ早に80年には二輪車工場の隣地での四輪車工場建設を発表し，1982年にHAMでアコードの生産を開始した。

　このようにホンダが四輪車の米国生産に積極的であった理由として，①現地主義の経営理念と現地化重視の海外戦略の確立，②二輪車での海外現地生産の豊富な経験，③高い輸出依存度と米国市場の重要性が指摘されている。

　①は創業者本田宗一郎氏の思想に由来する。本田宗一郎氏はチャレンジ精神を重視し，早くから世界的な事業展開を考えていた。この創業者の思想に立脚して，ホンダは1956年に「わが社は，世界的視野に立ち，顧客の要請に応えて，性能の優れた廉価な製品を生産する。」という社是を定めている。

　ホンダの現地主義とはこの社是に則って，「需要のあるところで生産する」という考え方を基本とし，ヒト・モノ・カネ・経営の現地化を進めることである。ヒトの現地化は，現地採用と育成，海外勤務者の現地市民化等である。モノの現地化は，現地での部品調達や商品開発等である。カネの現地化は，現地で得た利益を現地へ再投資すること等である。そして経営の現地化は，経営陣における現地人材の比率を高めることである。

　米国進出の最終決定の場で，当時の河島社長は次のように述べている。「ア
メリカ・ホンダはお客さんと販売店によって儲けさせていただいた。その利益
をアメリカにお返しするのは当たり前じゃないか。」この言葉には，需要の存
在するところで製造してそのコミュニティの一員となり，製品を購入してくれ
たコミュニティや国に返礼をするという考えが，現地主義の根底にあることを
伺わせる。

　②には，1950年代末以降の積極的な二輪車の海外販売・生産がある。1950
年代の米国ではオートバイは一部の若者の乗り物であったため，米国進出に躊
躇する声も社内にはあった。しかし本田宗一郎氏と二人三脚でホンダを発展さ
せた藤沢武夫氏はその時，アメリカで成功しなくては国際商品にはなりえない
と力説し，1959年に米国に販売会社アメリカン・ホンダモーターが設立され
た。その後，ホンダは米国だけでなく欧州でも二輪車の販売に力を入れ，1963
年以降，海外生産に着手し生産拠点を拡大してきた。

　③としては，四輪メーカーとして後発であった同社にとって国内市場の拡大
は難しかったため，輸出への依存度が約6割と高かったことがある。中でも米
国は輸出全体の5割以上を占めており，ホンダにとって米国市場は極めて重要
であったことが，米国現地生産へ一早く踏み出す引き金となった。

　次に，ホンダの北米市場戦略をみてみると，ホンダが米国市場で基礎を確立
するに至る背景として，石油ショック以降，米国の消費者志向が変化し，品質
と燃費効率が重視されるようになったという事情がある。その下で，シビック
CVCCが米国環境保護局燃費テストで4年連続1位となり，アコード
CVCC1600が1976年にモータートレンド誌の年間最優秀輸入車となった。
1987年にはホンダ系2系列がCSI（顧客満足度）総合評価システムでトップに位
置づけられたことは，ホンダの自動車が米国消費者に高く評価されるように
なったことの端的な表れである。また，ディーラー・コミュニケーションへの
尽力も看過できない。当時，アメリカン・ホンダの社長の主な仕事は「ディー
ラー回り」であったという。その結果，ホンダの専売店比率は1984年の60％
から1989年には99％へと上昇しており，徹底したユーザー管理とディーラー

に対する経営指導が行われた。

　アキュラとブランド戦略の成功も特筆される。当初，ホンダはユーザーがアコードから乗り換える際，次の車を提供できておらず，ユーザーが別のメーカーに流れるという課題が生じていた。この課題への対処にあたり，米国ユーザーがホンダ車に対して持っているエコノミックカーのイメージとは別の高級車のチャネルを確立する必要性が浮上した。そこでホンダは，新しいチャネルからホンダの名称を外して第 2 販売網アキュラを設立し，この販売網を軌道に乗せることに成功した。

　またホンダは製品戦略として海外戦略車の開発に力を注ぎ，HAM 製アコードは 1983 ～ 91 年に『Car & Magazine』誌でベスト・カーに選ばれている。1996 年にはアキュラ系列で CL-X を発売したが，CL-X は HAM がアキュラ向けにアコードをベースとして米国で開発したホンダ初の純米国車である。ホンダは研究開発の現地化の推進とともに，現地部品調達比率を他社よりも早く引き上げていったように見える。2002 年 3 月時点では，オハイオ州の第 1 工場（生産車種；アコード，アキュラ CL）で約 98％，第 2 工場（生産車種；シビック）で約 97％となっており，他の在米日系自動車工場よりも高い。

　HAM では発足当初から相互理解と一体感の醸成がめざされている。同社では，米国労働者の通常の呼び方であるワーカー（worker）という言葉は用いずに，同僚あるいはパートナーの意味を含むアソシエイツ（associates）の言葉が使われている。管理職も現場労働者と同じ食堂を利用する。

　他方で賃金制度をみると，エグゼンプト（管理職等）は査定がある範囲職務給であるが，ノン・エグゼンプト（残業代支給対象の労働者）は査定のない一律の職務給である。現場労働者の職務が大括り化されている点は日本的であるが，査定がなくフラット・レートである点は米国的である。いわば日米両国のこれまでの管理を融和させた制度を実施していることは注目に値する。

　その他の国々の中でホンダの積極性がよく表れているように見えるのは，中国である。ホンダは中国では広州において 1999 年から広州本田（従業員数約 5,600 人）でアコードやオデッセイを生産し始めている。トヨタよりも早い四輪

車の本格的な生産である。また輸出専用の工場として 65％の出資で本田汽車
（従業員数約 1,100 人）を設立し，2005 年からジャズ（フィット）を生産している。

（3）トヨタの現地生産

　トヨタ自動車（株）の海外現地生産は 1980 年代半ばから明瞭に増加し始め
ているが，米国現地生産の第一歩となったのは，米国での GM との合弁会社
NUMMI（通称ヌーミー）の設立である。カリフォルニア州にある GM が閉鎖し
たフリーモント工場を活用し，折半出資で 1984 年からトヨタのカローラ，
GM のシボレー・ノヴァ等の生産が開始された。この米国生産は，トヨタに
とっては米国でトヨタ生産方式が実践できるかを見極める実験であり，GM に
とっては日本車の高い国際競争力がどのように作られるのかを学ぶことができ
る機会であったと考えられる。

　トヨタは生産に先立って，全米自動車労組（UAW）と労働協約を締結するこ
とができ，そこには①レイオフの回避努力，②現場労働者の職務区分の単純
化，③チームの編成という注目すべき内容が含まれている。特に②と③はトヨ
タ生産方式にとって重要な点である。それまで米国の経営管理の伝統に沿って
いた職務区分は，84 から 3 へと大幅に簡素化された[5]。これにより現場労働
者の配置転換が容易になり多能工化も可能となって改善活動を進めやすくなっ
たのである。また 5 ～ 10 人で構成されるチームに自己の職場の製造や品質に
責任を持たせた。このような米国の伝統と相違する方式に UAW が合意した
のは，①が唱われていたからである。この労働協約により，トヨタは
NUMMI でトヨタ生産方式を順調に遂行でき，高い生産性を発揮する工場が
実現した[6]。

　GM との合弁という形で慎重に北米生産に踏み出した後，トヨタはケンタッ
キー州に単独進出して TMMK を設立し，1988 年から北米戦略車カムリ等の
生産を開始した。ケンタッキー工場は 2002 年時点で約 7,500 人を雇用するト
ヨタの北米最大の工場となる。同工場では現地従業員の採用に際して，マイノ
リティの雇用促進に意識的に努力しつつ，6 ～ 7 段階の試験を実施して慎重に

人選を行ってきている。また人づくりの面では保全工の育成も進めている。

　同工場で 1994 年から生産されたアバロンは，トヨタの北米デザイン・研究開発拠点により設計され，開発の現地化の代表例とされている。その後，トヨタは続々と米国とカナダに現地生産工場を設立し，同社の米国の販売台数は 2007 年には GM に次ぐ第 2 位となった。

　ところでトヨタは 1990 年代後半以降，経営の現地化も進めている。従来日本でコントロールしていた生産事業全般のマネジメントを現地化する目的で 1996 年に TMMNA を設立し，2006 年には研究開発センターと統合して TEMA を発足させた。1996 年には製販持株会社のトヨタ・モーター・ノース・アメリカ（TMA）も設立している。また，北米子会社トップへの現地人材の登用も本格化し，2001 年には TMMK 社長にゲーリー・コンビス氏が，2006 年には TMA 社長にジェームズ・プレス氏が就任した[7]。

　欧州に目を向けると，トヨタはまず英国のバーナストンに乗用車組立拠点 TMUK を設立して 1992 年から生産を開始し，2001 年に TMUK 社長にアラン・ジョーンズ氏が就任した。同年，フランス北部のバランシエンヌでも乗用車生産を開始している。他方でポーランドのヴァウブジフにエンジン工場を建て，それと比較的近い位置にあるチェコのコリンに PSA・プジョーシトロエンとの合弁工場を設立して，2005 年から稼働させている。東欧の低い人件費により低価格車を生産し，東欧から西欧やロシアに輸出するためである。

　東南アジアではタイが第一の拠点であり，トヨタ・モーター・タイランドは 2009 年時点で約 12,800 人の従業員数である。タイに次ぐ拠点といえるインドネシアではトヨタが約 5,200 人，ダイハツが約 9,100 人の工場を稼働させ，現在，トヨタグループのシェアが最も大きい。

　中国ではトヨタグループの中で先にダイハツが天津汽車との技術提携でシャレードを生産していた。トヨタの現地生産は VW やホンダよりも遅くなったが，1998 年に天津で天津汽車との合弁工場を操業し始め，2002 年以後は天津一汽豊田（2009 年時点の従業員数約 12,500 人）で乗用車ヴィオスやカローラ等を生産し，さらに 2006 年からは広州でも広汽豊田（同じく約 5,800 人）でカムリ等を

生産している。ただし，中国市場ではまだトヨタの浸透度は高くない。

　その他，南アフリカ，ブラジル等の中南米，インド，ロシア等に，同社の生産拠点は広がっている。トヨタグループは2008年に新車販売台数で世界第1位となり，その後，震災の影響を受けた2011年を除き2015年まで第1位を記録しているが，上記の海外展開はその業績に大きく寄与している。

（4）日産の現地生産

　日本の自動車企業の中で英国現地生産を最も早く実施したのは日産自動車（株）である。日産は英国北部のサンダーランドに英国日産（NMUK）を設立

図表 11 − 3　NMUK の賃金構造（2000 年 1 月〜 12 月）

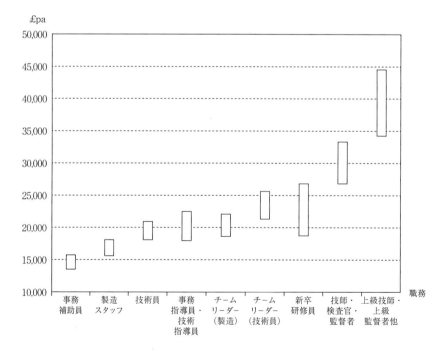

出所：IDS Report, No.801（Jan.2000）により作成。

し，1986 年から乗用車の生産を開始した[8]。2002 年時点の概要を述べれば，サンダーランド工場は生産能力が約 33 万台／年で，約 4,700 人を雇用する英国最大の自動車工場であり，生産車種はマイクラ（日本名マーチ）やプリメーラ等である。また，当時ヨーロッパで最も生産性が高い工場であるといわれている。

　同工場では日産生産方式が実行され，時間遵守率・順序遵守率等で管理されたフレキシブルな生産が実現している。「One Man, Three Jobs. One Job, Three Men」（「1M3J ／ 1J3M」）の方針に沿って，日本の方式と類似した技能訓練計画表を用いながら多能工化も推進されている。ブルーカラーの人事・賃金制度として成績査定を導入しており，賃金は図表 11 － 3 のように分布する。この賃金構造にも表れているように，NMUK の賃金は英国の職務給の伝統を踏まえつつも，査定による成績が賃金に反映されている点で日本的でもあり，日英両国の人事・賃金管理が融合した形となっている。

　英国の労使関係の伝統は 1 つの工場に複数の労働組合が存在するマルチ・ユニオニズムであったが，日産は NMUK で 1 つの労働組合のみを承認することとし，合同機械電気工組合（AEEU）とシングル・ユニオン協定を締結した。この協定では，労使の相互信頼を唱うとともに，企業協議会（company council）を設けて労使で協議することが規定されている。後に英国で現地生産を始めるトヨタやホンダでもシングル・ユニオン協定が締結されている。

　ところで，中国市場における日系自動車企業の中で，現在最も高いシェアを有しているのは，日産である。日産は東風汽車との合弁企業（東風汽車有限公司，従業員数約 70,500 人）で，2003 年からティーダやサニー等を生産している。またアジアの日産の動向として，タイで生産したマーチの日本への逆輸入を始めていることも注目される。

　近年，日産はメキシコへの投資を増加させている。メキシコはブラジルとの自由貿易協定により 2012 年以降自動車輸出の無関税枠が設けられているためブラジルへの輸出に有利であり，北米市場にも近いからである。メキシコにおける日産の第 3 番目の工場として 2013 年に稼働したアグアスカリエンテス第

2工場は年間生産能力17万5,000台であり，これによりメキシコでの日産の生産能力は年間85万台強となった。同工場は複数のプラットフォームの生産が可能なフレキシブルな生産ラインを有し，セントラ，ティーダの他，ルノーの小型乗用車クリオ（日本名ルーテシア）も生産して工場の稼働率を高めているように見え，ルノーとのアライアンスのシナジー効果を生かしていると思われる。

4. 経営のグローバル化における課題

　今や多数の企業の事業活動は地球規模へと拡大しており，このような企業をグローバル企業と呼ぶことがある。グローバル企業は海外子会社が自律的に戦略行動を展開する主体となっている点で多国籍企業と区別されるという見解もある。例えばホンダは2014年時点で世界6極体制をとり，各極に地域本部をおいて自立性を大幅に認めているが，このような企業はグローバル企業の特徴を備えているといえる。

　日本企業の経営のグローバル化の先頭を走っている日系自動車企業は，日本の生産方式を現地に移転させることに成功してきている。ただし，人的資源管理については，前述した現地生産工場の人事・賃金制度からわかるように，現地の伝統と日本の従来の管理との融合した形をとっていたことは注目しておきたい。

　これからの大きな自動車市場として看過できないのは，インド市場である。インドではスズキが現在約4割のシェアを有している。スズキは東欧においてトヨタよりも早く，乗用車組立工場をハンガリーで稼働させていたが，インドでも他社に先駆けて現地生産を展開してきた。今，世界の自動車各社は，インドへの投資を増やしており，VWもインドに適合的な車種の開発に踏み切っている。

　このような自動車企業にみるように，経営のグローバル化を進めようとする

企業にとって求められるものは，ホンダの海外事業展開の説明で詳しく述べた現地化である。トヨタの企業理念で「各国，各地域の文化・慣習を尊重し，地域に根ざした企業活動」が強調されているのも，現地化の重要性が意識されているからである。特に経営の現地化は，今後の多くの日本企業にとってクローズアップされてきている課題であるといわれている。

　そのこととも関連するが，近年，英語を公用語にする日本企業が表れてきた。日産はルノーとの提携により社内の管理職の会議で英会話が必須となって久しいが，楽天やユニクロでも英語が公用語とされた。ユニクロはニューヨーク五番街にも旗艦店を開き，グローバルな事業展開を加速しており，その意味で従業員にとって英語が不可欠となってきている。これからの日本人にとって，経営のグローバル化が進む中で，英語力の重要性は一層高まっていくであろう。

【*Review exercise*】

1．現地化の意味と具体例を説明しなさい。

2．日本の自動車企業を 1 社取り上げて，後掲の文献やインターネットの情報等により，その経営のグローバル化を詳しく調べてまとめなさい。

3．自分の住む地域の企業がどのように国際的な事業を展開しているか調べてみよう。

考えてみよう！

【注】

（1）海外直接投資，または多国籍企業化については，本文で述べた PLC モデルの他に，ハイマー＝キンドルバーガー理論，内部化理論，折衷理論（OLI モデル）があるが，詳しくは中村久人・後掲書を参照されたい。

（2）この経営の国際化の歴史に関しては，大河内暁男『経営史講義［第 2 版］』（東京大学

出版会，2007年），鈴木良隆・大東英祐・武田晴人『ビジネスの歴史』（有斐閣，2004年），江夏健一・桑名義晴・後掲書等を参照した。

（3）VWの海外戦略については，風間信隆「ドイツ乗用車メーカーのグローバル化戦略の展開と生産システムの革新」『明大商学論叢』第84巻第2号（2002年3月）等に基づく。なお，筆者（畑）は2001年から2003年にかけてVWのヴォルフスブルク，ザルツギッター，ザクセン，ドレスデン，シュコダ，ブラチスラバ等の工場を訪問し，生産ラインを見学するとともにヒアリングを行い，VWと日産の経営を比較した論文 "The Comparison of Flexibility between Japanese Companies & German Companies — Production & Wage —"『富士常葉大学研究紀要』第4号（2004年3月）や「VWザルツギッター工場訪問記録」『富士常葉大学研究紀要』第13号（2013年3月）を執筆している。

（4）ホンダの現地生産に関する叙述は，稲別正晴編著・後掲書等に依拠している。

（5）鈴木直次・後掲書，p.72。この著作では，在米日系自動車企業による日本的経営の移転が詳しく調査されている。

（6）NUMMIは2008年の金融危機によるGMの経営破綻によりGMが生産から全面撤退したため，2010年3月に閉鎖されることとなったが，この工場におけるトヨタ生産方式の実験の意義は大きなものがあった。

（7）この段落はトヨタ自動車株式会社『トヨタ自動車75年史』（2013年）による。

（8）NMUKの記述は，拙稿 "The Production System at a Japanese Automobile Company in the U.K. : The Case Study on Company AU" in Sumiaki Furukawa, Gert Schmidt eds., the book below，および「NMUK訪問記録」『富士常葉大学研究紀要』第4号（2005年3月）に基づく。

【勉強を深めるために参考となる文献】

稲別正晴編著『ホンダの米国現地経営［新版］—HAMの総合的研究—』文眞堂，1998年。

江夏健一・桑名義晴編著，IBI国際ビジネス研究センター著『理論とケースで学ぶ国際ビジネス（第4版）』同文舘，2018年。

鈴木直次『アメリカ社会の中の日系企業—自動車産業の現地経営』東洋経済新報社，1991年。

Sumiaki Furukawa, Gert Schmidt eds., *The Changing Structure of the Automotive Industry and the Post-Lean Paradigm in Europe – Comparisons with Asian Business Practices*, Kyushu University Press, 2008.

【*Coffee Break*】

日本の自動車グループの創業者と国際化

　トヨタグループの創始者である豊田佐吉氏（1867～1930）は，遠江国敷知郡山口村（現在の静岡県湖西市山口）で生まれた人物である。青年の頃，「発明」により農村を貧困から救いたいとの志を抱き，20歳から織機の改良に打ち込んで，やがて世界に引けをとらぬ無停止杼換式自動織機（豊田G型自動織機）を発明している。

　佐吉氏は豊田関係各社のルーツといわれている豊田紡織株式会社を1918年に創立した後，1921年に中国の上海に株式会社豊田紡織廠を設立した。当時，中国では日本からの輸入綿糸類に高率の関税をかけようとする動きが起きており，日貨排斥も強まっていた。しかし，豊田佐吉氏は中国との親善関係が大切であるとの信念から，中国での現地生産を決意した（『トヨタ自動車50年史　創造限りなく』）。その時，周囲の人達に豊田佐吉氏は次の言葉を語った。

　「そこの障子を開けてみよ。外は広いぞ。」

　佐吉氏は生前，長男・喜一郎氏（1894～1952）に，新たな事業として自動車製造を強く勧めている。後にトヨタの創業者となる豊田喜一郎氏自身，1917年に欧米を視察し，将来，日本にも自動車の時代が来ることを確信している。喜一郎氏が23歳の時である。

　喜一郎氏はエンジンの開発に取り組む際，社内のある人物にヘンリー・フォードの自伝『我が一生と事業』を手渡し，将来はこういう考えでいると語っている。喜一郎氏にはエンジンも含めて自動車を自力開発したヘンリー・フォードの営為が念頭にあったに違いない。1934年には第1号エンジンが完成し，翌年，A1型乗用車も完成したが，その後の喜一郎氏の歩んだ道は決して平坦ではなかった。しかし，戦後の高度成長期，日本は喜一郎氏の描いたようなモータリゼーションを迎え，トヨタも成長を遂げていく。

　他方，ホンダの創業者・本田宗一郎氏（1906～1991）は，静岡県磐田郡光明村（現在の浜松市天竜区）で生まれた。物心つかぬ頃から何かを作るのが喜びだったと自伝に書いており，小学校2～3年の頃，初めて見た自動車に感激し後を追いかけたという。15歳の時，東京のアート商会（自動車修理会社）に見習奉公に行き，そこで腕を磨く。のれん分けによる自立後，紆余曲折を経て，戦後，1946年に本田技術研究所を設立しモーターバイクの製造を開始している。

　1949年にオートバイ「ドリーム号」が誕生し，58年に発売した「スーパーカブ」は大ヒットとなる。1962年にはベルギーにホンダモーター社が設立されているが，これによりホンダは日本メーカーとして初めて海外での二輪車生産に第一歩を記した。その後，世界各国で二輪車の生産・販売を展開し，ホンダはまず二輪車で世界的な知名度を高めていく。

　米国進出にあたって，本田宗一郎氏はこう述べている。「その土地の人を使って，かの地から喜んでもらうようにすべきだ。」，「現地に工場を建てたからにはまずその土地の人を富ます方法を考えねばならぬ。」（本田宗一郎『私の履歴書　夢を力に』）。この考えがホンダの現地主義の基本として受け継がれていくのである。

　このように日本の自動車グループの歴史上著名な経営者が，世界を視野に入れながら将来の事業展開を考えたことは記憶にとどめておくべきであろう。

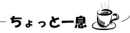
ちょっと一息

第12章▶企業の社会的責任とCSR

【*Key word*】

▶水道哲学

▶社会の公器

▶フェアトレード

▶コンプライアンス

▶トリプル・ボトム・ライン

注目！

1. 企業の社会的責任とは何か

　まず初めに，企業の社会的責任とはいかなるものかという問題について考えてみることにしよう。企業には政府等が出資し，公共サービスを担う「公企業」と株式会社に代表されるように私的な利潤を追求する「私企業」の2種類があるが，経営学が扱う対象は主に後者の方である。したがって読者は，ここでいう企業とは，私的利潤の追求を目的とする株式会社を想定すればよい。

　さて，我々の身の回りにはたくさんの株式会社が存在し，さまざまな業界で利益の最大化を目的にライバル企業としのぎを削っているわけであるが，こうした企業に求められる社会的責任とはいかなるものであろうか。そもそも経済学が想定する企業とは，一定の原材料，工場設備，労働力，土地用役等を購入し，それを用いて一定の財貨，サービスを生産，販売する経済主体である。一方，経営学の場合は，企業組織内部の管理の問題が含まれるため，経済的な側面のみならず社会的な側面にも関心が向けられるが，基本的には企業を営利追

求のための組織体としてとらえている。こうした認識の下では，企業の社会的責任とはまず第一に，良質の製品，サービスを生産し，それを社会に提供することであろう。我々の日常生活は，企業の提供する製品，サービスの恩恵に浴しており，それらなしの生活は考えられない。つまり，企業はさまざまな製品，サービスを社会に提供することで，豊かで便利な社会の形成に貢献している。これは立派な社会的責任の遂行である。次に，企業は製品，サービスを提供する代価として利益を得，それにより雇用を生み出し，人々に働く場を提供している。従業員は企業に労働力を提供する見返りとして給料をもらい，それにより生活している。人々に働く場を提供し，生活していくための給与を支給する，これもまた企業の果たすべき重要な社会的責任の1つである。さらに，利益の一部は，株主に対する配当金として支給されたり，国や地方自治体に税金として支払われたりもする。とくに後者のケースは，国や地方自治体の重要な財源であり，それらをもとに道路や橋，学校，図書館等が建設され，人々の生活に貢献していることを考えれば，これらもまた重要な社会的責任である。

　このように，営利追求を目的に活動している企業に求められる社会的責任とは，企業が本来の活動を忠実に実行さえしていれば自ずと遂行されるものであるという考え方が従来は強かった。ただし，ここで注意しなければならないことは，この企業が本来の活動を忠実に実行するという至極当たり前のことが，実際には非常に難しく，そのことが逆に社会的責任論の発展を促すことにつながったといえる。この点については後述する。

　さて，企業の社会的責任においていまひとつ重要なことは，企業の社会貢献活動との関係である。企業の社会貢献活動は，欧米諸国，とりわけアメリカ企業できわめて活発に行われており，コミュニティや慈善団体への寄付行為は企業活動の一部に組み込まれている。最近では，マイクロソフト社（Microsoft）の創業者であるゲイツ（Gates, B.）が創設したゲイツ財団の活動などが社会的に注目されている。アメリカでは企業が企業活動の結果，利益を得ることができるのは，自由で公正な社会と市場が存在するからであり，それ故企業は，利益の一部を社会に還元しなければならないという社会風土が存在する。また，そ

うしたことができて初めて一人前の企業として社会的に認知される。したがって，アメリカでは優良企業は例外なく社会貢献活動にきわめて熱心である。こうしたことから，アメリカでは企業の果たすべき社会的責任は，前述した本来の企業活動のみならず社会貢献活動も含まれるとする考え方が一般的である。また，日本企業のなかにも企業の社会的責任イコール社会貢献活動と考えている経営者は少なからず存在する。しかしながら，企業の果たすべき社会的責任のなかに社会貢献活動が含まれるかどうかは議論の分かれるところである。まず強調すべき点は，社会貢献活動はあくまでも企業の自発的な意思にもとづくものであって，法的な義務ではないということである。これに対して，従業員に対する給与の支払いや株主への配当，納税等の行為は法律上の責任にもとづくものである。したがって，仮に社会貢献活動を社会的責任に含めるとしても，その責任の意味する内容は法的な責任ではなく，あくまでも道義的，倫理的責任であるという点を理解しておく必要がある。

図表12－1　ステークホルダーに対する企業の社会的責任の内容

ステークホルダー	社会的責任の内容
株　主	適正な配当，適正な株価，情報開示
従業員	適正な労働条件，公平な処遇
消費者	良質の製品・サービスの提供
地域社会	地域の環境保全，寄付，慈善活動
行　政	法的義務の履行，遵守

2．経営者のパーソナリティに依存した社会的責任の遂行

　さて，企業が自社の果たすべき社会的責任の問題を考え，遂行する際に，どのような考え，あるいは戦略にもとづいているかを知ることは重要である。なぜなら，それを知ることで当該企業の社会的責任の本質が見えてくるからであ

る。企業の社会的責任論が経営学のテーマとして取り上げられるようになるのは，アメリカでも 1960 年代の末頃であるが，実際の企業活動の現場ではそれよりもはるか以前にこの問題は認識され，なおかつ実践されてきた。例えば，欧米諸国では企業の社会的責任論の源泉を 19 世紀のパターナリズム（家父長主義経営）に求める傾向がある。パターナリズムとは，企業を家族になぞらえ，経営者を父親，従業員を子供という親子関係としてとらえ，父親である経営者が慈愛をもって子供である従業員の管理に当たるという考え方である。すなわち，近代工業社会が成立して間もない 19 世紀の欧米諸国では，現代社会では想像もできないような劣悪な労働環境の下での過酷な労働がまかり通っていた。安全・衛生，労働時間等に関する法律も不備で，劣悪な労働条件のなかで健康を害したり，命を落としたりする従業員も少なくなかったのである。こうしたなかにあって，心ある経営者は慈愛と温情を持って従業員の安全・衛生や福利厚生の向上に努力した。イギリスのオーウェン（Owen, R.）などはその代表的な経営者の 1 人である。

　一方，日本においても古くは江戸時代に企業の社会的責任の原型を見ることができる。代表的な事例としてよく取り上げられるのが，近江商人の「三方よし」の考え方である。古くから商業が発達していた近江地方（現在の滋賀県）では商人が全国を行商して歩いたが，そうした豊富な商売の経験から導き出された考え方が「三方よし」の経営理念である。「三方よし」とは売り手よし，買い手よし，世間よしを意味するもので，そこには私的利益の追求にのみ走るのではなく，顧客満足や社会からの支持といった現代の社会的責任論に通じる重要な要素が内包されている。さらに，明治時代を代表する資本家，経営者である渋沢栄一の「道徳経済合一主義」の考え方も重要である。近代日本の資本主義の発展に重要な役割を果たした渋沢栄一は，生涯に多くの事業を手掛けたが，その経営理念には儒教の影響が色濃く反映されていた。少し難解ではあるが，渋沢の言葉を紹介しておこう。「道徳と経済は両者共に進めていくもので，生産殖利の経済は仁義道徳によって発展し得られるもの，又，仁義道徳の人道は経済によって拡大するものである」。

　このように，企業の社会的責任に関する考え方は欧米，日本ともにかなり古くから存在していた。しかしながら，ここで重要なことはそれらは皆，経営者

の個人的信条やパーソナリティ，あるいは経営に対する深い洞察から生まれた
ものであり，法的義務にもとづいたり，社会的な要請から実施されたものでは
ないということである。

　例えば，経営学を学ぶ者であれば1度はその名前を聞いたことがあるであろ
う有名な2人の経営者，松下幸之助とフォード（Henry Ford 1）の場合も同様で
ある。松下電器の創業者で「経営の神様」とも称される松下幸之助の経営理念
である「水道哲学」「企業は社会の公器」は松下電器の関係者のみならず，広
く社会一般に知られている。その意味するところは，社会の基本的インフラで
ある水道が社会の隅々まで行き渡っているのと同じように，松下電器の生産す
るさまざまな電器製品が広く一般家庭に行き渡ることで，豊かで便利な社会の
形成に貢献しようというものであり，また，企業は社会の大切な資本である原
材料や人材を使用することで経営を行っているのであるから，私企業であって
も公共の意識を持たなければならないというものである。

　さらに，フォード自動車（Ford Motor）の創業者であるフォードの経営哲学
である「企業は社会に対する奉仕の機関」「高賃金・低価格政策」もまた，経
営学の教科書などで取り上げられ，広く知られている考え方である。世界で最
初に自動車の量産化に成功したフォード自動車は，ベルトコンベアによる大量
生産方式，いわゆる「フォード・システム」を生み出し，大量の自動車を社会
に送り出した。そしてそれまで一部の特権階級の乗り物に過ぎなかった自動車
を一般大衆の手の届くものにするために，従業員には高賃金を支払い，自動車
は低価格で販売する方針をとったのである。ここにも，松下幸之助の場合と同
じく，自動車の普及を通して豊かな社会の形成に貢献しようとするフォードの
考え方を見て取ることができよう。

　このように，企業の社会的責任の遂行は過去においては経営者個人の主義信
条やパーソナリティ，経営観といったものに依拠していた場合が多く，また現
在においてもそうした傾向は少なからず見受けられる。ただし，松下幸之助や
フォードの例にみられるように，優れた経営者ほど独自の経営観を持ち，企業
の社会的責任についての深い理解を有していると言うことはできよう。

3. コンプライアンスに基づいた社会的責任の遂行

　コンプライアンスとは法令遵守を意味する用語であり，企業の社会的責任との関連においてしばしば用いられている。すなわち，企業が社会的責任を遂行する動機や理由はさまざまであるが，いかなる企業であっても法令遵守は企業活動の大前提であり，違法行為は許されない。したがって，コンプライアンスは企業の社会的責任論の根底に関わる問題であり，この問題を抜きにして社会的責任の問題は語れないという見方である。確かに，社会的責任に関していかに優れた理念を語ったところで，当該企業が違法行為をしていたのでは話にならないわけであり，コンプライアンスは企業の実施するさまざまな社会的責任の土台に位置するものである。しかしながら，こうした考え方が定着したのはそんなに古い話ではない。ここでは，わが国の公害問題を例にあげながらこの問題を考えてみることにしよう。

　第2次世界大戦の敗戦により壊滅的打撃を被った日本経済は，1950年代から復興に向かい，1960年代に入ると年間経済成長率が10%を超える高度経済成長時代を迎えた。企業は旺盛な設備投資により規模を拡大し，大量生産により消費者の購買意欲を刺激した。国民の多くが豊かさを享受できるようになった反面，急激な経済成長のひずみが現れるようになった。いわゆる4大公害問題と呼ばれる熊本，新潟の水俣病，富山のイタイイタイ病，四日市のぜんそくがそれである。

　水俣病は，熊本県のチッソ水俣工場と新潟県の昭和電工加瀬工場の排水に含まれていた有機水銀が原因となって引き起こされたものであり，患者には異常知覚や精神障害などの症状が現れた。また，イタイイタイ病は三井金属神岡鉱業所がカドミウムなどの有害物資を富山県の神通川に垂れ流したことに起因し，付近の住民に激しい痛みと病的骨折の症状を持つ患者が続出した。さらに四日市ぜんそくは，三重県の四日市市にある石油コンビナート各社の工場が大気中に排出する煤煙による大気汚染が原因で，地域住民にぜんそく患者が続出

したというものである。有機水銀やカドミウムなどの有害物資を適正な処理を
せずに，そのまま排水として川や海に垂れ流すという行為は現在の我々の感覚
からすると想像し難いものであるが，当時はこうした行為を規制する法律が存
在しなかった。また，有機水銀やカドミウムが人体にどのような影響を与える
かについても十分知られていなかったのである。したがって，こうした事態を
引き起こした企業の行為は無論許されるべきものではないが，企業側の立場か
ら言えば法令遵守を犯したわけでもなく，引き起こされた事態を事前に予測で
きたわけでもなかったといえる。そして，公害問題が引き起こされた背景に
は，高度経済成長の社会において経済至上主義，企業至上主義の価値観が支配
的となり，企業活動にマイナスとなるようなことは避けようとした行政の対応
があったことも事実である。公害問題が大きな社会問題となり，企業批判，行
政批判の声の高まりを受けて，公害対策基本法が制定され，大気汚染防止法，
水質汚濁防止法等，一連の法律が制定されたのは 1960 年代の終わりから 70 年
代の初めにかけてのことである。これによりようやく企業は，環境汚染に対す
るコンプライアンスを求められるようになったのである。

　一方，アメリカにおいても状況は同じであったといえる。世界最大の自動車
会社であるゼネラル・モーターズ（GM）はアメリカの経済，社会に巨大な影
響力を持つ存在であり，一般消費者がゼネラル・モーターズに対して異議を申
し立てるような事態は 1950 年代においては起こりえなかった。しかし，1960
年代に入ると状況は変化する。弁護士のネーダー（Nader, R.）が先頭に立ち，
多くの消費者を巻き込んでゼネラル・モーターズに対して欠陥車生産の責任を
追及する運動が起こり，訴訟問題にまで発展したのである。勝訴したネーダー
は，ゼネラル・モーターズに対して社会的責任の遂行を求める運動を継続して
展開した。この一連の運動は「キャンペーン GM」と呼ばれている。アメリカ
では，キャンペーン GM が契機となり消費者の権利意識が高まり，1970 年代
に入るとさまざまな消費者団体が結成されて製品の安全性等に関して消費者の
知る権利を要求するようになっていく。こうした動きは「コンシューマリズ
ム」と呼ばれ，やがてアメリカから世界各国に普及していくことになるのであ

る。コンシューマリズムの潮流のなかで，製品の安全性や健康，社会に与える影響等に関する法整備が行われ，今日，企業はこうした問題に対してコンプライアンスを求められている。

　上記したように，企業にとってコンプライアンスは社会的責任の根幹に位置づけられる問題であり，あらゆる企業活動の基本であるべきテーマである。にもかかわらず，違法行為を犯す企業が後を絶たない。その結果，企業活動が大きな打撃を受けるのみならず，場合によっては倒産，廃業にまで追い込まれる企業もあることは論を待たないところである。コンプライアンスの重要性を認識しながらも，なかなかそれを履行できないところにこの問題の難しさが秘められている。

4．ブランド戦略に基づいた社会的責任の遂行

　企業が社会的責任を遂行する際，単に倫理観や道徳心にのみ依拠しているわけではない。むしろ社会的責任を遂行することで企業イメージを向上させ，ブランドを確立し，それにより生産，販売活動を有利に進めようとする計算にもとづいている場合が多い。いわば，戦略的思考にもとづいた社会的責任の遂行である。企業が果たす社会的責任の一環として，よく社会貢献活動が引き合いに出されるが，こうした活動は一見，企業本来の活動とは無関係のように思われるが，社会貢献活動を通じて企業イメージを向上させ，企業収益の増大に貢献することができればその意義は大きいといえる。企業の社会貢献活動は，メセナ，フィランソロピーとも呼ばれるが，戦略的思考をともなった活動は「戦略的メセナ」あるいは「戦略的フィランソロピー」と定義することができよう。こうした活動は，アメリカの企業においてとりわけ盛んである。

　アメリカ社会において企業の社会貢献活動がきわめて盛んなことは広く知られている。企業収益の5％を社会貢献に拠出するための企業団体である「5％クラブ」をはじめとして，IBMやフォード自動車会社等，多くの企業が社会

貢献活動に熱心に取り組んでいる。コミュニティの図書館や美術館あるいは大学の設備等が企業からの寄付によって運営されていることはよく知られている。アメリカで企業の社会貢献活動が盛んな理由としては次の4点が考えられる。①企業は自由で公平なアメリカ市場が存在することで利益を得ているのであるから、利益の一部は社会に還元するのが当然であるという社会風土が存在すること、②キリスト教の価値観が社会に浸透しているアメリカでは、寄付行為はきわめて自然な行為であること、③貧富の格差が大きいアメリカ社会では、「持てる者」が「持たざる者」に施すことで社会の均衡が保たれていること、④多くの社会問題を抱えるアメリカでは行政の対応のみでは限界があること。アメリカ企業の社会貢献活動は、単にお金を出す寄付行為にとどまらず、IBMが実施しているように麻薬の危険性を子供に教えるための冊子を作成し、全米の小学校に配布する等の活動もあり、その内容は多岐にわたっている。しかしながら、こうした活動の多くは上記したような戦略的思考にもとづいて実践されている。ここでは、マイクロソフト社とスターバックス社（Starbucks）の2社の事例を紹介しておこう。

　コンピュータのソフトウェアの巨人であるマイクロソフト社は、世界市場で圧倒的な競争力を誇る巨大企業であるが、一方で社会貢献活動にも熱心に取り組んでいる企業でもある。マイクロソフト社が実践している社会貢献活動の1つに、デジタル・デバイドの解消がある。デジタル・デバイドとは、低所得者層の人々がパソコンやインターネット等、ITがもたらす利便性を受けることができず、格差が生じている問題である。例えば、富裕層が多く住む地域の小学校ではインターネットの設備があり、子供はインターネットを通じてさまざまな情報を知ることができるが、貧困層の住む地域の小学校にはそうした設備が整っていないため、情報量に格差が生じるといった問題である。マイクロソフト社はこうしたデジタル・デバイドの問題を解消するために、貧困地域の学校に同社製造のソフトを無料で提供する活動を続けている。同社のこうした活動は高い評価を受けているが、その背景には貧困地域にもマイクロソフト社のブランドイメージを浸透させ、将来の販路拡大につなげたいという戦略的な意

図が込められているといわれている。

　一方のスターバックス社は，アメリカのシアトルに本社を置くコーヒー会社であり，アメリカ国内のみならず世界各地に店舗を展開し，高いブランドイメージを確立している。カフェの伝統文化を有するヨーロッパに比べ，コーヒー文化の土壌が薄いアメリカでスターバックス社が短期間に急成長した背景には，従業員管理やサービスの質，オリジナル・グッズの存在等いくつかの要因があげられているが，そのなかに同社が社会貢献活動に積極的に取り組んだことも指摘されている。すなわち，同社はフェアトレードに本格的に取り組んでいる企業としても知られている。フェアトレードとは，先進国の企業が発展途上国と取引する際に，市場メカニズムにもとづいた価格ではなく，発展途上国の人々の生計が成り立つことを前提とした価格で取引することをいう。こうした取引が必要とされる背景には，発展途上国の主要な輸出品である農産物が先進国の企業に安値で買い叩かれ，農民の生活が困窮しているという実情がある。コーヒー豆などはその典型といえる。スターバックス社は，フェアトレードの活動を推進するNGOの助言をいち早く受け入れ，アフリカや南米諸国でコーヒー農園を営む農民の実情を調査し，彼らが利益を得られる価格での取引を行っている。また農民に対してさまざまな支援も行っている。こうした同社の姿勢が消費者に支持され，ブランドイメージが高められるとともに販路拡大に結びつくという好循環が生まれているのである。

5．　株主主権論に基づいた社会的責任論の展開

　アメリカでは1980年代から90年代にかけて，「企業市民」（Corporate Citizenship）という考え方が普及した。企業市民とは，企業も社会を構成するメンバーの一員として社会のルールを守り，良識ある行動をとり，社会の発展のために貢献すべきであるという考え方であり，企業活動により一層の社会的責任を求めるものであった。こうした加熱する社会的責任論に対して，一方ではその危険性

を指摘し，企業が本来果たすべき社会的責任とは何かという議論も展開された。そうした議論の中心的な存在であったのがフリードマン（Friedman, M.）である。フリードマンは，企業が本業とは直接関係のない社会貢献活動に資金を出すのは出資者である株主に対する重大な背任行為であり，利益最大化の妨げになるような行動は取るべきではないとの主張を展開した。フリードマンの主張を要約すると次のようなものになる。

① 企業が企業活動の最適効率とコスト削減を通じて利益の最大化を図れば，結果として社会に大きな恩恵をもたらすことになる。これこそが企業活動の究極の目的であり，使命である。

② 仮に企業が①以外の活動に関与しコスト負担を増大させるとしたら，それは企業利益を圧迫し，株主をはじめとする多くの利害関係者に不利益をもたらすことになる。

③ 多くの企業は社会的な諸問題に関与し，処理するだけの知見を持ち合わせていない。

④ 現代社会における企業はすでに十分すぎるほどの社会的影響力を保有しており，この上さらに社会問題に関与させることは企業権力のさらなる巨大化を招きかねない。

⑤ 企業は行政機関とは異なり，大衆に対する説明責任を有してはいない。したがって，大衆は企業の社会問題への関与に関してコントロールする術を持たない。

　このフリードマンの主張は，1960 年代から 70 年代にかけてなされ，80 年代に入ると株主主権論の台頭に大きな役割を果たすことになる。株主主権論とは，現代企業の主要な企業形態である株式会社においては，出資者である株主こそが主権者であり，経営者は株主から一時的に経営を委任されているに過ぎない。したがって，経営者は主権者である株主の利益最大化のためにのみ行動すべきであり，それに反するような行動をとってはならないという考え方であ

る。株主の力の強いアメリカでは株主主権論は一定の支持を得ており，また日本においても 90 年代以降，「会社は誰のものか」という議論が盛り上がりを見せるなかで株主主権論は注目されている。

　ここで注意すべき点は，フリードマンは企業の社会的責任や社会貢献活動をすべて否定しているわけではないという点である。仮にそうした活動が企業利益の増大に貢献し，株主をはじめとする利害関係者の利益増大につながるのであれば，有益な活動として評価するという考え方である。しかしながら，社会的責任や社会貢献と称する活動と企業利益との間に明確な相関がみられない場合には，企業はそうした活動に関与すべきではないとしているのである。フリードマンは，ノーベル経済学賞を受賞した経済学者であり，彼の企業観は基本的に経済学が想定する企業観にもとづいている。すなわち，財やサービスを生産・販売する経済主体としての企業という考え方である。これに対して，経営学が想定する企業観はもっと幅が広く，企業を単なる経済主体としてではなく社会的な存在としてとらえようとする傾向が見受けられる。前述したように，松下幸之助やフォード等優れた経営者の企業観はきわめて社会的である。にもかかわらず，フリードマンの主張が今日まで一定の影響力を保っているのは，企業の社会的責任に関する統一された定義が未だ確立されておらず，その解釈はまちまちであり，また，企業利益との関連性が必ずしも明瞭でない等の理由によるものであろう。「株式会社の主権者は株主であり，経営者は第一に主権者である株主の利益を考えるべきである」という主張は論理的に筋が通っており，正面きって反論しづらい。

　しかしながら，この問題は企業の社会的責任に関する取り組みが企業評価を高め，利益増大に貢献し，株主を満足させられることに明確に結びつくのであれば解決する問題でもある。そして，そうした兆候は最近の社会的な変化のなかに見て取ることができる。すなわち，最近の社会的責任論の盛り上がりのなかで，企業を従来のように経済的な指標，パフォーマンスのみで評価する（例えば売上高，利益，株価等）のではなく，環境問題への取り組みや地域社会への貢献等，環境性，社会性の指標も加えて総合的に評価をしようとする動きが広

まってきている。例えば，新しいタイプの投資ファンドとして注目される SRI（socially responsible investment：社会的責任投資）は，従来の経済的な指標に加えて環境性，社会性の指標も検討した上で，投資先の企業を選別しようとするもので，新たな企業格付けの動きとして注目されている。こうした動きが広がりを見せれば，社会的責任の問題に熱心に取り組んでいる企業ほど市場から評価され，資金調達が容易になるという流れが形成されることになる。

6. CSR の考え方

　1990 年代の後半以降，欧米諸国を中心に CSR の考え方が急速に広がってきている。CSR とは corporate social responsibility の略であり，企業の社会的責任と訳されるが従来の企業の社会的責任と CSR の意味する内容には違いがある。ここではそうした問題について触れておこう。

　まず CSR が社会的に注目されるようになった背景について述べておきたい。キーワードは「地球環境問題の深刻化」「グローバリゼーションの進展」「市民パワーの台頭」の 3 つであり，いずれも 1990 年代に顕著な社会問題として注目されたテーマである。このうち，「地球環境問題の深刻化」は地球温暖化問題に代表されるように深刻の度合を深めているが，1990 年代以前においては社会的な関心はそれほど高くなかったといえる。1992 年にブラジルのリオデジャネイロで「国連環境開発会議」（通称　地球サミット）が開催されてから国際的な関心が高まりを見せ，企業に対しても環境に配慮した行動をとることが強く求められるようになっていく。環境に配慮した企業であることを証明する資格として今ではすっかり定着した感がある ISO14001 が発行されたのは，1996 年のことである。環境問題に対する社会的な関心の高まりが CSR の普及に大きな役割を果たしたことは間違いない。

　次に「グローバリゼーションの進展」についてであるが，1990 年代は地球規模で企業活動が展開される時代の幕開けであった。きっかけとなったのは，

90年代の初めにアメリカで起こったインターネットの普及による，いわゆる「IT 革命」である。IT 革命は企業活動に劇的な変化をもたらし，グローバルな企業活動の展開と競争の加速をもたらした。さらに，90年代にはソ連，東欧諸国の社会主義経済体制が次々と崩壊し市場経済体制に移行したこと，あるいは中国の市場経済化と経済発展等により市場が拡大したこともグローバリゼーションの進展を後押しした。しかしながら，グローバリゼーションの進展は必ずしも良いことばかりではなかった。国際的な競争が激しくなるなかで，競争に勝って富を蓄積する者と競争に敗れて富を失う者の優勝劣敗の構図がより鮮明になり，富の偏在，貧富の格差の問題が大きな社会問題として取り上げられるようになった。また，先進国の企業のなかには発展途上国で企業活動を展開するなかで，先進国では許容されない労働条件（低賃金労働，児童就労，劣悪な安全衛生対策等）の下で利益を上げる企業もあった。こうした問題の存在が，やはり CSR の普及に大きな影響を与えたといえる。

　最後に「市民パワーの台頭」については，欧米諸国ではすでに 1980 年代までに市民社会は成熟段階に達しており，環境問題をはじめ人権，平和，労働，女性等の問題に関して市民団体は大きな発言力を持っていた。それが 90 年代に入るとインターネットの普及により，市民団体間の情報交換や共有化，連帯が急速に進み，さらに強力なパワーを有するに至った。有力な市民団体の活動は，しばしば世論をリードし，時には行政や企業の取り組み，対応に対して強力な反対運動を展開した。例えば前出のグローバリゼーションとの関係でいえば，90 年代にロイヤル・ダッチシェルとナイキという 2 つの巨大企業がいずれも NPO の反対キャンペーンにより方針の転換を余儀なくされている。

　さて，以上述べたような社会的事情を背景として CSR は 90 年代の後半以降，広がりを見せることになるのであるが，CSR の考え方に大きな影響を与えたのが「トリプル・ボトム・ライン」の考え方である。トリプル・ボトム・ラインとは，平成 9（1997）年にイギリス，サスティナビリィティ社のエルキントン（Elkington, J.）が提唱したもので，企業活動を「経済性」「環境性」「社会性」という 3 つの指標から評価しようとする考え方である。

図表 12 － 2　トリプル・ボトム・ライン

　すなわち，従来の企業評価の尺度は売上高や利益の大きさ，あるいは株価といった財務データのみであり，財務データの内容が良い企業ほど優良企業として高い評価を受けてきた。しかしながら，現実には高い利益を上げている一方で，不祥事を引き起こしたり，あるいはまた過酷な労働条件により社員の定着率がきわめて低い企業なども少なからず存在する。このような企業は果たして「優良企業」の名に値するのであろうか。トリプル・ボトム・ラインは，従来の財務データに偏った企業評価を是正し，「環境性」や「社会性」の指標も加味した上で総合的に企業を評価しようというものである。このトリプル・ボトム・ラインにもとづいた企業評価は近年，急速に広がってきている。

　従来，企業の社会的責任といえば本業の経済活動以外に社会貢献活動をすることというとらえ方がされてきた。したがって，社会的責任の遂行はあくまで本業で利益が出ていることが前提とされたわけである。CSR もその流れの延長線上においてとらえ，「経済性」一辺倒ではなく，社会の変化に合わせて「環境性」や「社会性」の問題も考慮し，バランスをとるべきだという主張，考え方が少なからず見受けられる。CSR に関するこうしたとらえ方は間違ってはいないが，CSR の本質を正確に理解しているとは言い難い。CSR が本来目指しているところとは，すべての企業活動のプロセスに CSR の考え方を組み込むことである。例えば，ある製品を生産するにあたって，それがどのような原材料を使い，どのような労働条件で作られたのかを「経済性」の視点のみならず「環境性」や「社会性」の視点からも考慮することが求められる。したがって，CSR の取り組みとは本業とは別に行うのではなく，本業の活動その

もののなかで実施すべき性質のものであることを理解しておく必要がある。

【*Review exercise*】

1. 松下幸之助やヘンリー・フォード１世の経営理念と企業の社会的責任の考え方の関連性について整理しなさい。
2. 株主主権論の考え方の功罪について述べなさい。
3. CSR と従来の社会的責任論の相違について説明しなさい。

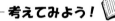 考えてみよう！

【勉強を深めるために参考となる文献】

谷本寛治編著『CSR 経営—企業の社会的責任とステイクホルダー』中央経済社，2004 年。
谷本寛治『CSR—企業と社会を考える』NTT 出版，2006 年。
伊吹英子『CSR 経営戦略—社会的責任で競争力を高める』東洋経済新報社，2005 年。
十川廣国『CSR の本質—企業と市場・社会』中央経済社，2005 年。
所　伸之『進化する環境経営』税務経理協会，2005 年。

【*Coffee Break*】

　CSR の領域での最近の注目すべき動きとして，マイケル・ポーター教授の提唱する CSV（Creating Shared Value）が挙げられる。経営戦略論の世界的な権威として知られるポーター教授は，これまでの CSR は結局，企業活動の一部にはなり得なかったとし，戦略論の視点から CSR を捉え直した。それが CSV の考え方である。CSV とは「共通価値の創造」を意味し，企業価値と社会価値を一致させた企業活動を指す。アメリカでは，2008 年に起きた金融危機以降，強欲（greed）と称される利益至上主義の企業経営に対する批判が強まり，CSV のコンセプトへの共感が広がっている。CSR を単なる抽象的な理念や理想で終わらせないためには，企業活動の中にしっかりと組み込む必要がある。ポーター教授の主張は，CSR と戦略論の分野に新たなインパクトをもたらしている。

ちょっと一息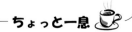

索　引

《著者紹介》（執筆順）

海野　博（うみの・ひろし）担当：第1章，第2章，第7章
　※編著者紹介参照

畑　　隆（はた・たかし）担当：第3章，第5章，第11章
　※編著者紹介参照

森山一郎（もりやま・いちろう）担当：第4章，第6章，第8章
　現　在　静岡文化芸術大学文化政策学部教授，博士（政策研究）

大西清彦（おおにし・きよひこ）担当：第9章
　現　在　玉川大学経営学部教授，博士（会計学）

所　伸之（ところ・のぶゆき）担当：第10章，第12章
　現　在　日本大学商学部教授，博士（経営学）

《編著者紹介》

海野　博（うみの・ひろし）

1948 年生まれ。
玉川大学名誉教授。博士（経営学）。
玉川大学元経営学部長。常葉大学元経営学部長。
（現）宇部フロンティア大学心理学部教授。

[主要著書]
『賃金の国際比較と労働問題』（単著）（ミネルヴァ書房，1997 年）
『新版労働経済』（共著）（ミネルヴァ書房，2000 年）
『やさしい経営学』（編著）（創成社，2007 年）
『はじめて学ぶ経営学』（編著）（玉川大学出版部，2009 年）
『やさしく学べる経営学』（共著）（創成社，2018 年）他

畑　　隆（はた・たかし）

1956 年生まれ。
常葉大学経営学部特任教授。博士（経済学）。
常葉大学元経営学部長，富士常葉大学元総合経営学部長。
山口大学経済学部元教授。

[主要著書]
『労使関係の転換と選択』（共著）（日本評論社，1991 年）
『今日の賃金問題』（共著）（啓文社，1997 年）
The Changing Structure of the Automotive Industry and the Post-Lean Paradigm in Europe（共著）（九州大学出版会，2008 年）

（検印省略）

2015 年 5 月 20 日　初版発行
2018 年 5 月 20 日　第 2 版発行
2023 年 5 月 20 日　第 3 版発行
2024 年 5 月 20 日　第 3 版二刷発行　　　　　　略称 ─ やさしく学ぶ

やさしく学ぶ経営学 ［第 3 版］

編著者	海　野　　　博	
	畑　　　　　隆	
発行者	塚　田　尚　寛	

発行所　東京都文京区　**株式会社　創成社**
　　　　春日 2 − 13 − 1

電　話　03 (3868) 3867　　F A X　03 (5802) 6802
出版部　03 (3868) 3857　　F A X　03 (5802) 6801
http://www.books-sosei.com　振　替　00150-9-191261

定価はカバーに表示してあります。

©2015, 2023 Hiroshi Umino, Takashi Hata　　組版：トミ・アート　印刷：エーヴィスシステムズ
ISBN978-4-7944-2613-0 C3034　　　　　　　　製本：エーヴィスシステムズ
Printed in Japan　　　　　　　　　　　　　　落丁・乱丁本はお取り替えいたします。